U0516587

聶石樵文集

第十卷

宋代詩文選注

中華書局

目　录

前　言

　　宋代的诗、词、古文在唐代空前繁荣的基础之上得到新的发展。宋代的古文继承了唐代古文的传统，但其成就却超过了唐代。人们常称古文有"唐宋八大家"，其实，这八位古文作家中有六位出自宋代，而且除了这六位之外，以古文名家的还有王禹偁、范仲淹、陆游等，阵容之大非唐代可比。宋代古文家吸取唐代古文的经验、教训进行创作，使古文更健康地发展，如欧阳修、苏东坡即不像韩愈、柳宗元那样排斥骈文，而是吸收骈文在辞采、声调方面的长处，以增强古文的节奏韵律感。同时借鉴古文的文笔，改进骈文，创作了参用散体单行的四六文和文赋。古文本来具有议论、叙事和抒情的功能，宋代古文的发展使这些功能逐渐融为一体。宋代的政论文和学术论文极其发达，从王安石、曾巩到胡铨、吕祖谦的创作，已能使议论功能臻于完善，而欧阳修、苏东坡等则促成这三种功能进一步融合，如欧阳修的史论在议论中具有强烈的抒情性，苏东坡的亭台记把叙事与议论融会无间。使议论、叙事、抒情水乳交融成为一体，是宋文的重要特点。宋文的总体风格是平易流畅、简洁明快、文从字顺，如行云流水，更具有实用价值，因此自宋以后为历代所流行。

　　宋代的诗歌也是继承唐诗的传统而另辟新境。宋诗在题材方面的开拓，即倾向于描写比唐诗更广阔的社会生活，特别是社会下层人民的生活，如田夫、织妇、渔民、手工业者、艺人等，揭露贫富不均的现象和苛捐杂税给人民造成的痛苦等，其中抒情主人公多为普通人。又由于北宋初、中期对辽、西夏频仍的战争,表现抗击敌人的题材也特别多,这类题材内容丰富,具有激励人们报国的精神。宋诗在表现手法上继承了唐人杜甫、韩愈以诗论政的倾向,进一步发展为诗歌创作的普遍风气,自梅尧臣、欧阳修、苏舜钦,到王安石、苏轼,再到陆游、杨万里等,以议论入诗的写作手法逐渐形成并达到成熟,写下了许多"有理趣而无理障"(刘熙载《艺概·诗概》)的议论诗,成为宋诗的一大特点。宋诗在语言上也有新成就,即以文为诗,以散文句式、句法入诗。这种语言特点据赵翼说:"以文为诗,自昌黎始,至东坡益大放厥词,别开生面,成一代之大观。"(《瓯北诗话》卷五)其优点是平易近人。宋诗的总体风格是以平淡为美,这是对唐诗的深刻变革,也是宋诗求新求变的终极成果。

词是宋代特有的文体,其总体成就极为突出。首先是完成了词体建设,无论是小令或长调以及常用的引、序、令、慢、近、犯、歌头、摊破、转踏等词调都形成于宋,词的过片、句读、字声和章法、句法、声律也都定型于宋,在艺术上为古代诗歌作出了独特的贡献。其次,在题材内容上开拓了广阔的领域,突破了晚唐五代香艳词风的局限,创作了大量的抒写爱情的作品。又经过苏东坡、辛弃疾等人的创作,咏叹的范围更扩大了,如咏物、咏史、咏田园、咏送别、咏爱情等,几乎达到"无意不可入,无事不可言"(刘熙载《艺概·词概》)的境地,成为和五七言诗具有同等的抒情言志功能的作品,并形成不同的流派和风格。不同的流派,婉约如柳永、秦观、李清照等,豪放如苏轼、辛弃疾等,骚雅如姜夔等;不同的风格,如柳永体、东坡体、易安体、稼轩体、白石体等,争奇斗艳,异彩纷呈。一代有一代之文学,"唐之诗,宋之词,元之曲",词是有宋一代文学之胜,是宋人的艺术修养和对生活深沉思考的表现。

　　基于以上对宋代诗、词、古文的认识,我选录了这一时期主要作家的作品。选录篇目着眼于代表不同流派的不同风格,以显示这一时代诗文成就的丰富多彩。在注释方面力求准确完备,对某些词语作适当的串讲,以便于读者理解文意。对每一篇作品的说明,重在简明,有话则长,无话则短,没有一定的规格。对作品不同版本的异文,不作校勘,所录不主一家,择善而从。编选、注释工作终于完成了,错误在所难免,恳切地希望读者批评、指正。

聂石樵写于北京师大

2010 年仲秋

柳　开〔一〕

应　责〔二〕

或责曰：子处今之世，好古文与古人之道，其不思乎〔三〕？苟思之，则子胡能食乎粟，衣乎帛，安于众哉？众人所鄙贱之，子独贵尚之，孰从子之化也〔四〕？忽焉将见子穷饿而死矣！

柳子应之曰：於乎〔五〕！天生德于人，圣贤异代而同出。其出之也，岂以汲汲于富贵〔六〕，私丰于己之身也？将以区区于仁义〔七〕，公行千古之道也。己身之不足，道之足，何患乎不足〔八〕？道之不足，身之足，则孰与足〔九〕？

今之世与古之世同矣，今之人与古之人亦同矣。古之教民以道德仁义，今之教民亦以道德仁义，是今与古胡有异哉？古之教民者，得其位则以言化之，是得其言也，众从之矣；不得其位则以书于后，传授其人，俾知圣人之道易行，尊君、敬长、孝乎父、慈乎子。大哉斯道也，非吾一人之私者也，天下之至公者也。是吾行之，岂有过哉？且吾今恓恓草野〔一〇〕，位不及身，将以言化于人，胡从于吾矣。故吾著书自广，亦将以传授于人也。

子责我以好古文。子之言,何谓为古文〔一〕?古文者,非在辞涩言苦,使人难读诵之,在于古其理,高其意,随言短长,应变作制〔一二〕,同古人之行事,是谓古文也。子不能味吾书,取吾意,今而视之〔一三〕,今而诵之,不以古道观吾心,不以古道观吾志,吾文无过矣。吾若从世之文也,安可垂教于民哉?亦自愧于心矣。欲行古人之道,反类今人之文,譬乎游于海者乘之以骥,可乎哉?苟不可,则吾从于古文〔一四〕。吾以此道化于民,若鸣金石于宫中,众岂曰丝竹之音也〔一五〕?则以金石而听之矣。

食乎粟,衣乎帛,何不能安于众哉?苟不从于吾,非吾不幸也,是众人之不幸也。吾岂以众人之不幸,易我之幸乎?纵吾穷饿而死,死即死矣,吾之道岂能穷饿而死之哉〔一六〕?吾之道,孔子、孟轲、扬雄、韩愈之道;吾之文,孔子、孟轲、扬雄之文也。子不思其言,而妄责于我,责于我也即可矣,责于我之文、吾之道也,即子为我罪人乎〔一七〕!

【注释】

〔一〕柳开:据张景所写《柳公行状》(见《河东先生集》卷十六),他生于后晋开运三年(946),卒于宋真宗咸平二年(999),字仲涂,原名肩愈,字绍元,取意与韩愈比肩,并继承柳宗元。大名(今属河北)人。开宝六年(973)举进士,历任多处地方官。他是宋初古文运动的先驱,所撰写的《东郊野夫传》和《补亡先生传》,都是表现他对古文运动见解的自传。有《河东先生集》15卷,附录1卷。传见《宋史》卷四百四十。

〔二〕应责:这是作者对非难自己从事古文运动者的答复。这种文体源于东方朔的《答客难》。

〔三〕其不思乎：大概没有很好考虑吧。"其"在这里是表示概然性助词，《周易·系辞传》："易之兴也，其于中古乎？"

〔四〕从子之化：随从你的教化。

〔五〕於乎：同"呜乎"。

〔六〕汲汲：急切貌。

〔七〕区区：这里是拳拳、款款、殷勤服膺的意思。即《孔雀东南飞》"感君区区怀"句中"区区"之意也。

〔八〕"己身"三句：意谓虽穷困，而富于仁义，即不患不满足。

〔九〕孰：犹"何"。与：在这里作"为"解。《史记·陈涉世家》："陈涉少时，尝与人佣耕。"孰与足，即何为足，怎样才算满足呢。

〔一〇〕恓恓：即恓惶，不安貌。《抱朴子·塞难》："栖栖遑遑，务在匡时。"

〔一一〕何谓为古文：即何为古文。谓、为二字重复，可能有一字是衍文。

〔一二〕"随言"二句：谓古文的语言长短随意，以适应事物的变化。

〔一三〕今而视之：以今天的观点看吾书。

〔一四〕从于古文：从事于古文。

〔一五〕岂曰丝竹之音也：八音之中，金石为先，形成古人以金石声优于丝竹的看法，故云。

〔一六〕死之："之"在这里无意义，犹《孟子·梁惠王上》"则苗浡然兴之"中"之"字然。

〔一七〕罪人：这里有愧于某人的意思。《孟子·告子下》："五霸者，三王之罪人也；今之诸侯，五霸之罪人也。"

【说明】

这是柳开一篇全面阐述他的文学观点的文章。他以韩愈、柳宗元

的继承者自任,倡导古文。反对西昆体的浮艳文风。他主张文章应
"古其理,高其意,随言短长,应变作制,同古人之行事"。所谓"古其
理",即具有古人的道德仁义;"高其意",即表现高尚的思想意念;"随
言短长,应变作制,同古人之行事",即文章之长短,要适应当前政教
的需要,以发挥"以言化于人"的作用。

他主张文、道合一,认为"吾之道,孔子、孟轲、扬雄、韩愈之道;吾
之文,孔子、孟轲、扬雄、韩愈之文也"。但道是内容,文是形式,内容
与形式必须统一,否则"譬乎游于海者乘之以骥",怎么行呢! 所以要
用古道教化人民,必须倡导古文,这就是他的结论。

文章设词问答。这种文体源自东方朔《答客难》,具有雄辩气势。
范仲淹在《尹师鲁集序》中说:"五代文体薄弱,皇朝柳仲涂起而麾
之",正指出他在这方面的作用。

王禹偁[一]

待漏院记[二]

天道不言[三],而品物亨[四]、岁功成者[五],何谓也?
四时之吏[六],五行之佐[七],宣其气矣[八]。圣人不言[九],
而百姓亲、万邦宁者,何谓也? 三公论道[一〇],六卿分
职[一一],张其教矣[一二]。是知君逸于上,臣劳于下[一三],
法乎天也[一四]。古之善相天下者[一五],自咎、夔至房、魏[一六],
可数也。是不独有其德,亦皆务于勤尔。况夙兴夜

寐〔一七〕,以事一人〔一八〕,卿大夫犹然,况宰相乎!

朝廷自国初因旧制〔一九〕,设宰臣待漏院于丹凤门之右〔二〇〕,示勤政也。至若北阙向曙〔二一〕,东方未明,相君启行〔二二〕,煌煌火城〔二三〕;相君至止,哕哕銮声〔二四〕。金门未辟〔二五〕,玉漏犹滴〔二六〕,彻盖下车〔二七〕,于焉以息〔二八〕。

待漏之际,相君其有思乎?其或兆民未安,思所泰之〔二九〕;四夷未附,思所来之〔三〇〕。兵革未息,何以弭之〔三一〕;田畴多芜,何以辟之〔三二〕。贤人在野,我将进之;佞臣立朝,我将斥之。六气不和,灾眚荐至〔三三〕,愿避位以禳之〔三四〕;五刑未措〔三五〕,欺诈日生,请修德以厘之〔三六〕。忧心忡忡〔三七〕,待旦而入。九门既启〔三八〕,四聪甚迩〔三九〕。相君言焉,时君纳焉。皇风于是乎清夷〔四〇〕,苍生以之而富庶。若然,总百官〔四一〕,食万钱〔四二〕,非幸也,宜也〔四三〕。

其或私仇未复,思所逐之;旧恩未报,思所荣之。子女玉帛,何以致之;车马器玩,何以取之。奸人附势,我将涉之〔四四〕;直士抗言,我将黜之〔四五〕。三时告灾〔四六〕,上有忧色,构巧词以悦之;群吏弄法〔四七〕,君闻怨言,进谄容以媚之。私心慆慆〔四八〕,假寐而坐〔四九〕。九门既开,重瞳屡回〔五〇〕。相君言焉,时君惑焉〔五一〕。政柄于是乎隳哉,帝位以之而危矣! 若然,则死下狱,投远方〔五二〕,非不幸也,亦宜也。

是知一国之政,万人之命,悬于宰相,可不慎欤! 复有无毁无誉〔五四〕,旅进旅退〔五五〕,窃位而苟禄,备员而全身者〔五六〕,亦无所取焉。

棘寺小吏王某为文〔五七〕，请志院壁，用规于执政者〔五八〕。

【注释】

〔一〕王禹偁：字元之，济州巨野（今属山东）人，生于后周世宗显德元年（954），死于北宋真宗咸平四年（1001）。宋太宗太平兴国末中进士，曾任翰林学士，知制诰，因为刚直敢谏，多次被贬。他的诗尊李杜，文崇韩柳，反对当时浮艳的文风。著有《小畜集》。

〔二〕漏：即漏刻，古代用铜壶漏滴以计时，是一种简易的钟表。待漏院是百官在宫门外等候早朝休息的地方，宰相和百官须等待漏尽门开才上朝，所以称待漏。这篇文章作于作者在宋太宗淳化初年任大理寺丞时。

〔三〕天道不言：大自然没有说什么。天道，指大自然，《论语·阳货》："子曰：'天何言哉？四时行焉，百物生焉，天何言哉？'"

〔四〕品物亨：即万物遂其生机生长。品，各类，品物，犹万物。亨，亨通。

〔五〕岁功：指田间一年的收成。成：丰盛。

〔六〕四时之吏：掌管四季的天神，此指四季。

〔七〕五行之佐：掌管五行的天神，此指五行。五行，即金、木、水、火、土。佐，辅佐。

〔八〕宣其气：谓四时之吏，五行之佐，以疏导阴阳之气。宣，疏寻。

〔九〕圣人：指国君。

〔一〇〕三公：周代以太师、太傅、太保为三公。《尚书·周官》："立太师、太傅、太保，兹惟三公，论道经邦，燮理阴阳。"这里用古代官名指宋代宰相。论道：论治国之道。

〔一〕六卿:周代以冢宰(管内政)、司徒(管教育)、宗伯(管宗教)、司马(管军事)、司寇(管治安)、司空(管生产)为六卿。见《尚书·周官》。这里用古代官名指宋代朝廷中各部长官。分职:各司其所分之职。

〔一二〕张:发扬。教:教化。

〔一三〕君逸、臣劳:《扬子法言·孝至》:"君逸系劳,何天之劳。"意思是臣子辛勤劳苦于下,国君即可安逸于上。

〔一四〕法乎天:取法于天道。古人以为上天有各类神主宰着四时的变化。因此朝廷设立官员以四时为名,如春官、夏官、秋官、冬官各司其职,故云"法乎天"。

〔一五〕相天下:即辅佐国君治理天下。相,辅佐。

〔一六〕咎:即咎繇,又作皋陶,舜时主管法律的官。夔:舜时主管音乐和教育的官。房:房玄龄。魏:魏徵。二人都是唐太宗时的宰相。

〔一七〕夙兴夜寐:早起晚睡。

〔一八〕事:侍奉。一人:指国君。

〔一九〕国初:北宋建国之初。因旧制:因袭唐宪宗元和年间设立的待漏院。

〔二〇〕丹凤门:即宋汴京内皇城的正南门,原名明德门,宋太宗太平兴国三年(978)改名丹凤门。

〔二一〕至若:发语辞。北阙:宫殿北面的望楼,是朝廷接见百官的地方。向曙:将破晓。

〔二二〕相君:对宰相的尊称。启行:开始上朝.

〔二三〕煌煌:炬火明亮貌。火城:李肇《唐国史补》卷下:"每元日冬至立仗,大官皆备珂伞,列烛有至五六百炬者,谓之火城。"

〔二四〕哕哕(huì):形容铃声。銮:系于马车上的铃。《说文》:"人君乘车四马镳,八銮铃,像鸾鸟之声。"

〔二五〕金门:即金马门,汉代宫门名,这里借指宋宫门。辟:犹开。

〔二六〕玉漏犹滴:漏壶中的水还未滴完,即夜犹未尽,不到上朝的时间。

〔二七〕彻盖:撤掉车盖。

〔二八〕于焉以息:在这里休息。

〔二九〕兆民:犹万民。泰:安泰,这里作动词用,即使万民安泰。

〔三〇〕四夷:即周边的少数民族。未附:未归顺朝廷。来:即招徕。

〔三一〕兵革:指战争。饵:止、止息。

〔三二〕辟:开垦。

〔三三〕六气:即风、热、湿、火、燥、寒。灾眚荐至:意谓古人认为人身六气不和可以频仍生病,自然界六气不和可以频仍生灾。眚(shěng),本是目翳,代指一切病。荐,是频仍的意思。

〔三四〕避位:解除职位。禳(ráng):祈祷消灾。愿避位以禳之,即愿意解除自己的职位以消除灾祸。根据古代天人感应的说法,上天降灾,是执政者不德导致,所以自己应该让位以祈求消灾。

〔三五〕五刑:墨、劓、剕、宫、大辟。刑措,是古代成语,是说政治好,用不着刑法。五刑未措,即没有达到这种地步。措是停顿,五刑未措即五刑未停。

〔三六〕厘:治理,《尚书·尧典》:"允厘百工。"孔氏传:"厘,治也。"句意谓请以修德的办法治理之。

〔三七〕忡(chōng)忡:忧愁貌,《诗经·召南·草虫》:"未见君子,忧心忡忡。"

〔三八〕九门:古代宫殿设九门,《礼记·月令》郑玄注:"天子九门者:路门也,应门也,雉门也,库门也,皋门也,城门也,近郊门也,远郊门也,关门也。"这里泛指宫门。

〔三九〕四聪:《尚书·舜典》:"明四目,达四聪。"孔氏传:"广视听于四方,使天下无壅塞。"这里指能听到四方信息的国君。迩:犹近,是说国君就在眼前。

〔四〇〕皇风:犹言政治形势。清夷:犹言清平、太平。

〔四一〕总百官:统领百官,这是宰相的权力。总,统领,

〔四二〕食万钱:禄万钱,这是宰相的报酬。食,犹禄。

〔四三〕幸:这里作侥幸解。这二句是说这不是侥幸所得,而是应当的享受。

〔四四〕陟(zhì):进用。

〔四五〕抗言:直言谏诤。黜:罢黜。

〔四六〕三时:指春、夏、秋,因为只有在此三季进行生产。

〔四七〕弄法:即玩忽法令,贪赃枉法。

〔四八〕慆慆(tāo):长之貌。私心慆慆,即个人的欲望无穷尽。

〔四九〕假寐:不脱衣而睡。《左传·宣公二年》:"(赵盾)盛服将朝,尚早,坐而假寐。"

〔五〇〕重(chóng)瞳:相传舜的眼睛有两个瞳仁。这里代称国君。屡回:屡次顾盼。

〔五一〕时君:指当时的国君。惑:迷惑。国君被宰相的言论所迷惑。

〔五二〕隳(huī):毁坏。

〔五三〕投远方:即被放逐到远方。

〔五四〕无毁无誉:即无败政可指责,也无善政可称誉。

〔五五〕旅进旅退:与众人进,与众人退,无所建树。旅,即众。

〔五六〕窃位:窃取宰相的职位。苟禄:苟且享受奉禄。全身:保全生命。

〔五七〕棘寺:即大理寺。大理寺是掌刑法的官署,古代断案有必

讯于三槐九棘之间的传说,故大理寺也称棘寺。

〔五八〕志:记。院壁:待漏院墙壁。规;规戒。执政者:这里指宰相。

【说明】

这篇文章是记待漏院。待漏院是宋时宰相等待上朝的处所,但文章所记并非待漏院的构筑、景物等,而是借此对宰相进行讽谏,即所谓"请志院壁,用规于执政者",明确地表明了写作用意。作者让在此待漏的"相君其有思乎"? 他们究竟要做什么样的宰相? 他列举了两类完全相反的宰相,一类是忧国忧民,为国治民,进贤良,罢奸佞,废刑法,修道德,息兵戈,安边境,辟田野,勤勤恳恳臣劳而君逸,能使天下清平,苍生富庶;另一类是利用职权报私仇,还旧恩,有玉帛犬马之好,妇女器玩之奢,进奸人,黜直士,巧词弄法,谄媚取宠,私心无穷,惑乱君上,以致祸国殃民。待漏诸相何去何从? 他深切感叹道:"是知一国之政,万人之命,悬于宰相,可不慎欤!"做贤相或做奸相,如何选择太重要了,要慎取之。至于那些"窃位苟禄"、明哲保身之辈,也无可取。作者明显是期待贤相的出现,治国安邦,勤政爱民,此即其所以规讽者。

这篇文章在叙述上采取了正反对比的手法,把两类截然不同的人物置于鲜明的对比之中,以对比寓褒贬,加强艺术效果,更显出肯定和褒扬贤相的意旨。在语言上采取平易朴实的文风,去雕饰,尚自然,而且多用排比句式,流畅而有气势,增强了文章的表现力。这类文章是韩、柳古文的传承,又是宋代古文的开拓。不仅古文,诗歌也如此。王禹偁是宋代诗人革新的先驱。《宋诗钞》云:"元之独开有宋风气,于是欧阳文忠公得以承流接响。"即说明他在宋初文学史上的地位。

感流亡〔一〕

谪居岁云暮,晨起厨无烟。赖有可爱日,悬在南荣边〔二〕。
高舂已数丈〔三〕,和暖如春天。门临商於路〔四〕,有客憩檐
前。老翁与病妪,头鬓皆皤然〔五〕。呱呱三儿泣,茕茕一夫
鳏〔六〕。道粮无斗粟〔七〕,路费无百钱。聚头未有食,颜色
颇饥寒。试问何许人,答云家长安。去年关辅旱〔八〕,逐熟
入穰川〔九〕。妇死埋异乡,客贫思故园。故园虽孔迩〔一〇〕,
秦岭隔蓝关〔一一〕。山深号六里,路峻名七盘。襁负且乞
丐〔一二〕,冻馁复险艰。唯愁大雨雪,僵死山谷间。我闻斯
人语,倚户独长叹。尔为流亡客,我为冗散官。左宦无俸
禄〔一三〕,奉亲之(乏)甘鲜〔一四〕。因思筮仕来〔一五〕,倏忽过十
年。峨冠蠹黔首〔一六〕,旅进长素餐〔一七〕。文翰皆徒尔〔一八〕,
放逐固宜然。家贫与亲老,睹翁聊自宽。

【注释】

〔一〕此诗是王禹偁被贬为商州(今陕西商洛)团练副使时写的。

〔二〕南荣:房屋的南檐。《史记·司马相如列传》引《上林赋》:
"偃佒之伦,暴于南荣。"《索隐》引应劭云:"南荣,屋檐两头如翼也。"

〔三〕高舂:本指傍晚时分,《淮南子·天文训》:"(日)至于渊虞,
是谓高舂;至于连石,是谓下舂。"注:"高舂……民碓舂时也。"这里是
作为午后太阳的代称。

〔四〕商於路:由商州南下到河南西部淅川等地的路。

〔五〕皤(pó)然:老人须发白貌。

〔六〕茕(qióng)茕:忧思貌。一夫瘝:这里瘝是"瘝"的假借字,作病解。专指那个老翁说。

〔七〕道粮:道中所需的粮食。

〔八〕关辅:指潼关以西长安周围地区。

〔九〕逐熟:荒年到丰收的地方去称"逐熟",又称"趁熟"。穰川:即河南西南部邓县一带。

〔一〇〕孔:很的意思。孔迩,即很近。

〔一一〕蓝关:在陕西省蓝田县。

〔一二〕襁:把小孩捆在背上的被带,襁负,即这样背着小孩。《论语·子路》:"襁负其子而至矣。"乞丐:这里用作动词,即乞讨。

〔一三〕左宦:古人尊右卑左,左宦即降官级。

〔一四〕之甘鲜:《四部丛刊·小畜集》"之"字,当是"乏"字之讹。《宋诗钞》与《四部备要·小畜集》皆作"乏"。这是说缺少鲜美的食物养亲。

〔一五〕筮仕:本义是初做官时算一卦,卜一下吉凶,如《左传·闵公元年》:"初,毕万筮仕于晋。"后人用为初做官的意思。

〔一六〕峨冠:高帽,这里指做官。

〔一七〕旅进:即与众人一同仕进,意思是并非有特殊才能。旅,犹众。素餐:白吃饭,《诗经·魏风·伐檀》:"彼君子兮,不素餐兮。"长素餐,即长久白吃饭。

〔一八〕文翰:指文章。翰,即笔毫。徒尔:无用,不过如此。

【说明】

　　这首诗是作者被贬商州时所作,描写北宋初年在天灾凌逼下人民的饥饿和流亡生活,反映了人民流离失所、冻馁不堪、生死难保的命运。同时作者也通过流亡者的遭际抒发了自己的身世之苦和不平之鸣,并且认识到"峨冠蠹黔首,旅进长素餐",官吏是荼毒人民的蠹虫,是苟且偷安白吃饭的剥削者。诗歌内容是写民生疾苦,风格质朴无华,完全是杜甫、白居易创作精神的体现。

畬田词 并序〔一〕(选二)

上雒郡南六百里〔二〕,属邑有丰邑、上津〔三〕,皆深山穷谷,不通辙迹。其民力耕火种,大底先斫山田,虽悬崖绝岭,树木尽仆,俟其干且燥,乃行火焉。火尚炽,即以种播之。然后酿黍稷,烹鸡豚,先约曰:"某家某日,有事于畬田。"虽数百里,如期而集,锄斧随焉。至则行酒啖炙〔四〕,鼓噪而作,盖剧而掩其上也〔五〕。掩毕则生,不复耘矣。援桴者有勉励督课之语〔六〕,若歌曲然。且其俗更互力田,人人自勉,仆爱其有义,作《畬田词》五首,以侑其气〔七〕,亦欲采诗官闻之,传于执政者。苟择良二千石〔八〕,暨贤百里〔九〕,使化天下之民如斯民之义,庶乎污莱尽辟矣〔一○〕。其词俚,欲山甿之易晓也〔一一〕。

其一

大家齐力斸孱颜〔一二〕,耳听田歌手莫闲。各愿种成千百索〔一三〕,豆箕禾穗满青山〔一四〕。

其二

北山种了种南山,相助力耕岂有偏? 愿得人间皆似我,也应四海少荒田。

【注释】

〔一〕畬(shē)田：即火种法，先砍伐树木，烧成灰烬，变为肥料，然后耕种。

〔二〕上雒郡：郡治在今陕西省商洛市商州区。

〔三〕丰邑、上津：在今湖北省西北。

〔四〕啖(dàn)炙：吃烤肉。

〔五〕劚(zhú)：砍、伐。这里指砍伐树枝。

〔六〕援桴者：持鼓槌的人。

〔七〕侑其气：即鼓励士气。侑，犹劝。

〔八〕二千石：指郡守，古代郡守俸禄为二千石谷。

〔九〕百里：指县令，古代县令号称管辖百里。

〔一○〕污莱：低下蓄水高处生草的土地，即未开发的土地。

〔一一〕甿：田民曰甿。山甿，即山居的农民。

〔一二〕孱颜：不齐貌，这里指树枝。

〔一三〕千百索：农民用绳索量地，这里就耕地的面积说。

〔一四〕豆箕：即豆秸。

【说明】

这篇《畬田词序》并《畬田词》全是继承白居易的《新乐府序》及新乐府的创作精神。诗歌的内容是颂扬劳动人民纯朴的劳动生活，称赞他们互相协作的劳动精神，并希望以这种精神教化天下人民。欲达到这目的，所以"其词俚，欲山甿之易晓也"。这亦犹白居易所谓："其辞质而径，欲见之者易谕也；其言直而切，欲闻之者深诫也；其事核而实，使采之者传信也。"其文风一脉相承。

晏　殊〔一〕

浣溪沙

一曲新词酒一杯〔二〕，去年天气旧亭台，夕阳西下几时回？
无可奈何花落去，似曾相识燕归来，小园香径独徘徊〔三〕。

【注释】

〔一〕晏殊：生于宋太宗淳化二年（991），卒于宋仁宗至和二年
（1055），字同叔，抚州临川（今江西抚州）人。少年时以神童入试，赐
同进士出身。宋仁宗时曾任宰相，引用了一批贤能之士，如范仲淹、韩
琦、欧阳修等。死后谥元献。《宋史》本传说他"文章赡丽，应用不穷。
尤工诗，闲雅有情思"。是北宋初期重要词人，有《珠玉词》传世。

〔二〕"一曲"句：白居易《长安道》："花枝缺处青楼开，艳歌一曲
酒一杯。"这里化用其意。以诗酒遣怀。

〔三〕香径：飘落花香的小路。

【说明】

这首词应是在小园中对景伤情之作，通过自然景物的变化表现惜
春的感情，如天气、夕阳、落花、归燕，最后用"独徘徊"、不忍离去，写
自己对春光的留恋。其中的"无可奈何花落去，似曾相识燕归来"，谓
面对落花而无可奈何，看见燕归则似曾相识，工巧自然，寄情深婉，即

"年年岁岁花相似,岁岁年年人不同"(刘希夷《代白头吟》)之意也,成为人们传诵的名句。

蝶恋花

槛菊愁烟兰泣露〔一〕,罗幕轻寒〔二〕,燕子双飞去。明月不谙离恨苦〔三〕,斜光到晓穿朱户〔四〕。　　　昨夜西风凋碧树〔五〕,独上高楼,望尽天涯路。欲寄彩笺兼尺素〔六〕,山长水阔知何处〔七〕?

【注释】

〔一〕槛菊愁烟:花园里的菊花笼罩在烟雾之中,似乎含愁。槛,栏杆。兰泣露:兰草沾着露珠,像是哭泣。

〔二〕罗幕:丝罗做的帷幕。轻寒:即微寒。谓微寒透过罗幕进入室内。

〔三〕谙(ān):熟识,了解。

〔四〕朱户:朱红色的门户,指富贵人家。谓月亮不了解离恨之苦,月光照进室内直到破晓。写闺中人彻夜不眠,对月怀人。

〔五〕凋碧树:使树木绿叶凋零。

〔六〕彩笺:古人用以题诗的精美纸笺。这里代指题咏之作。尺素:古人书写用的素绢,一般为一尺,故称尺素。这里代指书信。古乐府《饮马长城窟行》:"客从远方来,遗我双鲤鱼。呼儿烹鲤鱼,中有尺素书。"彩笺和尺素兼用,表示思念之切。

〔七〕山长水阔:路途遥远而艰险。知何处:谁知所思念者在哪里?

【说明】

　　这是一篇闺中人怀念丈夫之作。但作者并非正面写人,而是通过客观景物的变化引发人物的心理活动来表现闺中人怀念之深、思想之切。先以菊花为烟笼罩,仿佛凝愁,带露的兰草好似含泪,表现闺中人的伤怀。再以罗帷微凉、燕子双飞,显示闺中人的孤独。又以明月不知离恨之苦,斜光到破晓仍入户照人,表明闺中人因思念而通宵未眠。碧树凋零,季节在变化,更加深了闺中人的离恨。于是登高望远,"独上高楼,望尽天涯路",极写闺中人盼望丈夫归来的急切心情。思念之极,欲寄以书信,然"山长水阔知何处"?所思念者犹在渺茫之中。步步深入地写闺中人的思念神态,最后竟成虚幻,其孤凄的形象毕现。词风疏淡自然,婉约流转,有别于温庭筠的浓艳。

柳　永[一]

煮海歌[二]

煮海之民何所营?妇无蚕织夫无耕。衣食之源太寥落[三],牢盆煮就汝输征[四]。年年春夏潮盈浦[五],潮退刮泥成岛屿[六]。风干日曝盐味加[七],始灌潮波增成卤[八]。卤浓盐淡未得间[九],采樵深入无穷山。豹踪虎迹不敢避,朝阳出去夕阳还。船载肩擎未遑歇[一〇],投入巨灶炎炎热。晨烧暮烁堆积高,才得波涛变成雪[一一]。自从潍卤至飞霜[一二],无非假贷充糇粮[一三]。秤入官中充微值[一四],一缗往往十缗偿〔一五〕。周而复始无休息,官租未了私租逼。
驱妻逐子课工程〔一六〕,虽作人形俱菜色〔一七〕。煮海之民何
苦辛,安得母富子不贫〔一八〕!本朝一物不失所,愿广皇仁
到海滨〔一九〕。甲兵净洗征输辍〔二〇〕,君有余财罢盐铁〔二一〕。
太平相业尔惟盐〔二二〕,化作夏商周时节〔二三〕。

【注释】

〔一〕柳永:约生于宋太宗雍熙四年(987),卒于宋仁宗皇祐五年
(1053)。字耆卿,又名三变,崇安(今福建武夷山市)人。少年仕途失
意,浪迹汴京、苏州、杭州等地,常出入于歌台舞榭中,与歌伎、艺人相
往来,并为乐工、歌伎填词。晚年才中进士,仕途仍不顺利,只做过睦
州掾、昌国盐场监督官、屯田员外郎等小官。他是宋代著名的词人,与
宋初诗文革新运动相适应,他的词也有新的变化,内容多写娼妓们的
悲欢和自己的失意,体裁上推动了慢词的发展。他并不是只有"怪胆
狂情"的浪子,劳动者的悲惨生活,也引起他的同情。有《乐章集》。

〔二〕《煮海歌》见于元人冯福京等编的《昌国州图志》卷六,是柳
永为该地盐场监督官时所作。昌国,即今浙江省舟山市定海区。原诗
题下云:"悯亭户也"。是模仿白居易《新乐府》体裁,说明诗歌的主
旨。亭户,即官办盐场的工人,所煮的盐都归公。

〔三〕寥落:稀少,这里是说衣食之源太少。

〔四〕牢盆:煮盐的盆。汝:指盐民。输征:纳税。是说煮成的盐
缴官府以盐代税。

〔五〕浦:水边,这里指海滩。盈浦,指潮水满充海滩。

〔六〕"潮退"句:是说春夏潮水退后,把海滩上的淤泥刮干净,整
好盐场,晒盐、煮盐。岛屿,这里指堆积的盐。

〔七〕盐味加:是说盐经过风吹日晒味更浓。

〔八〕熘(liù)：与"溜"通，流动貌。指用瓦盆盛海水作卤。

〔九〕未得间：没有恰到好处。是说卤虽浓而盐味淡，不纯、不咸，需要进一步加工煮。

〔一○〕擎(qíng)：扛着。未遑(huáng)：没有工夫。

〔一一〕雪：指盐，盐色白似雪，而"雪"又与上句"热"字叶韵，所以用"雪"代盐。句意是说海水刚变成盐。

〔一二〕潴(zhū)：积水的地方。潴卤，积聚的盐卤。霜：形容盐的洁白。

〔一三〕假贷：借贷。糇(hóu)粮：干粮。

〔一四〕"秤入"句：是说煮成盐，官府收购，作价低微。

〔一五〕缗(mín)：一千钱穿成一贯，称缗，犹后来称吊。这句是"假贷"的说明，言受高利贷的剥削。

〔一六〕课：要求。工程：有一定期限的工作称工程。

〔一七〕菜色：面黄肌瘦。《汉书·元帝纪》："岁比灾害，民有菜色。"

〔一八〕母富子不贫：封建时代以父母喻官家，以子女喻人民。这是说要官家有钱，人民也饿不着才好。

〔一九〕"本朝"二句：意思是说今天朝廷治国得当，万物各得其所，因此希望把皇恩推广到海滨盐民。

〔二○〕征输辍：停止征税。

〔二一〕罢盐铁：废除盐税和铁税。

〔二二〕尔惟盐：源出《尚书·说命》："若作和羹，尔惟盐梅。"意思是治理国家要像调味那样得当。

〔二三〕"化作"句：希望有良相出来，恢复夏、商、周三代之治，使盐民得以安乐。

【说明】

　　这首诗是写煮盐人民劳动之艰苦和被剥削之深重。内容先写盐民所以煮盐是为了缴税,再写煮盐的艰苦过程,然后写被剥削之悲惨:"秤入官中充微值,一缗往往十缗偿。周而复始无休息,官租未了私租逼。驱妻逐子课工程,虽作人形俱菜色。"最后是委婉的讽喻,辍征输、罢盐铁,使皇恩推及海滨盐民。这首诗是学习白居易的《新乐府》而作,即讽喻诗一类,有讽有喻,其用意是讽喻皇帝,批判时政。

八声甘州

　　对潇潇暮雨洒江天〔一〕,一番洗清秋〔二〕。渐霜风凄紧,关河冷落〔三〕,残照当楼。是处红衰翠减〔四〕,苒苒物华休〔五〕。惟有长江水,无语东流。　　不忍登高临远,望故乡渺邈〔六〕,归思难收。叹年来踪迹,何事苦淹留〔七〕?想佳人妆楼颙望〔八〕,误几回天际识归舟〔九〕。争知我、倚阑干处〔一〇〕,正恁凝愁〔一一〕!

【注释】

　　〔一〕潇潇:雨声急骤貌。

　　〔二〕洗清秋:是说一阵暮雨洗出了清秋景色。洗,即洗出。作者的《木兰花·海棠》词云:"霏微雨罢残阳院,洗出都城新锦缎。"

　　〔三〕关河:山河。关,即关塞、山关。

　　〔四〕是处:到处、处处。红衰翠减:红指花,翠指叶。意思是花叶凋零。李商隐《赠荷花》诗:"翠减红衰愁杀人。"

　　〔五〕苒苒:同"冉冉",缓缓地。物华:美好的景物风光。休:

完了。

〔六〕渺邈(miǎo):遥远渺茫貌。

〔七〕何事:为什么。淹留:久留。

〔八〕颙(yóng):本义是头。颙望,此指抬头凝望。

〔九〕"误几回"句:谢朓《之宣城郡出新林浦向板桥》诗有云:"天际识归舟",此反用其意,是说每次都想从远处的船中辨认出爱人的归舟来,结果认错了好几次。

〔一〇〕争:怎么。争知,即怎知。

〔一一〕恁(nèn):如此。凝愁:愁思凝结不解。

【说明】

这首词是写羁旅异乡的游子怀乡的情怀,是一篇写景兼抒情之作。词的上片尽情地描写萧瑟的秋景,如潇潇暮雨、凄紧霜风、冷落关河、夕阳残照、红衰翠减、东流的江水等,这些凄切、萧条的景色,自然引起作者羁旅漂泊的苦况和无法排遣的愁思。下片即抒写他怀乡的愁思。他自称"不忍登高临远",实际上他从开始即在楼上倚阑远眺,但家乡仍在渺茫之中。由于自己的思乡情切,而想象妻子对自己的殷切想望:过尽千帆皆不是,"误几回天际识归舟"。然而妻子怎知自己也"倚阑干处,正恁凝愁"呢?委曲婉转写尽无限愁思。冯煦评云:"(柳词)状难状之景,达难达之情,而出之以自然。"(《宋六十一家词选·例言》)这首词的确达到了这种艺术境界。

鹤冲天

黄金榜上〔一〕,偶失龙头望〔二〕。明代暂遗贤〔三〕,如何向〔四〕?未遂风云便〔五〕,争不恣狂荡〔六〕?何须论得丧〔七〕!

才子词人,自是白衣卿相[八]。　　烟花巷陌[九],依约丹青屏障[一〇]。幸有意中人,堪寻访[一一]。且恁偎红倚翠[一二],风流事、平生畅[一三]。青春都一饷[一四]。忍把浮名,换了浅斟低唱[一五]。

【注释】

〔一〕黄金榜:科举制度,录取应考者的名单叫"榜"。黄金榜,言其贵重。

〔二〕龙头:指榜首第一名。偶失龙头望,偶然失掉被录取的希望。

〔三〕明代:即圣明的时代,此指宋仁宗朝。遗贤:遗弃贤才。

〔四〕如何向:向何处,即出路是什么?

〔五〕遂:达到。风云:即风云际会,指做起官来,好比乘着风云飞起。便:方便、机会。

〔六〕争不:怎不。恣:恣意。狂荡:颠狂放荡。这句意思是怎不纵情寻欢作乐。

〔七〕何须:不须。得丧:得失。

〔八〕白衣卿相:古代没有官职的人穿白衣,高官穿朱、紫色衣。柳永自称有才华的词人,纵然只穿白衣,也无异于卿相之尊。

〔九〕烟花:妓女。烟花巷陌,妓女居处。

〔一〇〕依约:犹隐约。丹青:绘画用的颜料,也称绘画为丹青。屏障:即屏风之类。丹青屏障,指妓女居处的彩绘屏风。

〔一一〕堪:能、可。

〔一二〕恁:这样、如此。偎红倚翠:宋人陶榖《清异录·释族》记载,南唐后主李煜微行倡家,自题为"浅斟低唱,偎红倚翠大师、鸳鸯寺主"。后来即称狎妓为偎红倚翠。

〔一三〕风流事:指放荡的生活。畅:尽情。这句意思是一生尽情地过放荡的生活。

〔一四〕一饷:片刻,一时之间。青春都一饷,极言青年时期的短暂。

〔一五〕忍:犹怎忍得。浅斟低唱:浅斟酒,低声唱曲。

【说明】

这首词主要是作者抒发其科场落第后的愤慨和不平。"明代暂遗贤"是关键词,是全词的中心。明代遗贤,何去何从? 愤慨之余,感叹"何须论得丧"。有才华的词人也无异于卿相之尊,且恣情狂荡吧! 下片即抒写他的狂荡生活。寻花问柳,偎红倚翠,"风流事、平生畅。青春都一饷。忍把浮名,换了浅斟低唱"。浮名有什么用,还不如眼前的浅斟低唱,尽情地及时行乐吧! 表现了他怀才不遇的悲愤情感和科场落第后对功名的冷淡态度。关于这首词,吴曾《能改斋漫录》卷十六有如下记载:"仁宗留意儒雅,务本理道,深斥浮艳虚薄之文。初,进士柳三变,好为淫冶讴歌之曲,传播四方。尝有【鹤冲天】词云:'忍把浮名,换了浅斟低唱。'及临轩放榜,特落之(即抹掉名字),曰:'且去浅斟低唱,何要浮名!'景祐元年方及第。后改名永,方得磨勘转官。"这首词体现了柳永前期的生活以及前期词以艳词抒愤激之情的特色。

雨霖铃

寒蝉凄切〔一〕,对长亭晚〔二〕,骤雨初歇。都门帐饮无绪〔三〕,留恋处〔四〕、兰舟催发〔五〕。执手相看泪眼,竟无语凝噎〔六〕。念去去〔七〕、千里烟波,暮霭沉沉楚天阔〔八〕。 多情自古伤离别,更那堪冷落清秋节〔九〕! 今宵酒醒何处,杨柳岸、晓风残月〔一〇〕。此去经年〔一一〕,应是良辰好景虚设。便纵有千种风情〔一二〕,更与何人说〔一三〕。

【注释】

〔一〕寒蝉:蝉的一种,又名寒蜩、寒螀。《礼记・月令》:"孟秋之月,寒蝉鸣。"

〔二〕长亭:古代设在路旁供行人休息的亭舍,又是人们送别的处所,王褒《送别裴仪同》诗:"河桥望行旅,长亭送故人。"

〔三〕都门:即京都,这里指汴京(今河南开封)。帐饮:饯别时在郊外设帐宴饮。江淹《别赋》:"帐饮东都,送客金谷。"无绪:心绪不好。

〔四〕留恋处:一作"方留恋处"。

〔五〕兰舟:木兰做的舟,这里极言舟之美。催发:催着开船。

〔六〕凝噎(yē):气结声阻,说不出话来.

〔七〕去去:不断远去。自此以下三句刘熙载说是"点",即点明主题。

〔八〕暮霭:黄昏时的云气。楚天:楚地的天空,即南方的天空。

〔九〕清秋节:秋天气候清凉的季节。

〔一〇〕"今宵"二句:是想象次日天亮旅途的情况。刘熙载说这两句是"染",是渲染所"点"的那三句。

〔一一〕经年:即年复一年。

〔一二〕风情:指男女间的爱恋之情。

〔一三〕更:一作"待"。

【说明】

这首词是伤离别之作。江淹《别赋》:"黯然销魂者,唯别而已矣。"这首词把这种情景更深化了。作者用铺叙的方法写与情人将别、别时、别后的缠绵悱恻的情绪。上片重在写景,以景抒情,在冷落清秋时节与情人离别时的依恋、难舍难分,"执手相看泪眼,竟无语凝噎"。虽为生离,亦犹死别,何时能再相见,怎不悲恸!顷刻间即将远去,"念去去、千里烟波,暮霭沉沉楚天阔"。天各一方,何处寻觅?下片重在抒情,情中有景,离别本来即令多情人悲伤,在清秋时节离别更令人难以忍受。悬想明日旅途中应是"杨柳岸、晓风残月"。分别后"应是良辰好景虚设。便纵有千种风情,更与何人说"。有景无人共赏,有情无人倾诉。此情此景人何以堪!把离别之恨、相思之苦写尽了,所以成为历代传诵的名篇。

梅尧臣〔一〕

陶　者〔二〕

陶尽门前土,屋上无片瓦。十指不沾泥,鳞鳞居大厦〔三〕。

【注释】

〔一〕梅尧臣:生于宋真宗咸平五年(1002),卒于宋仁宗嘉祐五年(1060),字圣俞,宣州宣城(今属安徽)人。有才华,但科场屡次失意。皇祐三年(1051)经群臣推荐,仁宗赐他为同进士出身。曾任桐城主簿、河南主簿等职,官至尚书都官员外郎。他是当时著名的诗人,作诗主张风格平淡,反对浮艳文风,是北宋诗文革新运动的主要人物之一,诗歌多反映人民的贫困生活,有《宛陵先生集》。

〔二〕陶者:烧窑的工匠,这里指专烧制屋瓦的工人。

〔三〕鳞鳞:形容屋上的瓦密似鱼鳞的样子。大厦:大的房屋。

【说明】

这首诗是描写烧陶制瓦的工人被剥削的景况。他们掏尽自己门前的泥土制瓦,制成后全被官僚地主掠夺了去。此亦犹孟郊《织妇词》云:"如何织执素,自著蓝缕衣!"揭露同样的社会现实。

汝坟贫女〔一〕

汝坟贫家女,行哭音悽怆〔二〕。自言有老父,孤独无丁壮〔三〕。郡吏来何暴,县官不敢抗。督遣勿稽留〔四〕,龙钟去携杖〔五〕。勤勤嘱四邻,幸愿相依傍〔六〕。适闻闾里归〔七〕,问讯疑犹强〔八〕。果然寒雨中,僵死壤河上〔九〕。弱质无以托〔一〇〕,横尸无以葬。生女不如男,虽存何所当〔一一〕!拊膺呼苍天〔一二〕,生死将奈向〔一三〕?

【注释】

〔一〕汝坟:河南省汝河岸边。《诗经·周南》有《汝坟》诗,以妇女的口吻诉说"王室如毁",此诗也写妇女的哭诉。此诗题下作者原注:"时再点弓手,老幼俱集。大雨甚寒,道死者百余人,自壤河至昆阳老牛陂,僵尸相继。"

〔二〕行哭:一边走一边哭。

〔三〕丁:成年的男子。壮:壮年人。

〔四〕督:督促。遣:遣派。稽留:停留。

〔五〕龙钟:老年人行动迟缓、衰惫的样子。去携杖:老人拄着手杖去充乡兵。

〔六〕依傍:依靠。这两句是说老父临行时,女儿殷勤地恳求四邻一同应征的人予以照顾。

〔七〕适:刚才。闾里:乡里。闾里归,指同乡应征回来的人。

〔八〕疑:迟疑。强:勉强。是说想打听一下父亲的消息,又怕凶多吉少,所以迟疑不敢问。

〔九〕壤河:疑即河南省的瀼河,流经鲁山县入沙河。

〔一〇〕弱质:柔弱的身体。贫女自谓。

〔一一〕何所当:活着有什么用? 当,抵当。

〔一二〕拊膺(fǔ yīng):捶胸。膺,即胸。

〔一三〕奈向:犹言活下去呢? 还是一死完事呢? 奈,犹何。

【说明】

这首诗是描写汝坟贫女哭诉朝廷的兵役给人民造成的灾难和痛苦。此诗所写是有史实根据的,作者原注称"时再点弓手,老幼俱集",据与作者同时的司马光《论义勇六札子》之《第一札子》说:"康定、庆历之际,赵元昊叛乱……国家乏少正兵,遂籍陕西之民,三丁之内选一丁以为乡弓手……闾里之间,惶扰愁怨……骨肉流离,田园荡尽。"(见《温国文正司马公文集》卷三十一至卷三十二)可以与此诗所写互相印证。不同的是此诗以一个家庭的悲剧形象地反映这段历史,龙钟老人拄杖应征,死在阴雨严寒之中,弱质贫女,无所依托,"拊膺呼苍天,生死将奈向?"这种对生命绝望的呼唤,比历史记载更生动、形象并深刻地揭露兵役的残酷和罪恶。这便是这首诗歌所达到的艺术高度。

送王介甫知毗陵〔一〕

吴牛常畏热〔二〕,吴田常畏枯。有树不荫犊〔三〕,有水不滋
蒭〔四〕。孰知事春农〔五〕,但知急秋租。太守追县官,堂上
怒奋髯。县官促里长,堂上鞭扑俱〔六〕。不体天子仁〔七〕,
不恤黔首逋〔八〕。借问彼为政,一一何所殊?今君请郡
去〔九〕,预喜民将苏〔一○〕。每观二千石〔一一〕,结束辞国
都〔一二〕。丝鞯加锦缘〔一三〕,银勒以金涂〔一四〕。兵吏拥后队,
剑挝盛前驱〔一五〕。君又不若此,革辔障泥乌〔一六〕。款行问
风俗〔一七〕,低意骑更驽〔一八〕。下情靡不达,略细举其粗。
曾肯为众异〔一九〕,亦罔为世趋〔二○〕。学诗闻已熟,爱棠理
岂无〔二一〕。

【注释】

〔一〕王介甫:王安石字介甫。毗陵:即今江苏常州。知毗陵:即
去做毗陵知州。知,用作动词。

〔二〕吴牛畏热:南方多暑,当地牛畏热,见月疑是日,因此见月
即喘。

〔三〕犊:小牛。

〔四〕蒭:喂牛的草,也写作"刍"。

〔五〕事春农:从事于春耕,这里指官吏管理农业生产。

〔六〕扑:用板子打。

〔七〕体:实行、实践。

〔八〕恤:顾惜。黔首:庶民、平民。逋:逃亡。黔首逋,即百姓

逃亡。

〔九〕请郡去:请求到郡上去做官。

〔一〇〕苏:苏醒,复活。这里是说百姓将得到活命。

〔一一〕二千石:汉代太守每年收入的米数,宋朝知州相当汉代太守,因而以二千石称知州。

〔一二〕结束:服装整齐。

〔一三〕鞯:马鞍的垫子。锦缘:锦绣的边儿。

〔一四〕勒:马头络衔。

〔一五〕挝:打人的棍子,这里是指知州出来的仪仗,向人民示威。

〔一六〕革辔:皮革制的鞭子。障泥:马上挡泥水的叫障泥。乌:黑色。

〔一七〕款行:慢行。

〔一八〕骑更驽:骑的更是下等的马。驽,能力低下的马。

〔一九〕曾肯:岂肯。

〔二〇〕亦罔:也不。

〔二一〕学诗已熟:指王安石在那里的教育成绩。诗,指《诗经》。爱棠:《诗经·召南·甘棠》诗,传说召公的政绩好,人们因为爱戴他而爱护他曾经乘凉的棠树。这两句是说王安石施政有成绩,人民也应该思念他的吧。

【说明】

这首诗是歌咏王安石出任毗陵知州时的廉洁作风和所取得的政绩。为了表现王安石这种作风和政绩,作者特别描写了其前的知州和知县等的行径作对比,他们上任衣装整齐,高头大马,丝鞯银勒,兵吏前赴后拥,仪仗挥动,向人民示威。到任后不管生产,但逼索租,以至于鞭扑无辜,人民相继逃亡。他们名为父母官,实际是民贼。王安石的作风则完全相反,他出任时是下等的马,革制的鞭子,黑障泥,问风俗,询民隐,"下情靡不达,略细举其粗"。实行仁政,体恤民疾,最后取得了"学诗闻已熟,爱棠理岂无"的政绩。

这首诗通过送王安石知毗陵,揭露封建官吏的残暴和人民的苦难,构思微婉,所以别于苏舜钦之作指陈时政之直接痛快,略无隐谕。

苏舜钦[一]

庆州败[二]

无战王者师[三],有备军之志[四]。天下承平数十年,此语虽存人所弃[五]。今岁西戎背世盟[六],直随秋风寇边城[七]。屠杀熟户烧障堡[八],十万驰骋山岳倾[九]。国家防塞今有谁?官为承制乳臭儿[一〇]。酣觞大嚼乃事业,何尝识会兵之机[一一]!符移火急蒐卒乘[一二],意谓就戮如缚尸[一三]。未成一军已出战[一四],驱逐急使缘崄巇[一五]。马肥甲重士饱喘[一六],虽有弓箭何所施!连颠自欲堕深谷[一七],虏骑笑指声嘻嘻。一麾发伏雁行出[一八],山下奄截成重围[一九]。我军免胄乞死所[二〇],承制面缚交涕洟[二一]。逡巡下令艺者全[二二],争献小技歌且吹。其余劓馘放之去[二三],东走矢液皆淋漓[二四]。首无耳准若怪兽[二五],不自愧耻犹生归。守者沮气陷者苦[二六],尽由主将之所为。地机不见欲侥胜[二七],羞辱中国堪伤悲!

【注释】

〔一〕苏舜钦:生于宋真宗大中祥符元年(1008),卒于宋仁宗庆历八年(1048),字子美,梓州铜山(今四川中江)人。仁宗景祐元年(1034)中进士,曾官大理评事、集贤校理,在政治上支持范仲淹为首的革新派,终因敌党诬陷,被罢黜。他是与梅尧臣齐名的诗人,他的诗歌多反映民间疾苦,愤世忧国,情感激昂,气势奔放,语言质朴畅达,与梅诗微婉闲淡的风格不同。有《苏学士文集》传世。

〔二〕庆州败:宋代庆州,即今甘肃庆阳,当时属环庆路。宋仁宗景祐元年秋七月,西夏主元昊寇庆州,环庆路都监齐宗矩、走马承受赵德宣、宁州都监王文出兵抵抗,遇西夏伏兵,齐宗矩被俘,后放还。事见《宋史·夏国上》。此诗即这一年写的。

〔三〕"无战"句:《汉书·严助传》:"臣闻天子之兵有征而无战,言莫敢校也。"意思是说王者之师只有去讨伐不服他的人,没有人敢和他抵抗对战的。即战无不胜之意。

〔四〕"有备"句:指军队应重视守备。《吴子·论将第四》:"将之所慎者五……二曰备。"军,指兵书。志,记载。意思是说军队重视守备,是兵书上记载的。

〔五〕此语:指"无战"、"有备"二句。

〔六〕西戎:指西夏。世盟:世代和好。唐末,拓跋思恭据夏州(今陕西靖边),子孙相传。至宋,赐姓赵,封大夏国王。元昊本人也受宋封为西平王。此次元昊寇宋境,故云"背世盟"。

〔七〕"直随"句:西夏入侵在七月。意思是说西夏于七月入侵宋朝的边城。

〔八〕熟户:指边疆上少数民族里部分已为中原风俗习惯所同化的户口。障堡:军事上的屏障和堡垒。《宋史·郭劝传》:"元昊将山遇率其族来归,且言元昊将反。劝与兵马钤辖李渭议:自德明纳贡四十年,有内附者,未尝留。乃奏却之(即不收留山遇)。"后来山遇族全部为元昊所杀。所谓"屠杀熟户",即指此。

〔九〕山岳倾:形容西夏军威之盛。

〔一〇〕承制:直接承受皇帝的官,此指齐宗矩。乳臭儿:口中还有乳的气味,即年幼无知。

〔一一〕识会:领会、通晓。兵之机:军事要诀。

〔一二〕符:军事文书。移:传递。蒐(sōu):同"搜"。蒐卒乘,即搜罗兵卒和车乘。

〔一三〕就戮如缚尸:幻想敌人之容易擒捉杀戮,可以像捆绑死尸一样。

〔一四〕已:原本作"之",而也。

〔一五〕缘:顺着、攀登。崄巇(xiǎn xī):危险的山岩。

〔一六〕"马肥"句:马养得肥,盔甲又重,士兵缺乏训练,吃饱了一上阵就喘。

〔一七〕连颠:倾仆,行走艰难的样子。自欲堕深谷:好像自己要陷入深谷一样。

〔一八〕麾:同"挥"。发伏:发动埋伏兵。雁行:像雁的行列一样整齐地陆续出来。

〔一九〕奄:同"掩"。奄截,即半路截断。成重围:形成重重包围。

〔二〇〕胄(zhòu):头盔。免胄,摘下头盔,表示不抵抗。乞死所:乞求一个死的地方。

〔二一〕面缚:两手反缚在背后,面向前,是投降的表示。涕:眼泪。(tì):鼻涕。

〔二二〕逡巡:形容敌人长官慢慢发令的样子。艺者全:有技艺的人可以保全性命。

〔二三〕劓:割去鼻子。馘(guó):割掉耳朵。

〔二四〕矢:同"屎"。液:指尿。

〔二五〕准:鼻子。

〔二六〕守者:守边将士。陷者:指被俘的宋军士兵。

〔二七〕地机:作战时的地利和军事机宜。侥胜:侥幸取胜。

【说明】

这首诗是写仁宗景祐元年秋天宋军与西夏赵元昊在庆州的一场失败战争。这场防御战为什么失败?经验教训是什么?诗歌开篇四句是全诗的纲,贯全诗。天下承平已久,养军备战之事已被统治者忘掉了,这就说明宋朝屈辱求和的政治导致了这次战争的惨败。军事是政治的继续,正是在这种腐败政治的基础上,产生了腐败的军事。作品明确点出这次战争的主将是"承制",即是皇帝直接任命的,他们是依照"更戍法"到边疆戍边的。将帅不被信任,也就不了解军事和军事机要,他们"何尝识会兵之机",都乳臭无知。"符移火急蒐卒乘",说明毫无战争准备。一战即溃,说明战士毫无军事训练,"虽有弓箭何所施!"这种腐败的政治军事制度,促成了这次战争的丧权辱国。作品中描写了战败后主将和士兵向敌人屈膝求降和被侮辱愚弄的丑恶形象,如不待敌追赶,便自陷深谷,被割耳鼻刑法吓得"矢液淋漓";不等敌人捆绑,自己即"面缚交涕洟",并摘下头盔,但"乞死所",被"虏骑笑指"。作者感叹道:"羞辱中国堪伤悲!"认为这是国家民族的耻辱。作者的意图是要把这次战争的失败归之于主将的昏庸无能,所谓"尽由主将之所为"。但是他对这些丑恶形象的刻画,恰巧反映了当时政治军事的腐败,是当时政治军事的腐败在他们精神面貌上的反映。这就是这首诗思想意义深刻之所在。诗歌用平淡无奇的语言,把战败后北宋残兵败将的丑恶形象表现得淋漓尽致。在用韵上一个意思一换韵,意随韵转,通俗流畅,把诗歌散文化了。

城南感怀呈永叔〔一〕

春阳泛野动〔二〕，春阴与天低〔三〕。远林气蔼蔼〔四〕，长道风依依〔五〕。览物虽暂适，感怀翻然移〔六〕。所见既可骇，所闻良可悲。去年水后旱，田亩不及犁。冬温晚得雪，宿麦生者稀〔七〕。前去固无望〔八〕，即日已苦饥〔九〕。老稚满田野，斲掘寻凫茈〔一〇〕。此物近亦尽，卷耳共所资〔一一〕。昔云能驱风〔一二〕，充腹理不疑。今乃有毒厉〔一三〕，肠胃生疮痍〔一四〕。十有七八死，当路横其尸。犬彘咋其骨〔一五〕，乌鸢啄其皮〔一六〕。胡为残良民，令此鸟兽肥？天岂意如此？泱荡莫可知〔一七〕！高位厌粱肉〔一八〕，坐论搀云霓〔一九〕。岂无富人术〔二〇〕，使之长熙熙〔二一〕？我今饥伶俜〔二二〕，悯此复自思：自济既不暇〔二三〕，将复奈尔为〔二四〕！愁愤徒满胸，嵘竑不能齐〔二五〕。

【注释】

〔一〕永叔：欧阳修的字。

〔二〕“春阳”句：意思是在春天的阳光照耀下，原野熠熠闪亮，好像浮动的样子。

〔三〕“春阴”句：意思是春天阴云密布，天好像显得低了。

〔四〕蔼蔼：通“霭霭”，云气。陆机《挽歌诗》之三：“悲风徽行轨，倾云结流蔼。”

〔五〕依依：轻柔的样子，《诗经·小雅·采薇》：“昔我往矣，杨柳依依。”

〔六〕"览物"二句:览物感怀,看着景物虽然心胸舒畅,但愉快的心情立刻就变了。

〔七〕宿麦:越冬的麦苗。

〔八〕前去:前途、将来,指庄稼收获的前景。

〔九〕即日:即目前。

〔一○〕斲(zhuó):砍。凫茈(fú cí):荸荠。

〔一一〕卷耳:石竹科植物,即车前子。共所资:共同赖以充饥。

〔一二〕驱风:驱散风寒。意思是前人说车前子能驱散风寒,现在用来充饥没有可怀疑的理由。

〔一三〕厉:虐害。

〔一四〕疮痍:创伤,也比喻人民的疾苦。《汉书·季布传》:"今疮痍未瘳,(樊)哙又面谀,欲摇动天下。"

〔一五〕彘(zhì):猪。咋(zé):咬。

〔一六〕鸢(yuān):即鸷鸟,俗称鹞鹰。

〔一七〕泱(yāng)荡:广大的样子,形容天意莫测高深。

〔一八〕高位:指高官。厌:同"餍",即饱的意思。

〔一九〕搀:刺。霓:虹。搀云霓,是说高谈阔论,不切实际,仿佛钻进云彩里去了。

〔二○〕富人术:使人民富裕的办法。

〔二一〕熙熙:温和欢乐的样子。

〔二二〕伶俜(pīng):孤独。潘岳《寡妇赋》:"少伶俜而偏孤兮,痛忉怛以摧心。"

〔二三〕自济不暇:即自顾不暇。

〔二四〕"将复"句:对你们有什么办法呢!尔,指饥民。

〔二五〕嵘嶐(róng hóng):山高峻的样子。齐:平复。意思是自己心中愁愤而不能平静。

【说明】

这是一篇怀念欧阳修之作,但并非是单纯怀念的文字,而具有丰富的社会内容。诗题曰"感怀",即览物感怀,亦即诗文"所见既可骇,所闻良可悲"。作者以其所闻所见的景象,抒发无限的感慨。天灾之年,田地不及犁,禾苗不生长,庄稼的收成无望,农民生活无着,不得已以野菜充饥,而野菜有毒,因而相继被毒害身亡,尸横道路,为禽兽所啄食,一片悲惨景象。而高官厚禄者,则饱食终日,高谈阔论,置人民生死于不顾。对此作者发问道:"胡为残良民,令此鸟兽肥? 天岂意如此? 泱荡莫可知!"为什么如此残害贫苦人民? 难道这是天意吗? 对苍天发出强烈的控诉! 最后慨叹自身难保,对贫苦人民的苦难遭遇也无可如何!"愁愤徒满胸,嵘岎不能齐",唯满腹愁愤而不能平静。作者的质问和愤慨不平即所以呈永叔也。

初晴游沧浪亭〔一〕

夜雨连明春水生〔二〕,娇云浓暖弄阴晴〔三〕。帘虚日薄花竹静〔四〕,时有乳鸠相对鸣〔五〕。

【注释】

〔一〕沧浪亭:在苏州,苏舜钦被罢官后寄居苏州时所建。这里有丘阜,积水数十亩,多草树花竹,风景宜人。诗写亭边春晴景物,应即庆历六年(1046)春。

〔二〕连明:连续到天明。弄:玩弄。春水生:指一夜春雨后池中新增的春水。

〔三〕娇云:轻柔的云。

〔四〕日薄:日光薄弱。

〔五〕乳鸠:雏鸠。

【说明】

宋仁宗庆历四年(1044)十一月,进奏院祀神,时任监进奏院的苏舜钦依惯例卖废纸办酒食邀友好宴饮,吕夷简等诬告他"监主自盗",因此被削职为民。他退居苏州,过着寄情山水的生活。此诗即写沧浪亭边春雨初晴的景物,鸟语花香,境界十分幽静,是写景,也表现了作者自己的心境。

范仲淹〔一〕

岳阳楼记〔二〕

庆历四年春〔三〕,滕子京谪守巴陵郡〔四〕。越明年〔五〕,政通人和,百废俱兴。乃重修岳阳楼,增其旧制〔六〕,刻唐贤、今人诗赋于其上,属予作文以记之〔七〕。

予观夫巴陵胜状〔八〕,在洞庭一湖〔九〕,衔远山,吞长江,浩浩汤汤〔一○〕,横无际涯,朝晖夕阴〔一一〕,气象万千,此则岳阳楼之大观也〔一二〕。前人之述备矣。然则北通巫峡〔一三〕,南极潇湘〔一四〕,迁客骚人〔一五〕,多会于此。览物之情,得无异乎〔一六〕?

若夫霪雨霏霏〔一七〕,连月不开,阴风怒号,浊浪排空,日星隐曜〔一八〕，山岳潜形。商旅不行，樯倾楫摧〔一九〕，薄暮冥冥〔二〇〕，虎啸猿啼。登斯楼也，则有去国怀乡〔二一〕，忧谗畏讥，满目萧然，感极而悲者矣。

至若春和景明，波澜不惊，上下天光，一碧万顷。沙鸥翔集，锦鳞游泳〔二二〕，岸芷汀兰〔二三〕，郁郁青青〔二四〕。而或长烟一空〔二五〕，皓月千里，浮光耀金〔二六〕，静影沉璧〔二七〕，渔歌互答，此乐何极！登斯楼也，则有心旷神怡，宠辱皆忘，把酒临风，其喜洋洋者矣。

嗟夫！予尝求古仁人之心，或异二者之为〔二八〕，何哉？不以物喜，不以己悲〔二九〕。居庙堂之高〔三〇〕，则忧其民；处江湖之远〔三一〕，则忧其君。是进亦忧，退亦忧。然则何时而乐耶？其必曰：先天下之忧而忧，后天下之乐而乐乎〔三二〕？噫！微斯人，吾谁与归〔三三〕？

【注释】

〔一〕范仲淹：生于宋太宗端拱二年（989），卒于宋仁宗皇祐四年（1052），字希文，苏州吴县（今江苏苏州）人。真宗大中祥符八年（1015）中进士。天圣六年（1028）经晏殊推荐入朝为秘阁校理。在政治上范仲淹属于革新派，仁宗时受到宰相吕夷简等的排挤。庆历元年（1041），任陕西经略安抚副使，抵抗西夏的侵扰。后来西夏请和，范仲淹又回朝，任枢密院副使、参知政事。庆历五年（1045），范仲淹与韩琦、富弼都被罢免，他出任邓州知州。范仲淹是一个有政治理想的人，青年时期即慨然以天下为己志。也很有文学才能，所作诗、词、散文都很出色。有《范文正公集》。

〔二〕岳阳楼：即岳州巴陵（今湖南岳阳）城的西门楼。下临洞庭，

自然形胜,相传建于唐朝,是历来游览胜地。这篇记文作于庆历六年
(1046),当时范仲淹正任邓州(今属河南)知州,滕子京则被贬于岳
州,他写信给范仲淹,求作岳阳楼记,范仲淹便写了这篇文章。

〔三〕庆历:宋仁宗(赵祯)的年号。庆历四年,即公元1044年。
当时范仲淹55岁。

〔四〕滕子京:名宗谅,和范仲淹是同年进士,曾任泾州、庆州知
州,抗御西夏有功,后被诬告浪费公款被贬岳州。守:一郡之长称守。
巴陵郡:即岳州。

〔五〕越:经过。越明年,到了第二年。

〔六〕旧制:旧时的规模、体制。

〔七〕属:同"嘱",请托。

〔八〕胜状:美好的景观。

〔九〕洞庭湖:在湖南省北部,长江两岸。《清一统志》:"洞庭湖,
在巴陵县西南,每夏秋水涨,周围八百余里。"

〔一〇〕汤(shāng)汤:同"荡荡",水势盛大的样子。

〔一一〕晖:日光,光辉。阴:阴暗,即不晴不雨。

〔一二〕大观:盛大壮观的景象。

〔一三〕巫峡:长江三峡之一,在四川省巫山县西,当洞庭湖之西
北方。

〔一四〕极:尽,直,直通。潇湘:湖南省境内两条水名,都流注洞
庭湖。

〔一五〕迁:左迁,即贬官。迁客,即被迁谪的人。

〔一六〕"览物"二句:是说观赏洞庭湖景色而产生的情感,能不因
为景色的变化而不同吗?

〔一七〕霪雨:同"淫雨",即久雨、连绵不停的雨。霏霏:纷飞的样
子。《诗经·小雅·采薇》:"今我来思,雨雪霏霏。"

〔一八〕曜:指日光和星光。

〔一九〕樯倾楫摧:船的桅杆倾倒,船桨摧折。

〔二〇〕冥冥:晦暗、昏昧的样子。

〔二一〕去国:离开国都,这里指被贬外调。

〔二二〕锦鳞:代指鱼,因鱼鳞光彩如锦,故名。

〔二三〕芷:香草。汀:水边平地。岸芷汀兰,即水边的香花香草。

〔二四〕郁郁:香气浓郁的样子。青青:同"菁菁",花木茂盛的样子。

〔二五〕长烟一空:长空中的烟雾散尽。

〔二六〕浮光耀金:月光照在水面上,金光闪耀。

〔二七〕静影沉璧:清静的月影映在水中,宛如沉在水底的一块玉璧。璧,圆形的玉。

〔二八〕二者:指上述去国怀乡之悲和心旷神怡之喜两种情绪。这句意思是说或者有不同于上述两种情绪的。

〔二九〕物:外物、客观环境。己:个人的遭际。此二句意思是说古仁人不因为外物美好而喜悦,不因为自己的遭遇不幸而悲伤。

〔三〇〕庙堂:朝堂、朝廷。

〔三一〕江湖:草野间。

〔三二〕"先天下"二句:欧阳修《资政殿学士户部侍郎文正范公神道碑铭》:"公少有大节,于富贵贫贱、毁誉欢戚,不一动其心,而慨然有志于天下。常自诵曰:'士当先天下之忧而忧,后天下之乐而乐也。'"

〔三三〕微:不。斯人:指古仁人。此二句是说要不是这样人,我又向往谁呢?

【说明】

　　这篇文章是记岳阳楼,但并非单纯地记述岳阳楼的历史沿革,而是通过对岳阳楼景物的描写抒发作者自己的处世态度和政治品格,也以这种处世态度和政治品格勉励滕子京。文章先写所以撰写此记是应滕子京的请求。再总写岳阳楼的奇观,其胜状景色“在洞庭一湖”,迁客骚人多会于此。然后分写阴风苦雨之时和春和景明之际,迁客骚人因自然环境之不同,思想情感也随之变化,“览物之情”,或悲或喜。最后叙述“古仁人”的处世态度,不为客观环境所左右,“不以物喜,不以己悲”,“先天下之忧而忧,后天下之乐而乐”。这是文章的主旨,是作者自己胸怀、抱负的体现,同时也以此勉励滕子京,不要计较个人得失,要以天下国家为己任。宋代范公偁《过庭录》记载:“滕子京负大才,为众所嫉。自庆历谪巴陵,愤郁颇见辞色。文正(范仲淹)与之同年,友善,爱其才,恐后贻祸;然滕豪迈自负,罕受人言,正患无隙以规之。子京忽以书抵文正,求岳阳楼记,故记中云:‘不以物喜,不以己悲,先天下之忧而忧,后天下之乐而乐。’其意盖有在矣。”作者与滕子京都是迁客骚人,都要以古仁人自勉,然作者更属意于滕子京,前文的“政通人和,百废俱兴”是对他政绩的赞扬,但还不够,希望他胸怀更远大,以古仁人为榜样。

四民诗　农〔一〕

圣人作末耜,苍苍民乃粒〔二〕。国俗俭且淳,人足而家给〔三〕。九载襄陵祸〔四〕,比户犹安辑〔五〕。何人变清风,骄奢日相袭?制度非唐虞〔六〕,赋敛由呼吸〔七〕。伤哉田桑人,常悲大弦急〔八〕。一夫耕几垄,游堕如云集〔九〕。一蚕吐几丝,罗绮如山入〔一〇〕。太平不自存〔一一〕,凶荒亦何及?神农与后稷〔一二〕,有灵应为泣〔一三〕。

【注释】

〔一〕四民诗:包括士、农、工、商四首诗,这里选取的是描写农民悲惨生活之作。

〔二〕苍苍:形容平民百姓的黑头发。古代常用黑发形容平民百姓,如"苍生"、"黔首"、"黎民"等。粒:谷米之粒,这里用作动词。乃粒,即有得吃。

〔三〕给:供给。人足家给,即供给充足。

〔四〕"九载"句:这是指传说中大禹时代的洪水,水势奔腾溢上丘陵。《尚书·尧典》:"荡荡怀山襄陵,浩浩滔天。"传:"襄,上也,包山上陵。"传说那时有九年水灾。

〔五〕比户:挨家挨户。辑:是"和"的意思。安辑,即生活平安、和谐。

〔六〕唐虞:即唐尧、虞舜,都是古帝名,皆以揖让有天下,后代称唐虞时为太平盛世。

〔七〕由:同"犹"。呼吸:是说赋敛犹如人的出气和吸气,缺少不了。

〔八〕大弦:古琴、瑟、琵琶等弦乐器的宫声弦。大弦急,比喻赋敛之紧急。

〔九〕游堕:当作"游隋",游手好闲、不劳而获的人。

〔一〇〕"罗绮"句:是说艰难织成如山的绫罗都入了官府。

〔一一〕存:存活。自存,自己维持生活。

〔一二〕神农:古帝名。后稷:周朝的祖先。相传他们都是发明农业稼穑的人。

〔一三〕应为泣:应当为这种不平的现象而落泪。

【说明】

这首诗是揭露宋代农民被剥削的残酷,他们辛勤耕织所得全被官府征集去了。"赋敛由呼吸","常悲大弦急",赋敛不绝,而且急如星火。太平年间人民已经不能存活,灾荒岁月更不可想象了。诗歌开端云:"圣人作耒耜,苍苍民乃粒。"结尾云:"神农与后稷,有灵应为泣。"作耒耜者即神农和后稷。圣人作耒耜所以养民,而宋代统治者以耕织残民,致人民于生命的绝境,此圣人在天之灵亦为之伤心流涕者也。作者愤慨之极质问道:"何人变清风?"不明言何人,不言而自明,是当朝的统治者。

江上渔者〔一〕

江上往来人,但爱鲈鱼美〔二〕。君看一叶舟,出没风波里。

【注释】

〔一〕渔:捕鱼。渔者,捕鱼的人。

〔二〕鲈鱼美:《世说新语·识鉴》记载,晋时吴人张翰入洛,见秋风起,想到故乡的鲈鱼美,便辞官而归。李白《秋下荆门》诗云:"此行不为鲈鱼脍,只爱名山入剡中。"

【说明】

这首诗是说,鲈鱼的确是鲜美的,可是谁知道捕鱼人"出没风波",要经过多么大的风险啊! 表现了对渔民艰苦生活的同情。

渔家傲　秋思〔一〕

塞下秋来风景异,衡阳雁去无留意〔二〕。四面边声连角起〔三〕,千嶂里〔四〕,长烟落日孤城闭〔五〕。　　浊酒一杯家万里〔六〕,燕然未勒归无计〔七〕! 羌管悠悠霜满地〔八〕,人不寐,将军白发征夫泪。

【注释】

〔一〕宋仁宗庆历元年(1041),西夏入侵,范仲淹、韩琦被派去边塞抵御。这首词即范仲淹守边时所作。宋魏泰《东轩笔录》卷十一云:"范文正公守边日,作《渔家傲》乐歌数阕,皆以'塞下秋来'为首句,颇述边镇之劳苦。"

〔二〕衡阳:即今湖南省衡阳市。其旧城南有回雁峰,古代相传雁南飞到此即北回。无留意:不留恋荒凉的边塞。

〔三〕边声:边塞的声音,如胡笳、羌笛和马的悲鸣等。李陵《答苏武书》:"侧耳远听,胡笳互动,牧马悲鸣,吟啸成群,边声四起。"角:号角。

〔四〕嶂:高峻的山峰犹如屏障。

〔五〕孤城闭:夕阳西下时即关闭城门。可见边地的萧条和冷落。

〔六〕浊酒:古代酿酒,清酒漉制费工,比较珍贵,浊酒价廉。

〔七〕燕然:燕然山,即今蒙古国境内的杭爱山。勒:刻。燕然未勒,没有击破敌军,功业未立。《后汉书·窦宪传》记载窦宪追击匈奴,"登燕然山,去塞三千余里,刻石勒功"而还。这句是说还未战胜敌人,不能回家。

〔八〕羌管:羌人吹的管乐,即笛子。悠悠:指笛声悠扬。霜满地:应是实指,但也含有李白《静夜思》"床前明月光,疑是地上霜。举头望明月,低头思故乡"的诗意。

【说明】

这首词抒写了将士们边塞生活之苦和思乡之情。上片主要是写景、写塞下秋天景物之异。异者,所以异于故乡,仍然寓思乡之意。下片主要是抒情,叙述身处离家万里的边塞,想望家乡,但"燕然未勒归无计",强敌未破,功业未就,怎么回家呢?表现了要为国献身的壮志。将军老了,士兵长久艰苦戍边,战事何时能了?"将军白发征夫泪!"苍凉悲壮,抒发了千百年来将士远征的共同情怀!这首词气象大、调子壮、境界广阔,在晚唐、五代和宋初的词中是少见的,开豪放派词的风气之先。

欧阳修[一]

朋党论[二]

臣闻朋党之说,自古有之,惟幸人君辨其君子小人而已。大凡君子与君子以同道为朋,小人与小人以同利为朋,此自然之理也[三]。然臣谓小人无朋,惟君子则有之。其故何哉?小人所好者利禄也,所贪者财货也,当其同利之时,暂相党引以为朋者[四],伪也;及其见利而争先,或利尽而交疏[五],则反相贼害[六],虽其兄弟亲戚不能相保。故臣谓小人无朋,其暂为朋者,伪也。君子则不然,所守者道义,所行者忠信,所惜者名节。以之修身[七],则同道而相益[八],以之事国[九],则同心而共济[一〇],始终如一,此君子之朋也。故为人君者,但当退小人之伪朋[一一],用君子之真朋[一二]，则天下治矣。

尧之时，小人共工、驩兜等四人为一朋[一三]，君子八元、八恺十六人为一朋[一四]；舜佐尧，退四凶小人之朋，而进元恺君子之朋，尧之天下大治[一五]。及舜自为天子，而皋、夔、稷、契等二十二人并立于朝[一六]，更相称美，更相推让[一七]，凡二十二人为一朋，而舜皆用之，天下亦大治。《书》曰："纣有臣亿万，惟亿万心；周有臣三千，惟一心。"[一八]纣之时，亿万人各异心，可谓不为朋矣，然纣以亡国；周武王之臣三千人为一大朋，而周用以兴。后汉献帝时，尽取天下名士囚禁之，目为党人[一九]；及黄巾贼起[二〇]，汉室大乱，后方悔悟，尽解党人而释之[二一]，然已无救矣[二二]。唐之晚年，渐起朋党之论[二三]。及昭宗时，尽杀朝之名士，或投之黄河，曰："此辈清流，可投浊流"，而唐遂亡矣[二四]。

夫前世之主，能使人人异心不为朋，莫如纣；能禁绝善人为朋，莫如汉献帝；能诛戮清流之朋，莫如唐昭宗之世，然皆乱亡其国。更相称美推让而不自疑，莫如舜之二十二臣，舜亦不疑而皆用之。然而后世不诮舜为二十二人朋党所欺[二五]，而称舜为聪明之圣者，以能辨君子与小人也。周武之世，举其国之臣三千人共为一朋，自古为朋之多且大莫如周，然周用此以兴者，善人虽多而不厌也[二六]。

夫兴亡治乱之迹，为人君者，可以鉴矣[二七]。

【注释】

〔一〕欧阳修：生于宋真宗景德四年（1007），卒于宋神宗熙宁五年

（1072），字永叔，号醉翁，晚年亦号六一居士，庐陵（今江西吉安）人。宋仁宗天圣八年（1030）中进士。当时发生了保守派吕夷简和改革派范仲淹的政治斗争，他倾向于范仲淹的政治改革。范仲淹失败后，他被贬到夷陵。欧阳修做过多年的地方官，也出任过枢密副使和参知政事等要职，是一个廉洁正直的政治家。在文学上推崇韩柳，主张文道合一，先道后文，反对西昆体的浮艳文风，是北宋诗文革新运动的领袖人物，其诗、词、散文成就都很高。有《欧阳文忠公文集》传世。

　　〔二〕仁宗庆历三年（1043），保守派的代表人物夏竦被罢官，进用富弼、韩琦、范仲淹等，石介又作《庆历圣德诗》。夏竦攻击他们私结朋党，当时欧阳修正在谏院，向仁宗进了这篇《朋党论》。

　　〔三〕同道：共同的道德观念，共同的政治理想。自然之理：自然的道理。《礼记·表记》云："故君子之接如水，小人之接如醴；君子淡以成，小人甘以坏。"即此三句意思所取。

　　〔四〕党引：同伙者援引勾结。

　　〔五〕交疏：交往减少。

　　〔六〕贼害：即杀害。

　　〔七〕以：即用。之：代词，代道义、忠信、名节。

　　〔八〕相益：相得益彰之意。

　　〔九〕事国：为国效劳。

　　〔一〇〕共济：共同取得成就。济，成就。

　　〔一一〕退：黜退。

　　〔一二〕用：进用。

　　〔一三〕共工、驩兜等四人：即所谓四凶，共工、驩兜之外，还有鲧、三苗。

　　〔一四〕八元、八恺：尧时的十六个贤臣，伯奋、仲堪、叔献、季仲、伯虎、仲熊、叔豹、季狸为八元，苍舒、陨敳、梼戭、大临、庬降、庭坚、仲容、叔达为八恺。

〔一五〕"舜佐尧"四句：据《史记·五帝本纪》："昔高阳氏有才子八人，世得其利，谓之'八恺'。高辛氏有才子八人，世谓之'八元'。此十六族者，世济其美，不陨其名。至于尧，尧未能举。舜举八恺，使主后土，以揆百事，莫不时序。举八元，使布五教于四方，父义、母慈、兄友、弟恭、子孝，内平外成。昔帝鸿氏有不才子，掩义隐贼，好行凶慝，天下谓之浑沌（即驩兜）。少暤氏有不才子，毁信恶忠，崇饰恶言，天下谓之穷奇（即共工），颛顼氏有不才子，不可教训，不知话言，天下谓之梼杌（即鲧）。此三族世忧之。至于尧，尧未能去。缙云氏有不才子，贪于饮食。冒于货贿，大下谓之饕餮（即三苗）。天下恶之，比之三凶。舜宾于四门，乃流四凶族，迁于四裔，以御螭魅，于是四门辟，言毋凶人也。"此即上文所论述的历史史实。

〔一六〕皋、夔、稷、契：舜时的贤臣，皋陶掌管司法，夔掌管音乐，稷掌管农业，契掌管教育。

〔一七〕更相推让：据《史记·五帝本纪》记载：舜派禹治水，"禹拜稽首，让于稷、契与皋陶"；禹任命益为朕虞（掌管山泽的官），"益拜稽首，让于诸臣朱虎、熊罴"；舜任伯夷为秩宗（掌管礼仪、祭祀的官），"伯夷让夔、龙"等。即其互相推让的史实。

〔一八〕《书》曰：指《尚书·泰誓》上的记载，纣：殷纣王，殷朝末代的帝王，暴虐无道，为周武王所灭。《泰誓》所记是武王伐纣，所以文中"周"字在原书中作"予"）。

〔一九〕后汉献帝：应为后汉灵帝。天下名士：这里指陈蕃、窦武、李膺等，他们都反对宦官专权。东汉桓帝永康元年（167）桓帝死，灵帝即位，外戚窦武执掌朝政，联络陈蕃、李膺等，设计诛杀宦官。计谋泄露，宦官杀窦武、陈蕃等，并逐杀窦、陈派朝臣。窦武、陈蕃被杀后，汉灵帝大兴党狱，杀李膺、范滂等一百多人，禁锢六七百人，逮捕太学生一千余人。此即因禁"名士","目为党人"的史实。

〔二〇〕黄巾贼起:即汉灵帝中平元年(184),张角领导的黄巾起义。

〔二一〕"后方悔悟"二句:《后汉书·党锢列传》:"中平元年,黄巾贼起,中常侍吕强言于帝曰:'党锢久积,人情多怨,若久不赦宥,轻与张角合谋,为变滋大,悔之无救。'帝惧其言,乃大赦党人,诛徙之家,皆归故郡。"

〔二二〕然已无救:即《后汉书·党锢列传》所记:"其后黄巾遂盛,朝野崩离,纪纲文章荡然矣。"

〔二三〕"唐之晚年"二句:指晚唐时文宗、武宗、宣宗三朝朝臣内部李德裕和牛僧孺两派的斗争,前后延续40年,史称"牛李党争"。

〔二四〕昭宗:李晔,是唐朝最后一个皇帝。《新五代史·唐六臣传》:"初,唐天祐三年(906),梁王(朱全忠)欲以嬖吏张廷范为太常卿,唐宰相裴枢以谓太常卿唐常以清流为之,廷范乃梁客将,不可。梁王由此大怒,曰:'吾常语裴枢纯厚,不陷浮薄,今亦为此邪!'是岁四月……宰相柳璨希梁王旨,归其谴于大臣。于是左仆射裴枢、独孤损、右仆射崔远、守太保致仕赵崇、兵部侍郎王赞、工部尚书王溥、吏部尚书陆扆,皆以无罪贬,同日赐死于白马驿。凡搢绅之士,与唐而不与梁者,皆诬以朋党,坐贬死者数百人,而朝廷为之空。"此即"尽杀朝之名士"。投之黄河:《旧五代史·梁书·李振列传》:"天祐中,唐宰相柳璨希太祖(朱全忠)旨,潜杀大臣裴枢、陆扆等七人于滑州白马驿。时振自以咸通、乾符中尝应进士举,累上不第,尤愤愤,乃谓太祖曰:'此辈自谓清流,宜投于黄河,永为浊流。'太祖笑而从之。"或:一作"咸"。天祐四年(907),昭宣帝禅位,朱全忠建立后梁。即"唐遂亡"。

〔二五〕诮:责备。

〔二六〕厌:满足。多而不厌,越多越好。

〔二七〕鉴:借鉴,以古今成败为法戒。

【说明】

这篇文章正面论述了朋党在国家政权中的重要作用,以批驳夏竦的诬蔑。开篇先叙述朋党之说自古有之,然后将朋党区分为君子之朋和小人之朋两类,但主要是褒扬君子之朋。君子之朋是什么? 即"以同道为朋",也即守道义、行忠信、惜名节,有共同的思想、抱负和信念。是否任用君子之党关乎国家的治乱兴亡。文章从历史经验中予以论证,纣不为朋,汉绝善人之朋,唐诛清流之朋,皆亡其国;舜佐尧进用八元、八恺,舜为天子任用二十二臣,周用三千人为一朋,而天下大治。原因在他们"同道而相益"、"同心而共济",经验证明朋党的存在对国家有百利而无一害。最后结以"夫兴亡治乱之迹,为人君者,可以鉴矣"。此作者所以向仁宗进谏者。文章简洁流畅,层次分明,逐层展示论点,逻辑性强,很有说服力。

梅圣俞诗集序〔一〕

予闻世谓诗人少达而多穷〔二〕,夫岂然哉? 盖世所传诗者,多出于古穷人之辞也〔三〕。凡士之蕴其所有而不得施于世者〔四〕,多喜自放于山巅水涯之外〔五〕,见虫鱼草木风云鸟兽之状类〔六〕,往往探其奇怪,内有忧思感愤之郁积,其兴于怨刺,以道羁臣、寡妇之所叹〔七〕,而写人情之难言,盖愈穷则愈工。然则非诗之能穷人,殆穷者而后工也〔八〕。

予友梅圣俞,少以荫补为吏〔九〕,累举进士,辄抑于有司〔一〇〕，困于州县〔一一〕，凡十余年。年今五十，犹从辟书〔一二〕，为人之佐〔一三〕，郁其所蓄〔一四〕，不得奋见于事业。其家宛陵〔一五〕，幼习于诗，自为童子，出语已惊其长老；既长，学乎六经仁义之说〔一六〕。其为文章，简古纯粹，不求苟说于世〔一七〕。世之人徒知其诗而已。然时无贤愚，语诗者必求之圣俞，圣俞亦自以其不得志者，乐于诗而发之。故其平生所作，于诗尤多。世既知之矣，而未有荐于上者。昔王文康公尝见而叹曰〔一八〕："二百年无此作矣！"虽知之深，亦不果荐也〔一九〕。若使其幸得用于朝廷，作为雅颂〔二〇〕，以歌咏大宋之功德，荐之清庙〔二一〕，而追商、周、鲁颂之作者〔二二〕，岂不伟欤！奈何使其老不得志，而为穷者之诗，乃徒发于虫鱼物类、羁愁感叹之言？世徒喜其工，不知其穷之久而将老也，可不惜哉！

　　圣俞诗既多，不自收拾〔二三〕。其妻之兄子谢景初惧其多而易失也〔二四〕，取其自洛阳至于吴兴已来所作〔二五〕，次为十卷〔二六〕。予尝嗜圣俞诗，而患不能尽得之，遽喜谢氏之能类次也〔二七〕，辄序而藏之。其后十五年，圣俞以疾卒于京师〔二八〕，余既哭而铭之〔二九〕，因索于其家，得其遗稿千余篇，并旧所藏，掇其尤者六百七十七篇〔三〇〕，为一十五卷。呜呼！吾于圣俞诗，论之详矣〔三一〕，故不复云。庐陵欧阳修序。

【注释】

〔一〕梅圣俞：名尧臣，北宋前期的诗人，与欧阳修齐名，时称"欧梅"。

〔二〕达：显达。穷：穷困不得志。

〔三〕穷人：穷困不得志的人。

〔四〕蕴：积聚、收藏，这里指士人的政治抱负。

〔五〕放：放任、恣纵。自放，自己放任。

〔六〕"见虫鱼"句：即取《论语·阳货》"诗可以兴，可以观，可以群，可以怨，迩之事父，远之事君，多识于鸟兽草木之名"之意而发挥之。

〔七〕羁臣：羁旅之臣，即被贬谪的人。

〔八〕"殆穷者"句：即"诗穷而后工"的意思。杜甫《天末怀李白》诗有云："文章憎命达，魑魅喜人过。"

〔九〕荫：古代凭借先世有功勋推恩得赐官爵叫"荫"。欧阳修《梅圣俞墓志铭》云："圣俞初以从父（即梅询）荫，补太庙斋郎。"又《宋史》本传称梅尧臣"用询荫为河南主簿"。

〔一〇〕辄：犹即。有司：古代设官分职，各有所司，因此把吏称为有司。这里指主考官。

〔一一〕困于州县：在州县做官。封建士大夫认为这便是不得意，所以说"困"。梅尧臣是从太庙斋郎出任相城等县主簿和德兴等县知县。

〔一二〕辟：请。辟书，犹如说聘书。这里指被地方长官聘做幕僚。梅尧臣曾做忠武、镇安两军节度判官。

〔一三〕佐：僚佐，幕僚。

〔一四〕郁其所蓄：犹上文"蕴其所有"的意思。

〔一五〕宛陵：即今安徽省宣城市。

〔一六〕六经：即《诗》《书》《礼》《易》《乐》《春秋》，都是儒家的经典。

〔一七〕苟：苟且、随便。说：同"悦"。句意是不随便取悦于世人。

〔一八〕王文康公：即王曙，字晦叔，卒谥文康。宋仁宗时官至枢密使、同中书门下平章事。

〔一九〕不果荐：终于未举荐。

〔二〇〕雅颂：《诗》有六义：一曰风，二曰赋，三曰比，四曰兴，五曰雅，六曰颂，后代以雅颂为盛世之乐。

〔二一〕清庙：即宗庙，皇帝祭祀祖宗的庙堂。

〔二二〕商、周、鲁颂：即《诗经》中的三颂。句意是说进献到宗庙去祭祖，追随商、周、鲁颂的作者。

〔二三〕收拾：犹整理。

〔二四〕谢景初：字师厚，谢绛子。仁宗庆历进士，博学能文，尤长于诗。

〔二五〕吴兴：今浙江省湖州市。

〔二六〕次：编次。

〔二七〕遽：忽然，立刻。

〔二八〕卒于京师：《梅圣俞墓志铭》："嘉祐五年（1060），京师大疫，四月乙亥，圣俞得疾……癸未，圣俞卒。"

〔二九〕铭：动词，给人作墓志铭。

〔三〇〕掇：摘选。尤者：特异的，最好的。

〔三一〕"吾于"二句：指欧阳修在《梅圣俞墓志铭》中对梅圣俞诗歌作了详细的记述。

【说明】

　　这篇《梅圣俞诗集序》，一方面赞扬了梅圣俞诗歌成就之高；另一方面为梅圣俞终老不得志，才能不得施展而愤慨不平。文章首段提出人穷困而诗工的观点，以隐括梅圣俞诗歌的成就。次段具体论述梅圣俞长期困于州县，为人之佐，"郁其所蓄，不得奋见于事业"，因此"乐于诗而发之",创作出 200 多年少见的作品来。慨叹:"若使其幸得用于朝廷,作为雅颂,以歌咏大宋之功德,荐之清庙,而追商、周、鲁颂之作者,岂不伟欤!"然而没有人荐举,使他的才华只发挥着虫鱼物类、羁旅忧愁之感叹,岂不太可惜了吗?末段结出作序的原因又记所编集的遗稿。文章的中心不在评论梅圣俞的诗歌,他自称:"吾于圣俞诗,论之详矣,故不复云。"而在为梅圣俞一生的不幸遭际鸣不平。

食糟民〔一〕

田家种糯官酿酒〔二〕,榷利秋毫升与斗〔三〕。酒沽得钱糟弃物〔四〕,大屋经年堆欲朽。酒醅瀺灂如沸汤〔五〕,东风来吹酒瓮香〔六〕。累累罂与瓶〔七〕,惟恐不得尝。官沽味酽村酒薄〔八〕,日饮官酒诚可乐。不见田中种糯人,釜无糜粥度冬春〔九〕!还来就官买糟食,官吏散糟以为德〔一〇〕。嗟彼官吏者,其职称长民〔一一〕。衣食不蚕耕,所学义与仁。仁当养人义适宜〔一二〕,言可闻达力可施〔一三〕。上不能宽国之利〔一四〕,下不能饱民之饥。我饮酒〔一五〕,尔食糟〔一六〕,尔虽不我责〔一七〕,我责何由逃〔一八〕!

【注释】

〔一〕此诗约作于宋仁宗皇祐元年(1049)或二年(1050)。当时欧阳修任颍州(今安徽阜阳)知州,见贫民以酒糟为食,有感而作此诗。

〔二〕糯:稻的一种,可以酿酒。官酿酒:当时酿酒为官府专利,民间不许私酿。

〔三〕榷利:官府专卖取利。榷,专卖。北宋时酒由官卖,各州、县、乡设酒务,官方酿酒,酒价很高。穷僻的县、镇、乡村或许民酿,但必须纳税(见《宋史·食货志》)。秋毫:秋天鸟兽新生长的毫毛,极细微。这句是说官府专利,计算到秋毫之细微,

〔四〕沽:卖酒。这句是说卖酒得钱,酒糟是抛弃之物。

〔五〕醅(pēi):已经成熟而尚未漉的酒。瀺灂(chán zhuó):轻微的水声。即漉酒流滴之声。如沸汤:漉酒时泡沫很多,宛如沸汤。

〔六〕瓮:酒缸。

〔七〕罂(yīng):大腹小口的瓶子。

〔八〕酽:同“浓”。

〔九〕釜:烹饪用具。糜粥:稀饭和粥。度冬春:旧社会农村冬、春是缺粮的季节,故特提出。

〔一〇〕还来:回来。就官:到官府。这两句是说农民到官府买酒糟充饥,官吏把酒糟卖给农民,还认为自己对农民施行恩德。

〔一一〕长(zhǎng):作动词,《诗经·蓼莪》:“长我育我。”长民,为人民的首长,这里指地方官。

〔一二〕“仁当”句:《中庸》:“仁者,人也;义者,宜也。”又韩愈《原道》:“博爱之谓仁,行而宜之之谓义。”这句是说让人民过好生活,处理问题要合乎情理。

〔一三〕言可闻达:将政治得失、社会情况向上级反映。力可施:有权力补救时弊,作出利国利民的措施。

〔一四〕宽:犹扩大。

〔一五〕我:作者自称。

〔一六〕尔:指食糟的农民。

〔一七〕不我责:不责备我。责,作动词。

〔一八〕我责:我的责任。责,作名词。这句是说我没有理由逃脱

自己的责任。

【说明】

　　这首诗是写北宋时实行酒专卖的措施给农民造成的痛苦,农民在"榷利秋毫"的严酷剥削下,饮食无着,只能到官府买酒糟充饥。同时也揭露了官吏的自私、失职,他们不耕不织,饮官酒自乐,不顾人民的死活,"职称长民",却无任何利国裕民的措施。作者对人民的苦难表示深切的同情,对自己作为地方官也引咎自责,这是作者思想品格高于其他官吏之处。诗歌语言平易流畅,以议论入诗,体现了宋诗议论化、散文化的特点。

画眉鸟〔一〕

　　百啭千声随意移〔二〕,山花红紫树高低。始知锁向金笼听〔三〕,不及林间自在啼。

【注释】

　　〔一〕这首诗大约是庆历七年(1047)欧阳修在滁州所作。鸟眼上有白斑如眉,因称画眉。雄者鸣声婉转,雌者不鸣不啼。

　　〔二〕百啭千声:发声婉转。指画眉鸟婉转啼鸣。

　　〔三〕锁向金笼听:把画眉鸟关在金笼子里听它啼叫。向,在。

【说明】

　　这首咏物诗是欧阳修游息于滁州琅琊山时的即景抒怀。他以画眉鸟在优美的自然环境中百啭千声"随意移"、"自在啼",抒发自己被贬后,摆脱了政治斗争的羁绊而自由自在的心情,以及对无拘无束生活的向往。

踏莎行〔一〕

候馆梅残〔二〕,溪桥柳细,草薰风暖摇征辔〔三〕。离愁渐远渐无穷,迢迢不断如春水〔四〕。　　寸寸柔肠〔五〕,盈盈粉泪〔六〕,楼高莫近危阑倚〔七〕。平芜尽处是春山〔八〕,行人更在春山外。

【注释】

〔一〕这首词一题作《相别》(见黄升《唐宋诸贤绝妙词选》卷二)。

〔二〕候馆:迎候宾客的馆舍,即旅馆。《周礼·地宫·遗人》:"五十里有市,市有候馆。"

〔三〕草薰:草色返青时所具有的香气。江淹《别赋》:"闺中风暖,陌上草薰。"清黎经诰注:"薰,香气也。"征:即远行。辔(pèi):驭马的缰绳。

〔四〕迢迢:遥远的样子,这里是绵长的意思。以春水喻愁,李煜《虞美人》:"问君能有几多愁,恰似一江春水向东流。"

〔五〕寸寸柔肠:形容伤心之极,有如肝肠寸断。

〔六〕盈盈:泪水充溢的样子。粉泪:指女子脸上带有脂粉的眼泪。

〔七〕近:靠近。危阑:高楼上的栏杆。意思是说不要靠近高楼上的栏杆远望。

〔八〕平芜:平旷的草地。

【说明】

这首词是写行人离别相思之作。上片是行人自述其相思之深,绵长不断"如春水"。下片是悬想妻子在家中对自己的思念,以至于肝肠寸断,因此劝慰之不要倚楼远望,行人仍在渺茫中,望也见不到,徒然增加痛苦。词从各个角度写离别相思,把离愁别恨写尽了。

王安石〔一〕

答司马谏议书〔二〕

某启〔三〕:昨日蒙教〔四〕,窃以为与君实游处相好之日久〔五〕,而议事每不合,所操之术多异故也〔六〕。虽欲强聒〔七〕,终必不蒙见察〔八〕,故略上报〔九〕,不复一一自辨。重念蒙君实视遇厚〔一〇〕,于反复不宜卤莽〔一一〕,故今具道所以〔一二〕,冀君实或见恕也。

盖儒者所争,尤在于名实〔一三〕。名实已明,天下之理得矣。今君实所以见教者〔一四〕,以为侵官、生事、征利〔一五〕、拒谏,以致天下怨谤也。某则以谓受命于人主〔一六〕,议法度而修之于朝廷〔一七〕,以授之于有司,不为侵官〔一八〕;举先王之政〔一九〕,以兴利除弊,不为生事;为天下理财,不为征利;辟邪说,难壬人〔二〇〕,不为拒谏。至于怨谤之多,则固前知其如此也。

人习于苟且非一日〔二一〕,士大夫多以不恤国事、同俗自媚于众为善〔二二〕。上乃欲变此〔二三〕,而某不量敌之众寡,欲出力助上以抗之[二四],则众何为而不汹汹[二五]?然盘庚之迁[二六],胥怨者民也[二七],非特朝廷士大夫而已。盘庚不为怨者故改其度[二八],度义而后动[二九],是而不见可悔故也[三〇]。

如君实责我以在位久,未能助上大有为,以膏泽斯民[三一],则某知罪矣;如曰今日当一切不事事[三二],守前所为而已,则非某之所敢知。无由会晤,不任区区向往之至[三三]。

【注释】

〔一〕王安石:生于北宋真宗天禧五年(1021),卒于宋哲宗元祐元年(1086),字介甫,号半山,抚州临川(今江西抚州)人。仁宗庆历二年(1042)中进士,曾任多处地方官。神宗朝任宰相,立制置三司条例司,推行新法,即历史上有名的"熙宁变法"。但为守旧派所反对,屡次被贬,终于失败。他是一位有理想的政治家,不为传统的习惯所束缚,有不同流俗的个性。在文学方面,他最推崇唐代的杜甫、韩愈和宋代的欧阳修,早年曾游于欧阳修门下,在思想上和创作风格上都受欧阳修的影响很深。有《临川先生文集》传世。

〔二〕司马谏议:指司马光。谏议,官名,宋置左右谏议大夫,为谏院之长。司马光是反对王安石变法的领袖之一,他曾写过三封信给王安石列举新法之弊,这篇书信就是对司马光的回答。

〔三〕某:第一人称谦称。启:陈述。

〔四〕蒙教:承受教诲。这是指熙宁三年(1070)司马光的《与王介甫书》。

〔五〕窃:私下,谦称自己。君实:司马光的字。游处:来往。

〔六〕操:持。术:方法,道路。所操之术,即所采取的途径。

〔七〕强聒:声音扰耳叫聒,强聒即勉强说给人听。

〔八〕不蒙见察:不被你谅解。

〔九〕上报:写回信的一种谦辞。

〔一〇〕重念:又考虑到。视遇:看待。厚:优重。

〔一一〕反复:指反复申说的道理。卤莽:草率。

〔一二〕所以:犹云种种理由。

〔一三〕名实:名词和实际是否符合。下文即辩论在侵官、生事、征利、拒谏四个“名”上和司马光的不同理解。

〔一四〕所以见教者:用来教告我的。

〔一五〕征:在这里是自上对下榨取的意思。

〔一六〕人主:即君主,这里指宋神宗。

〔一七〕法度:法令制度。修:整饬。

〔一八〕“以授之”二句:意思是说议定法令制度,在朝廷上予以修正,再传授给各级官吏,不能算做侵官。

〔一九〕举:施行。先王:指古代贤明的君王。

〔二〇〕辟:排除。难:诘难。壬人:犹佞人。《尚书·皋陶谟》:“何畏乎?巧言令色孔壬。”《汉书·元帝纪》:“是故壬人在位,而吉士雍蔽。”颜师古注引服虔曰:“壬人,佞人也。”即善于花言巧语、阿谀奉承的人。

〔二一〕苟且:得过且过,马虎草率。

〔二二〕不恤:不顾。同俗自媚于众:附合世俗,献媚讨好众人。

〔二三〕上:指国君,即宋神宗。变此:指改变上述那种现象。

〔二四〕抗:抵御。

〔二五〕汹汹:喧闹。

〔二六〕盘庚之迁:盘庚是殷代的国君,他曾因宫室奢侈把国都由黄河之北迁到殷,即西亳(在今河南安阳西)。

〔二七〕胥:即皆。胥怨,都懑怨。《尚书·盘庚》序:"盘庚五迁,将治亳殷,民咨胥怨,作《盘庚》三篇。"

〔二八〕度:作名词,这里作"计划"解。

〔二九〕度:作动词,衡量。义:同"宜",合宜。

〔三〇〕是:这里是"认为正确"的意思。句意谓认为正确的,看不出有可悔改的地方。

〔三一〕膏:油。泽:雨露。都用作动词,施恩惠给人民。

〔三二〕事事:前一"事"字,用作动词。事事,从事一切活动。

〔三三〕不任:犹不胜。区区:小,谦指自己内心。向往之至:是说仰慕你到极点了。

【说明】

这是一篇政论性的文章,以"名实"为中心反驳保旧派司马光对他的指责。司马光以名求实,即从名词概念出发,要求变革的现实回复到旧名义之下。王安石是从实际出发,反驳其所加的名义。王安石对司马光所加给他四条罪状逐条予以驳斥:其一是"侵官",王安石在任宰相的第一个月,便设立了"制置三司条例司",作为变法的领导机构,从守旧派手中夺了权,司马光认为"三司条例司"侵犯原三司的权力,扰乱了旧法。王安石驳斥说:"受命于人主,议法度而修之于朝廷,以授之于有司,不为侵官。"即变法是合理的,也是合法的。其二是"生事",司马光攻击王安石没事找事,他在给王安石的信中说王安石"思得古人所未尝为之而为之",王安石则说明自己的作为是"兴利除弊",并非无事生非。其三是"征利",司马光攻击王安石"理财"是与民争利,是只知"商贾末利"、"不知礼义信"的小人,王安石认为采取强本抑末的措施,限制大官僚地主和高利贷者的土地兼并,发展农田水利,节省军费开支,增强了军队的战斗力,为"天下理财",并非征利。其四是"拒谏",司马光罗列了历史上圣君贤相能采纳不同意见的事,以说服王安石采纳自己的意见,放弃变法。王安石坚决表示:"辟邪说,难壬人,不为拒谏。"表现了敢于顶逆流的精神,"某不量敌之众寡,欲出力助上以抗之,则众何为而不汹汹?"同时批判了士大夫苟且偷安,因循守旧,置国事于不顾,同俗自媚于众的作风和社会风尚。并以盘庚迁殷为先例,任其怨诽众多,也"不为怨者故改其度,度义而后动,是而不见可悔故也"。表示坚决推行新法的决心。文章辞锋犀利,具有论辩性。文风刚健雄浑,省净利落。

游褒禅山记〔一〕

　　褒禅山亦谓之华山,唐浮图慧褒始舍于其址〔二〕,而卒葬之,以故其后名之曰"褒禅"。今所谓慧空禅院者〔三〕,褒之庐冢也〔四〕。距其院东五里,所谓华山洞者,以其乃华山之阳名之也〔五〕。距洞百余步,有碑仆道〔六〕,其文漫灭〔七〕,独其为文犹可识,曰"花山"〔八〕。今言"华"如"华实"之"华"者,盖音谬也〔九〕。

　　其下平旷,有泉侧出,而记游者甚众〔一〇〕,所谓前洞也。由山以上五六里,有穴窈然〔一一〕,入之甚寒。问其深,则其好游者不能穷也〔一二〕,谓之后洞。余与四人拥火以入〔一三〕,入之愈深,其进愈难,而其见愈奇。有怠而欲出者〔一四〕,曰:"不出,火且尽〔一五〕。"遂与之俱出。盖予所至,比好游者尚不能十一〔一六〕,然视其左右,来而记之者已少。盖其又深,则其至又加少矣。方是时,予之力尚足以入,火尚足以明也〔一七〕。既其出，则或咎其欲出者〔一八〕，而予亦悔其随之，而不得极夫游之乐也〔一九〕。

　　于是予有叹焉。古人之观于天地、山川、草木、虫鱼、鸟兽，往往有得，以其求思之深而无不在也〔二○〕。夫夷以近〔二一〕，则游者众；险以远，则至者少。而世之奇伟瑰怪非常之观，常在于险远，而人之所罕至焉。故非有志者，不能至也。有志矣，不随以止也〔二二〕，然力不足者，亦不能至也。有志与力，而又不随以怠，至于幽暗昏惑而无物以相之〔二三〕，亦不能至也。然力足以至焉而不至，于人为可讥，而在己为有悔。尽吾志也而不能至者，可以无悔矣，其孰能之乎？此予之所得也。

　　余于仆碑，又以悲夫古书之不存，后世之谬其传而莫能名者〔二四〕，何可胜道也哉！此所以学者不可以不深思而慎取之也〔二五〕。

　　四人者：庐陵萧君圭君玉〔二六〕，长乐王回深父〔二七〕，余弟安国平父、安上纯父〔二八〕。

　　至和元年七月某日，临川王某记。

【注释】

　　〔一〕这是王安石至和元年（1054）34 岁在舒州以殿中丞任通判时所写的游记。褒禅山在今安徽省含山县北。顾祖禹《读史方舆纪要》："县西二十里，山势雄峻，众山列峙，势若吞含，唐因以名县。褒禅山在县北十五里，旧名华山，又北三里曰华阳山，亦名兰陵山，俱有泉洞之胜。"

〔二〕浮图:梵文的译音,这是高僧的意思,其他也作塔解。慧褒:唐代的名僧。舍:用作动词,筑室居住。

〔三〕禅院:佛寺。禅,梵语"禅那"的省称,本为入定、静修的意思,其后泛指与佛教有关的人和物。

〔四〕庐冢:冢是坟墓,庐是坟墓旁守坟墓的人所住的房屋。

〔五〕华山之阳:华山的南面。山南为阳。

〔六〕仆道:倒在路上。仆,倒伏。

〔七〕漫灭:模糊不清。

〔八〕"独其"二句:是说从碑上残留的字迹中还可以辨认出"花山"二字来。

〔九〕"今言"二句:是说今天把"华山"的"华"读作"华(huá)实"之"华",大概是读错了字音(应当读作"花")。

〔一〇〕记游:游览者在所游处题字留念。

〔一一〕窈然:幽暗深远的样子。

〔一二〕穷:尽,指洞的尽头。

〔一三〕火:这里指火把。拥:本是抱的意思,这里是说高举着火把。

〔一四〕怠:懒惰,松懈。

〔一五〕且:将要,快要。

〔一六〕不能十一:不到十分之一。

〔一七〕明:照明。

〔一八〕咎:责怪。

〔一九〕极夫游之乐:极尽游览之乐。

〔二〇〕求思:探求、思索。无不在,犹如说到处。全句的意思是说处处用心。

〔二一〕夷:平坦。以:而。夷而近,即平坦而临近。

〔二二〕随以止：随着别人停止也停止。

〔二三〕无物以相之：没有其他物件来辅助。这里的物指火把。相,辅助。

〔二四〕谬其传：以讹传讹。莫能名：不能弄清真相。这三句意思是我从倒在路上的古碑,联想并感叹古书之散佚,后人以讹传讹因而弄不清真相的事,哪里能说完呢?

〔二五〕深思慎取：指对待古书散佚,后世"谬其传而莫能名者",读书人必须深入思考、慎重采取。

〔二六〕庐陵：今江西省吉安市。萧君圭：字君玉。事迹不详。

〔二七〕长乐：今福建省长乐市。王回：字深父,宋代理学家。

〔二八〕"余弟"句：王安石兄弟七人,他行三。王安国,字平父,行四,中进士,文章名于当时。王安上,字纯父,行七。

【说明】

这篇游记,不单纯描写山川景物之美,而是以游山探奇喻学人治学,认为学人治学也像游山探奇,必须具有坚忍不拔的精神和不畏艰险的意志,因为美好的境界往往在"险远"之处,同时还要有客观的物质条件为辅助,才能取得成功。又由碑文漫灭,指出古籍以谬传谬者很多,对待古籍应当"深思而慎取之",不可妄从,这显示了王安石严谨的治学精神。文章先记游,然后由记游抒发感想和议论,议论是文章的中心。借探奇寻胜而发议论是本文的一大特色。

伤仲永〔一〕

金溪民方仲永〔二〕,世隶耕〔三〕。仲永生五年,未尝识书具〔四〕,忽啼求之。父异焉,借旁近与之,即书诗四句,并自为其名[五]。其诗以养父母、收族为意[六]，传一乡秀才观之。自是指物作诗立就[七]，其文理皆有可观者。邑人奇之[八]，稍稍宾客其父[九]，或以钱币乞之[一〇]。父利其然也[一一]，日扳仲永环谒于邑人[一二]，不使学。

余闻之也久，明道中[一三]，从先人还家[一四]，于舅家见之[一五]，十二三矣。令作诗，不能称前时之闻[一六]。又七年，还自扬州，复至舅家问焉，曰："泯然众人矣[一七]。"

王子曰[一八]：仲永之通悟，受之天也[一九]。其受之天也，贤于材人远矣[二〇]。卒之为众人[二一]，则其受于人者不至也[二二]。彼其受之天也，如此其贤也，不受之人，且为众人；今夫不受之天，固众人；又不受之人，得为众人而已邪[二三]？

【注释】

〔一〕这篇文章据蔡上翔《王荆公年谱考略》，是王安石 23 岁时写的。

〔二〕金溪：县名，在今江西省抚州市东。

〔三〕隶：属于。世隶耕，世代务农。

〔四〕书具：书写的文具。

〔五〕自为其名：自己取了个名字。

〔六〕收族：指收养同族的人。这句是说他的诗以写奉养父母和收养同族的人为内容。

〔七〕指物作诗立就：指定眼前某一事物让他作诗，他立刻就能作成。

〔八〕邑人：同乡的人。

〔九〕宾客:这里用作动词,以宾客之礼相待。句意是说同乡人以宾客之礼对待他父亲。

〔一〇〕以钱币乞之:出钱请仲永作诗。

〔一一〕利:用作动词,贪图利益。其然:那样,指上两句所说的好处。

〔一二〕日:每日。扳:引、导。环谒:到处拜见。这句是说每天引导仲永到处拜见乡里的人。

〔一三〕明道:宋仁宗赵祯的年号。明道中,即明道年间。

〔一四〕先人:称已死的父母。这里指他的父亲王益。

〔一五〕舅家:王安石的母舅姓吴,家住金溪(见曾巩《仁寿县太君吴氏墓志铭》)。

〔一六〕称(chèn):相当。闻:声望。

〔一七〕泯(mǐn):消失。众人:普通人。句意是说仲永已经毫无区别地成为普通的人了。

〔一八〕王子:王安石自称。

〔一九〕受之天:从上天承受来的,即天赋。

〔二〇〕贤于材人远矣:比一般有才能的人高多了。材人,指经过后天培养起来的一般人才。

〔二一〕卒之为众人:终于成为普通人。

〔二二〕受于人者:受人为的教育。不至:不够,不足。

〔二三〕"今夫"四句:是说现在那些不具备优越的天赋条件,本来就是普通人,如果又不受教育,能够成为普通人吗? 意思是做个普通人都不可得了。

【说明】

这篇文章通过叹惜方仲永天赋很好,其父不重视后天教育,终于不能成才的事例,说明一个人的成长关键在后天的教育。天赋极好的人如不重视后天的教育,也会退化与平常人无异。进而推及天赋平常的人如不重视后天的教育,则欲为平常人也不可能。特别强调后天的教育对人才成长的重要作用,表现了作者朴素的唯物主义认识论。文章先叙事,后议论,先后相连,不枝不蔓,气脉浑然一体。

河北民〔一〕

河北民,生近二边长苦辛〔二〕。家家养子学耕织,输与官家事夷狄〔三〕。今年大旱千里赤〔四〕,州县仍催给河役〔五〕。老小相携来就南〔六〕,南人丰年自无食〔七〕。悲愁白日天地昏,路旁过者无颜色〔八〕。汝生不及贞观中〔九〕,斗粟数钱无兵戎〔一〇〕。

【注释】

〔一〕河北:宋代河北路,当今河北省霸州以南,河南、山东境内黄河以北地区,《河北民》可能是神宗熙宁七年(1074)所作。此年四月,神宗因天旱罢新法中的方田,王安石遂求去,即罢相,出知江宁。

〔二〕二边:指宋朝与辽接邻的北边,与西夏接邻的西北边。

〔三〕官家:皇帝,宋人习惯用语。事夷狄:指宋朝每年输送给辽和西夏金币财物,以求不受侵犯,名为“岁币”。

〔四〕赤:赤地,田苗枯死,土地净光。

〔五〕给:犹供。河役:此指防治黄河的劳役。

〔六〕就南:到黄河以南地区求食。

〔七〕自:尚且。南人丰收年月还没有吃的,原因何在?曾巩《元丰类稿》卷一“胡使”:“南粟鳞鳞多送北,北兵林林长备胡……还来里阎索穷下,斗食尺衣皆北输。"诗句不明言,已含此意。

〔八〕无颜色:面色惨白、黄瘦。

〔九〕贞观:唐太宗年号,当时南北统一,战争结束,经济得到恢复和发展,史称"治世"。

〔一〇〕兵戎:战争。唐太宗在贞观十五年(641)八月说他有"二喜",一是连年丰收,"长安斗粟直三四钱";二是"北虏久服,边鄙无虞"。此二句是说可惜你们生不逢时,未赶上"贞观之治"那样的太平盛世。

【说明】

这首诗是描写北宋朝廷以大量的财物输送给辽和西夏,以求暂时苟安的政策给人民造成的痛苦。诗歌开篇云:"河北民,生近二边长苦辛",即说明诗歌的创作意旨。岂但河北,"南人丰年自无食"。屈辱的和边政策,使全国人民都陷入饥饿痛苦之中。最后以人们不生于贞观中为憾,表现了作者对"贞观之治"的向往。

兼　并〔一〕

三代子百姓〔二〕,公私无异财〔三〕。人主擅操柄〔四〕,如天持斗魁〔五〕。赋予皆自我〔六〕,兼并乃奸回〔七〕。奸回法有诛,势亦无自来〔八〕。后世始倒持〔九〕,黔首遂难裁〔一〇〕。秦王不知此,更筑怀清台〔一一〕。礼义日已偷〔一二〕,圣经久埋埃〔一三〕。法尚有存者〔一四〕,欲言时所咍〔一五〕。俗吏不知方〔一六〕,揢克乃为材〔一七〕。俗儒不知变〔一八〕,兼并可无摧〔一九〕。利孔至百出〔二〇〕,小人私阖开〔二一〕。有司与之争〔一二〕,民愈可怜哉!

【注释】

〔一〕此诗是宋仁宗皇祐五年(1053)所作,当时王安石任舒州(今安徽安庆)通判。

〔二〕三代:指夏、商、周三代。子百姓:君主把百姓当做儿子一样看待。子,用作动词。

〔三〕"公私"句:因为君主与百姓是一家,所以公私财产不分。

〔四〕人主:君主。擅:专断。操柄:掌握权柄。

〔五〕斗魁:北斗七星中第一至第四颗星称"斗魁"。句意是说君主独揽大权,犹如天上操持着北斗柄一样。

〔六〕赋予:分配给予。皆自我:都由君主决定。我,指三代君主。

〔七〕奸回:奸恶的人。句意是说兼并是奸恶的人。

〔八〕"奸回"二句:意思是兼并即法办,奸恶趋势便无从产生。

〔九〕倒持:成语"太阿(宝剑名)倒持,授人以柄",这里化用其意,比喻大权旁落。

〔一〇〕黔首:老百姓。裁:制裁,治理。句意是说老百姓于是难于治理。

〔一一〕"秦王"二句:《史记·货殖列传》记载,蜀中有寡妇名清,是垄断丹砂矿的富商,秦始皇以为她是贞妇,招她来,为她筑台,名"怀清台"。意思是说秦始皇不了解这个道理,为她筑台,等于鼓励兼并。

〔一二〕偷:败坏,浇薄。

〔一三〕圣经:指儒家的经典。堙(yīn)埃:成了尘土。

〔一四〕"法尚"句:意思是说想效法、崇尚古代的办法来抑制兼并,这类人还存在。

〔一五〕时:指当时的人。咍(hāi):惊讶,笑叹。

〔一六〕不知方:不知道治理的方法。

〔一七〕掊(póu)克:搜刮,聚敛。句意是说以能搜刮人民的财富为有才干。

〔一八〕"俗儒"句:俗儒不知道变通。

〔一九〕"兼并"句:以兼并为合法,不去摧毁它。

〔二〇〕利孔:可以牟利的漏洞。

〔二一〕私阖开:私人财门大开。《管子·国蓄》:"利出于一孔者,其国无敌……出四孔者,其国必亡。"句意是说小人钻了各种牟利的空子。

〔二二〕有司:即官吏。之:指代兼并取利者。争:指争利。

【说明】

这首诗揭露了北宋时期官吏与大地主、商人争相兼并给人民造成的痛苦,所谓"有司与之争,民愈可怜哉!"为了解除民困,作者所以要变法革新,文中"法尚有存者,欲言时所咍",是作者自称,表示自己的作为虽被时人讥笑,也在所不顾的决心,并且申斥那些因循守归者为俗吏、俗儒。这首诗反映了王安石变法的一个方面。

杜甫画像

吾观少陵诗,为与元气侔〔一〕。力能排天斡九地〔二〕,壮颜毅色不可求〔三〕。浩荡八极中〔四〕,生物岂不稠〔五〕,丑妍巨细千万殊,竟莫见以何雕锼〔六〕。惜哉命之穷,颠倒不见收〔七〕。青衫老更斥〔八〕,饿走半九州〔九〕。瘦妻僵前子仆后〔一〇〕,攘攘盗贼森戈矛〔一一〕。吟哦当此时,不废朝廷忧。

常愿天子圣〔一二〕,大臣各伊周〔一三〕。宁令吾庐独破受冻死〔一四〕,不忍四海赤子寒飕飗〔一五〕。伤屯悼屈止一身〔一六〕,嗟时之人我所羞〔一七〕。所以见公像,再拜涕泗流〔一八〕。惟公之心古亦少,愿起公死从之游。

【注释】

〔一〕元气:指天地未分前混一之气。侔(móu):相等。

〔二〕斡(wò):旋转,扭转。九地:犹九州,指天下。

〔三〕壮颜毅色:指杜诗宏伟的精神面貌。不可求:不易学习。

〔四〕八极:八方的极尽处。

〔五〕稠:密,多。

〔六〕雕镂(sōu):雕刻剔透。这句是说竟不知道他用什么方法刻画得如此剔透。

〔七〕不见收:不被皇帝录用。

〔八〕青衫:古时高官穿绯(红色)衣,低级官员穿绿衣,青衫即绿衣。老更斥:老年更被排斥。是说杜甫本来官职不高,老年更被疏远,不得任职于朝廷。

〔九〕九州:泛指中国。

〔一〇〕子仆:指杜甫幼子饥饿而死,《自京赴奉先县咏怀五百字》:"入门闻号啕,幼子饥已卒。"

〔一一〕攘攘:众多。盗贼:指安禄山、史思明之乱。森戈矛:森严地排列着戈、矛等武器。

〔一二〕"常愿"句:杜甫《奉赠韦左丞丈二十二韵》:"致君尧舜上,再使风俗淳。"

〔一三〕伊:伊尹。周:周公。这句是说希望大臣都像伊尹、周公。

〔一四〕"宁令"句:杜甫《茅屋为秋风所破歌》:"吾庐独破受冻死

亦足。"

〔一五〕"不忍"句：杜甫《茅屋为秋风所破歌》："大庇天下寒士俱欢颜。"飕飗(sōu liú)，风声。

〔一六〕屯(zhūn)：草芽不能伸出地面的样子。屈：不伸。伤屯悼屈，即伤悼不得志。止一身：只为个人一身。

〔一七〕嗟时：嗟叹不逢时。这两句是说那些只为个人的屈抑不逢时机而悲哀伤叹的人，我以为是可耻的。

〔一八〕涕泗：眼泪和鼻涕。

【说明】

这首诗是借杜甫画像歌咏杜甫诗歌的宏大气象和为苍生忧的博大胸怀，表现了王安石对杜甫的无限仰慕和向往，所谓"惟公之心古亦少，愿起公死从之游"。诗歌风格极像杜甫之作，而且化用了一些杜诗的名句和诗意，而天然浑成。

明妃曲〔一〕（二首选一）

明妃初出汉宫时，泪湿春风鬓脚垂〔二〕。低徊顾影无颜色〔三〕，尚得君王不自持〔四〕。归来却怪丹青手〔五〕，入眼平生几曾有〔六〕？意态由来画不成〔七〕，当时枉杀毛延寿〔八〕。一去心知更不归〔九〕，可怜着尽汉宫衣〔一〇〕。寄声欲问塞南事〔一一〕，只有年年鸿雁飞〔一二〕。家人万里传消息〔一三〕，好在毡城莫相忆〔一四〕。君不见，咫尺长门闭阿娇〔一五〕，人生失意无南北〔一六〕。

【注释】

〔一〕明妃:即王嫱,字昭君,秭归(今属湖北)人。晋人为避司马昭讳,改称明君,后人又称明妃,汉元帝时被选入宫,后来汉与匈奴和亲,把她嫁给匈奴呼韩邪单于。此诗是宋仁宗嘉祐四年(1059)所作,共二首,这里选一首。

〔二〕春风:指脸面。杜甫《咏怀古迹》其三:"画图省识春风面。"泪湿春风,即泪流满面。

〔三〕低徊:犹徘徊,心有所感而犹豫不前。顾影:顾影自怜。无颜色:脸色惨淡。

〔四〕尚:尚且。不自持:汉元帝为王昭君的美色所倾倒而把持不住自己。

〔五〕归来:指汉元帝送走王昭君后回来。丹青手:画师,此指毛延寿。

〔六〕入眼:看上眼的。几曾:未曾。是说平生未曾见过如此美貌的女人。

〔七〕意态:神态风采。

〔八〕枉杀:错杀。是说毛延寿因为未画好王昭君的像而被杀是冤枉的。

〔九〕更不归:不再回来。

〔一〇〕可怜:可叹。着尽汉宫衣:把从汉宫带去的衣服都穿完了。昭君衷心思汉,常穿汉宫衣。

〔一一〕塞南:指边塞以南,即汉王朝地区。句意是说昭君写信询问汉朝的情况。

〔一二〕"只有"句:相传鸿雁传书,但昭君每年只见雁飞,却不见传家书来。

〔一三〕"家人"句:传来家人慰解昭君的话。

〔一四〕毡城：匈奴所居毡帐，故称其地为毡城。

〔一五〕咫(zhǐ)尺：八寸为咫，极近的距离。长门：即汉代长门宫。阿娇：即陈阿娇，汉武帝的皇后，失宠后退居长门宫。

〔一六〕无南北：不分南北，即南国(汉)、北地(匈奴)，句意是说不论在汉朝和匈奴都有失意之人。这是宽解昭君的话。

【说明】

这是一篇咏史诗，歌咏王昭君容貌之美，远去和番的孤独和对故国的怀念等。与历代咏昭君之作不同，此诗把昭君不肯贿赂，毛延寿画坏了图像，因此不被召见，改写成由于人的神态是画不成的，从而指责汉元帝"枉杀毛延寿"。最后是托家人的话宽慰昭君，不要思念家乡，南国北地都有失意之人。此是咏昭君，也抒发了作者自己失落之感和怨愤之情。这是王安石的名篇，当时曾引起很大的反响，欧阳修、梅尧臣、司马光都有和作。

泊船瓜洲〔一〕

京口瓜洲一水间〔二〕，钟山只隔数重山〔三〕。春风又绿江南岸〔四〕，明月何时照我还？

【注释】

〔一〕瓜洲：在今江苏省扬州市南长江北岸，大运河入长江处。宋神宗熙宁七年(1074)夏天，王安石被罢相，知江宁府(今江苏南京)。熙宁八年二月，又以"同平章事"复任，当他离开江宁泊船瓜洲时，写了这首诗。

〔二〕京口：在江苏省镇江市长江南岸，与长江北岸的瓜洲相对。

〔三〕钟山:即紫金山,在南京市东。王安石罢相后居住于此。

〔四〕"春风"句:这是王安石炼字的名句,据洪迈《容斋续笔》卷八记载,王安石在此诗原稿上改了多次,最初云"又到江南岸",后来改"到"为"过"字,又改为"入"字,又改为"满"字等,最后定为"绿"字。绿,用作动词,使……绿。

【说明】

这首写景抒情的小诗,抒发了作者离开钟山时的依恋情感。在明月之夜,船泊瓜洲,与京口一水之隔,与钟山咫尺之遥,想起春回江南的诱人景色,"明月何时照我还"? 盼望能够再回来。向往江南美好的景色,显示出他对政治的厌倦。

桂枝香　　金陵怀古〔一〕

登临送目〔二〕,正故国晚秋〔三〕,天气初肃〔四〕。千里澄江似练〔五〕,翠峰如簇〔六〕。征帆去棹斜阳里〔七〕,背西风、酒旗斜矗〔八〕。彩舟云淡〔九〕,星河鹭起〔一〇〕,画图难足〔一一〕。

念往昔、繁华竞逐〔一二〕,叹门外楼头,悲恨相续〔一三〕。千古凭高,对此漫嗟荣辱〔一四〕。六朝旧事随流水〔一五〕,但寒烟、衰草凝绿〔一六〕。至今商女,时时犹唱,后庭遗曲〔一七〕。

【注释】

〔一〕金陵:今江苏省南京市,宋时为江宁。王安石于宋英宗治平四年(1067)任江宁知府时写了这首词。

〔二〕送目:放眼远望。

〔三〕故国:旧城、古城。刘禹锡《石头城》诗:"山围故国周遭在",石头城即金陵古城,在今南京附近。

〔四〕肃:肃煞。指深秋天气寒冷清肃。

〔五〕澄江似练:谢朓《晚登三山还望京邑》诗:"余霞散成绮,澄江净如练。"这里化用其意。京邑,指当时的京都建康,也即南京。练,绢类丝织品,洁白有光。

〔六〕簇(cù):箭头。句意是说翠色山峰攒聚如簇。

〔七〕征帆:远行的船。棹:船桨。去棹,前去的船。

〔八〕酒旗:酒店门前挂的标识,俗称酒帘。矗:竖立。

〔九〕"彩舟"句:是说彩舟随江流远去,江水与天际相接,便好像在云中。

〔一〇〕星河:即银河,这里指江流。

〔一一〕画图难足:画图都难画得那么完美。

〔一二〕往昔:此指六朝。繁华竞逐:指六朝统治者竞相追逐豪华的生活。

〔一三〕"叹门外"二句:此指隋灭陈的事。陈后主陈叔宝沉溺声色,不问国事,隋将韩擒虎率军迫临南京城朱雀门,陈叔宝和宠妃张丽华还在结绮阁上赋诗作乐。韩擒虎破门入城,俘虏了陈叔宝和张丽华,陈即灭亡。杜牧《台城曲》:"门外韩擒虎,楼头张丽华。"句意是说韩已到门外,陈与张尚在楼头取乐,遂造成悲恨。

〔一四〕漫嗟:空叹。荣辱:复词偏义,这里重在辱。句意是说千秋万岁以后的人凭高吊古,感叹伤嗟败亡者的耻辱都是徒然的。

〔一五〕六朝:指建都南京的吴、东晋、宋、齐、梁、陈六个朝代。旧事:指兴亡之事。随流水:随江水一同流逝。

〔一六〕凝绿:苍黯的绿色。

〔一七〕商女:商人的女子。后庭遗曲:指陈后主所作的《玉树后庭花》,后人认为是亡国之音。杜牧《泊秦淮》诗:"商女不知亡国恨,隔江犹唱后庭花。"王安石化用其意,以揭露北宋王朝苟安享乐的政治风气。

【说明】

　　这是一篇登临怀古之作。上片写故国晚秋的胜景,澄江、翠峰、征帆、酒旗、彩舟、星河等,"画图难足",正是如此壮丽锦绣的山河,历代经历了多少沧桑变化!下片抒发历史兴衰之慨,六朝的历史一代代地与江水同逝,国破家亡之恨相续,于今剩下的只有"寒烟、衰草凝绿",还谈什么荣辱呢?又有商人的女子不知亡国之恨,还在唱《后庭花》。作者登高临远,追念历史,瞻望现实,不禁兴对江山国祚之忧,怀古所以伤今也。此词音调高亢,境界开阔,感慨深沉。《历代诗余》引《古今词话》云:"金陵怀古,诸公寄调《桂枝香》者三十余家,惟王介甫为绝唱。"

王　令〔一〕

饿者行

雨雪不止泥路迂〔二〕,马倒伏地人下扶。居者不出行者止〔三〕,午市不合人空衢〔四〕。道中独行乃谁子?饿者负席缘门呼〔五〕。高门食欲岂无弃,愿从犬马求其余。耳闻门开身就拜,拜伏不起呵群奴〔六〕。喉干无声哭无泪,引杖去此他何如〔七〕。路旁少年无所语〔八〕,归视纸上还长吁。

【注释】

〔一〕王令:生于宋仁宗明道元年(1032),卒于仁宗嘉祐四年(1059),仅28岁,字逢原,江都(今江苏扬州)人。他受韩愈、孟郊的影响很深,并受知于王安石,论诗主张豪放,有《广陵先生文集》。

〔二〕迂:曲折。

〔三〕止:一作"返"。

〔四〕午市:正午前后的街市。不合:不应。衢:四通八达的道路。

〔五〕缘门呼:沿着门呼叫。

〔六〕呵群奴:倒句,群奴呵。

〔七〕他何如:意思是此门如此,别处大概也差不多。

〔八〕少年:作者自己。

【说明】

这是一首即事名篇之作,《饿者行》即咏叹饥饿者的悲苦境遇。诗歌先叙述雨雪天气中道路泥泞难行,马倒人扶,人不出户,午市空衢。然后描写在这种冷酷的环境中饿者负席沿高门呼叫乞食,拜伏不起,"愿从犬马求其余",但受到群奴的呵斥,忍辱含饥,哭得声嘶泪竭,一片悽惨景象。最后作者为之长吁慨叹,对饿者表示深切的同情。诗歌语言比较粗俗,但却反映了宋代的社会现实。

暑旱苦热

清风无力屠得热〔一〕,落日着翅飞上山〔二〕。人固已惧江海竭,天岂不惜河汉干〔三〕?昆仑之高有积雪〔四〕,蓬莱之远常遗寒〔五〕。不能手提天下往,何忍身去游其间〔六〕!

【注释】

〔一〕屠:杀,指削减。句意是说清风也无力驱散暑热。

〔二〕"落日"句:句意是说落日不落,好像添了翅膀飞上山了。

〔三〕河汉:银河。

〔四〕昆仑:中国西部的大山,极高,山上终年有积雪。

〔五〕蓬莱:神话传说东方海中的仙岛。遗寒:不曾被热驱尽而保留下的寒冷。

〔六〕身去:独身前往。

【说明】

这首诗通过写暑旱苦热,表现了作者愿与天下人共苦难的高尚情操和博大胸怀。昆仑山、蓬莱岛都是清凉世界,但恨不能携天下人同往,自己怎忍心独自去游乐呢?同样的思想,在他的《暑热思风》诗中也有句云:"坐将赤热忧天下,安得清风借我曹。"这种把天下民生都放在心中的抱负,不仅是他的诗歌思想意义所在,也表现了其豪放风格。

司马光〔一〕

赤壁之战〔二〕

初〔三〕,鲁肃闻刘表卒〔四〕,言于孙权曰〔五〕:"荆州与国邻接〔六〕,江山险固,沃野万里〔七〕,士民殷富〔八〕,若据而有之，此帝王之资也〔九〕。今刘表新亡〔一〇〕，二子不协〔一一〕，军中诸将，各有彼此〔一二〕。刘备天下枭雄〔一三〕，与操有隙〔一四〕，寄寓于表〔一五〕，表恶其能而不能用也〔一六〕。若备与彼协心，上下齐同〔一七〕，则宜抚安〔一八〕，与结盟好〔一九〕；如有离违〔二〇〕，宜别图之〔二一〕，以济大事〔二二〕。肃请得奉命吊表二子〔二三〕，并慰劳其军中用事者〔二四〕，及说备使抚表众，同心一意，共治曹操〔二五〕，备必喜而从命。如其克谐〔二六〕，天下可定也。今不速往，恐为操所先〔二七〕。"权即遣肃行。

到夏口〔二八〕，闻操已向荆州〔二九〕，晨夜兼道〔三〇〕，比至南郡〔三一〕，而琮已降，备南走，肃径迎之〔三二〕，与备会于当阳长坂〔三三〕。肃宣权旨〔三四〕，论天下事势，致殷勤之意〔三五〕。且问备曰："豫州今欲何至〔三六〕？"备曰："与苍梧太守吴巨有旧〔三七〕，欲往投之。"肃曰："孙讨虏聪明仁惠〔三八〕，敬贤礼士〔三九〕，江表英豪〔四〇〕，咸归附之〔四一〕，已据有六郡〔四二〕，兵精粮多，足以立事〔四三〕。今为君计，莫若遣腹心自结于东〔四四〕，以共济世业。而欲投吴巨，巨是凡人，偏在远郡〔四五〕，行将为人所并〔四六〕，岂足托乎〔四七〕"备甚悦。肃又谓诸葛亮曰〔四八〕："我，子瑜友也〔四九〕。"即共定交。子瑜者，亮兄瑾也，避乱江东，为孙权长史〔五〇〕。备用肃计，进住鄂县之樊口〔五一〕。

曹操自江陵将顺江东下〔五二〕。诸葛亮谓刘备曰："事急矣，请奉命求救于孙将军。"遂与鲁肃俱诣孙权〔五三〕。亮见权于柴桑〔五四〕，说权曰："海内大乱〔五五〕，将军起兵江东〔五六〕，刘豫州收众汉南〔五七〕，与曹操共争天下，今操芟夷大难[五八],略已平矣[五九],遂破荆州,威震四海。英雄无用武之地,故豫州遁逃至此,愿将军量力而处之[六〇]若能以吴、越之众与中国抗衡[六一],不如早与之绝[六二];若不能,何不按兵束甲[六三],北面而事之[六四]!今将军外托服从之名[六五],而内怀犹豫之计[六六],事急而不断[六七],祸至无日矣[六八]。"权曰:"苟如君言[六九],刘豫州何不遂事之乎?"亮曰:"田横[七〇],齐之壮士耳,犹守义不辱[七一];况刘豫州王室之胄[七二],英才盖世[七三],众士慕仰,若水之归海。若事之不济,此乃天也[七四],安能复为之下乎[七五]!"权勃然曰[七六]:"吾不能举全吴之地[七七],十万之众,受制于人。吾计决矣!非刘豫州莫可以当曹操者[七八];然豫州新败之后[七九],安能抗此难乎[八〇]?"亮曰:"豫州军虽败于长坂,今战士还者及关羽水军精甲万人[八一],刘琦合江夏战士亦不下万人[八二]。曹操之众,远来疲敝,闻追豫州,轻骑一日一夜行三百余里[八三],此所谓'强弩之末势不能穿鲁缟'者[八四]。故兵法忌之[八五],曰'必蹶上将军'[八六]。且北方之人,不习水战;又,荆州之民附操者,逼兵势耳[八七],非心服也。今将军诚能命猛将统兵数万[八八],与豫州协规同力[八九],破操军必矣。操军破,必北还;如此,则荆、吴之势强,鼎足之形成矣[九〇]。成败之机[九一],在于今日!"权大悦,与其群下谋之[九二]。

是时,曹操遗权书曰[九三]:"近者奉辞伐罪[九四],旌麾南指[九五],刘琮束手[九六]。今治水军八十万众[九七],方与将军会猎于吴[九八]。"权以示臣下,莫不响震失色[九九]。长史张昭等曰〔一〇〇〕："曹公，豺虎也，挟天子以征四方〔一〇一〕，动以朝廷为辞〔一〇二〕；今日拒之，事更不顺。且将军大势可以拒操者，长江也；今操得荆州，奄有其地〔一〇三〕，刘表治水军，蒙冲斗舰乃以千数〔一〇四〕，操悉浮以沿江〔一〇五〕，兼有步兵，水陆俱下，此为长江之险已与我共之矣〔一〇六〕，而势力众寡又不可论〔一〇七〕。愚谓大计不如迎之〔一〇八〕。"鲁肃独不言。权起更衣〔一〇九〕，肃追于宇下〔一一〇〕。权知其意，执肃手曰："卿欲何言〔一一一〕？"肃曰："向察众人之议〔一一二〕，专欲误将军，不足与图大事。今肃可迎操耳，如将军不可也。何以言之？今肃迎操，操当以肃还付乡党〔一一三〕，品其名位〔一一四〕，犹不失下曹从事〔一一五〕，乘犊车〔一一六〕，从吏卒〔一一七〕，交游士林〔一一八〕，累官故不失州郡也〔一一九〕。将军迎操，欲安所归乎〔一二〇〕？愿早定大计，莫用众人之议也！"权叹息曰："诸人持议〔一二一〕，甚失孤望〔一二二〕。今卿廓开大计〔一二三〕，正与孤同。"

时周瑜受使至番阳〔一二四〕，肃劝权召瑜还。瑜至，谓权曰："操虽托名汉相，其实汉贼也。将军以神武雄才〔一二五〕，兼仗父兄之烈〔一二六〕，割据江东，地方数千里，兵精足用，英雄乐业〔一二七〕，当横行天下，为汉家除残去秽〔一二八〕；况操自送死，而可迎之邪？请为将军筹之〔一二九〕：今北土未平〔一三〇〕，马超、韩遂尚在关西〔一三一〕，为操后患；而操舍鞍马，仗舟楫〔一三二〕，与吴、越争衡〔一三三〕。今又盛寒，马无稿草〔一三四〕，驱中国士众远涉江湖之间〔一三五〕，不习水土，必生疾病。此数者用兵之患也〔一三六〕，而操皆冒行之〔一三七〕，将军禽操^[一三八]，宜在今日。瑜请得精兵数万人，进住夏口，保为将军破之！"权曰："老贼欲废汉自立久矣，徒忌二袁、吕布、刘表与孤耳^[一三九]；今数雄已灭，惟孤尚存。孤与老贼势不两立，君言当击，甚与孤合，此天以君授孤也。"因拔刀斫前奏案曰^[一四〇]："诸将吏敢复有言当迎操者，与此案同！"乃罢会。

　　是夜，瑜复见权曰："诸人徒见操书言水步八十万^[一四一]，而各恐慑^[一四二]，不复料其虚实^[一四三]，便开此议^[一四四]，甚无谓也^[一四五]。今以实校之^[一四六]，彼所将中国人不过十五六万^[一四七]，且已久疲；所得表众亦极七八万耳^[一四八]，尚怀狐疑^[一四九]。夫以疲病之卒，御狐疑之众^[一五〇]，众数虽多，甚未足畏。瑜得精兵五万，自足制之，愿将军勿虑！"权抚其背曰："公瑾，卿言至此，甚合孤心。子布、元表诸人^[一五一]，各顾妻子，挟持私虑^[一五二]，深失所望；独卿与子敬与孤同耳，此天以卿二人赞孤也^[一五三]。五万兵难卒合^[一五四]，已选三万人，船、粮、战具俱办^[一五五]。卿与子敬、程公便在前发^[一五六]，孤当续发人众，多载资粮，为卿后援。卿能办之者诚决^[一五七]，邂逅不如意^[一五八]，便还就孤^[一五九]，孤当与孟德决之^[一六〇]。"遂以周瑜、程普为左右督^[一六一]，将兵与备并力逆操^[一六二]；以鲁肃为赞军校尉^[一六三]，助画方略^[一五四]。

　　刘备在樊口，日遣逻吏于水次候望权军^[一六五]。吏望见瑜船，驰往白备^[一六六]，备遣人慰劳之。瑜曰："有军任，不可得委署^[一六七]；傥能屈威，诚副其所望^[一六八]。"备乃乘单舸往见瑜曰〔一六九〕：“今拒曹公，深为得计。战卒有几?”瑜曰：“三万人。”备曰：“恨少。”瑜曰：“此自足用，豫州但观瑜破之〔一七〇〕。”备欲呼鲁肃等共会语，瑜曰：“受命不得妄委署〔一七一〕；若欲见子敬，可别过之〔一七二〕。”备深愧喜〔一七三〕。进，与操遇于赤壁。

　时操军众，已有疾疫。初一交战〔一七四〕，操军不利，引次江北〔一七五〕。瑜等在南岸，瑜部将黄盖曰〔一七六〕：“今寇众我寡，难与持久。操军方连船舰，首尾相接，可烧而走也〔一七七〕。”乃取蒙冲斗舰十艘，载燥荻〔一七八〕、枯柴，灌油其中，裹以帷幕，上建旌旗，豫备走舸〔一七九〕，系于其尾。先以书遗操，诈云欲降。时东南风急，盖以十舰最著前〔一八〇〕，中江举帆〔一八一〕，余船以次俱进〔一八二〕。操军吏士皆出营立观，指言盖降〔一八三〕。去北军二里余，同时发火，火烈风猛，船往如箭，烧尽北船，延及岸上营落〔一八四〕。顷之，烟炎张天〔一八五〕，人马烧溺死者甚众。瑜等率轻锐继其后〔一八六〕，雷鼓大震〔一八七〕，北军大坏〔一八八〕。操引军从华容道步走〔一八九〕，遇泥泞，道不通，天又大风，悉使羸兵负草填之〔一九〇〕，骑乃得过〔一九一〕。羸兵为人马所蹈藉〔一九二〕，陷泥中，死者甚众。刘备、周瑜水陆并进，追操至南郡。时操军兼以饥疫，死者太半〔一九三〕。操乃留征南将军曹仁、横野将军徐晃守江陵，折冲将军乐进守襄阳〔一九四〕，引军北还。

【注释】

　〔一〕司马光：生于宋真宗天禧三年(1019)，卒于宋哲宗元祐元年

（1086），字君实，陕州夏县（今属山西）人。仁宗时中进士。历任天章阁待制兼侍讲、知谏院、翰林学士、御史丞等职。在政治上是保守派的代表，反对王安石推行的新法。神宗时，由于他反对新法，被罢官，退居洛阳，专心致志于《资治通鉴》的编写。哲宗即位，保守派重新得势，他入朝任宰相，全部废止新法，但在位数月即病死，年68。有《司马文正公集》《稽古录》等传世。

〔二〕这篇文章选自《资治通鉴》卷六十五，题目是后人加的。赤壁：在今湖北省嘉鱼县东北，长江南岸。赤壁之战，是孙权、刘备联合抗击曹操的战争，发生在汉献帝建安十三年（208）。

〔三〕初：起初。叙事时，追叙与所叙的事更早的事，往往用"初"。

〔四〕鲁肃：字子敬，孙权部下的谋士。刘表：字景升，东汉末年的荆州刺史。

〔五〕孙权：字仲谋，他继承父亲孙坚和哥哥孙策所建立的基业，割据江东，公元229年做了吴的国君。

〔六〕荆州：在今湖北、湖南一带，即刘表所管辖的地区。治所在襄阳，即今湖北省襄阳市。国：指吴国，即孙权割据的范围。邻接：国界相连。

〔七〕沃：灌溉。沃野，有水灌溉的土地。

〔八〕殷富：殷实富足。

〔九〕资：凭借。帝王之资，开创帝王事业的凭借。

〔一〇〕新亡：刚死。

〔一一〕二子：指刘表的两个儿子刘琦、刘琮。协：合。不协，不合作。指刘表爱少子刘琮，出长子刘琦为江夏太守，刘表死后，刘琮继位，兄弟结怨，互相争位的事。

〔一二〕各有彼此：指各人有自己的一方和与自己相对的一方。这里是说有的依附刘琦，有的依附刘琮。

〔一三〕刘备:字玄德,蜀汉的开国主,公元 201 年被曹操在汝南击败后,便投靠了刘表。枭:一种凶猛的鸟,常用来形容勇健、不驯顺。枭雄,义近英雄,又突出英雄不屈不挠的特色。

〔一四〕操:曹操,字孟德,曹魏的开国主。与操有隙,和曹操有怨恨。刘备投靠曹操时,董承等人受汉献帝密诏,要杀曹操,刘备参与其事,故云。

〔一五〕寄寓:托身。寄寓于表,指曹操破袁绍后,攻刘备,刘备去依附刘表,驻扎在刘表所管辖的荆州新野。

〔一六〕恶:憎恨。能:才能。恶其能,憎恨他的才能。

〔一七〕彼:指刘表左右的人。这里是说如果刘备与他们同心协力,上下一致。

〔一八〕抚安:安慰。

〔一九〕与结盟好:指和刘备等结盟。

〔二〇〕离违:离心,不合。指刘备和刘表左右的人不合作。

〔二一〕图:谋划,计划。别图之,另做打算。

〔二二〕济:成。

〔二三〕吊表二子:吊唁刘表两个儿子(刘琦、刘琮)。

〔二四〕用事者:指掌权的人。

〔二五〕治:处治。

〔二六〕克谐:能够和谐。指刘备做到统一刘表部下并能与孙权合作。

〔二七〕为曹所先:被曹操占了先。

〔二八〕夏口:即今湖北省武汉市。

〔二九〕向荆州:向荆州进军。

〔三〇〕兼:并。晨夜兼道,是说日夜不停,加倍赶路。

〔三一〕比:及,等到。南郡:治所在今湖北省江陵县。

〔三二〕径迎之:直接迎着他(刘备)走。

〔三三〕当阳:即今湖北省当阳市。长坂:长坂坡,在当阳市东北。

〔三四〕宣:说明。宣权旨,说明孙权的意旨。

〔三五〕致:转达。殷勤:关心。

〔三六〕豫州:指刘备,刘备曾任豫州刺史。

〔三七〕苍梧:郡名,郡治在今广西省苍梧市。有旧:有老交情。

〔三八〕孙讨虏:孙权。曹操曾以汉献帝的名义委孙权为讨虏将军。

〔三九〕礼:用如动词,以礼待人。

〔四〇〕江表:江外,指长江以南。

〔四一〕咸:都。

〔四二〕六郡:即会稽、吴、丹阳、豫章、庐陵、新都六郡。在今江苏、浙江、江西一带。

〔四三〕立事:成就建国大业。

〔四四〕腹心:心腹之人,亲信。自结于东:自己与东吴结交。

〔四五〕偏:边。偏在远郡,地处在边远地区。

〔四六〕行将:很快就要。

〔四七〕托:寄托。岂足托乎,哪里值得托身。

〔四八〕诸葛亮:三国时的军事家,刘备的谋士。

〔四九〕子瑜:诸葛亮的哥哥诸葛瑾的字。

〔五〇〕长(zhǎng)史:官名。汉代丞相、三公以及开府将军府中的属官之长叫长史。

〔五一〕进住:进军驻扎。鄂县:今湖北省鄂州市。樊口:在鄂州市西北。

〔五二〕江陵:即今湖北省江陵县。

〔五三〕诣:到……去,含有按理一定要到……去的意思。特指到尊长那里去。

〔五四〕柴桑:旧县名,在今江西省九江市。

〔五五〕海内:四海之内,指中国。

〔五六〕江东:指长江下游地区。

〔五七〕汉南:汉水以南。

〔五八〕芟(shān):除掉。夷:平。芟夷,即平定,削平。大难(nàn):大乱,指灭吕布,平刘表、袁绍弟兄等事。

〔五九〕略:大致。

〔六〇〕量力而处之:估计自己的力量,来处理这件事。

〔六一〕吴、越:泛指江东,即今天江浙一带,是春秋时吴国和越国的土地。中国:中原,即今河南及黄河下游地区。抗衡:对抗。

〔六二〕绝:决裂。

〔六三〕按兵:用手摁住兵器(不用)。束甲:捆起铠甲。

〔六四〕北面而事之:封建时代君主坐北朝南,臣子北面而朝。面,动词,面,事奉。之:指代曹操。全句的意思是投降曹操。

〔六五〕外:表面上。服从:服从曹操。当时孙权接受曹操以汉天子的名义授予讨虏将军的称号,故云"外托服从"。

〔六六〕犹豫:迟疑不决。这句是指孙权当时拥军在柴桑,观望成败而言。

〔六七〕断:作出决定。

〔六八〕无日:没有几天,言其快。

〔六九〕苟:假若。

〔七〇〕田横:秦末齐国的贵族,秦亡后自立为齐王,刘邦称帝,田横和他的部下逃入海岛。刘邦派人召他进京做官,他不肯屈服投降,走到洛阳附近就自杀了。留在岛上的五百人,听到这个消息,也都自杀了。

〔七一〕不辱：不屈服。

〔七二〕胄：后代。王室之胄，刘备是汉景帝的儿子中山靖王刘胜的后代。

〔七三〕盖世：压倒当世。

〔七四〕天：指天意。

〔七五〕"安能"句：哪里能够再给他（曹操）当下属呢？

〔七六〕勃然：发怒的样子。

〔七七〕全吴之地：即上文所说的六郡。

〔七八〕当：同"挡"，抵抗。

〔七九〕豫州新败：指刘备败于长坂的事。建安十三年（208）九月，刘备进驻樊城（今湖北省襄阳），曹操以为江陵有粮食兵器储存，怕刘备占据，就派兵到襄阳打刘备。刘备慌忙离去，曹兵追赶，一日一夜走三百多里，到当阳长坂坡赶上。刘备抛弃妻子，和诸葛亮、张飞、赵云等数十骑逃跑了。曹操获得人马辎重很多。

〔八〇〕抗此难（nàn）：抵挡这个患难。

〔八一〕关羽：字云长，刘备部下的勇将。甲：这里用来代指士兵。精甲，指精兵。

〔八二〕江夏：郡名，在今湖北省黄冈市西北。刘琦任江夏太守，他的军队驻扎在这里。

〔八三〕轻骑（jì）：轻捷快速的骑兵。

〔八四〕强：强劲，有力。弩：弓的一种。鲁缟（gǎo）：鲁地出产的绢。全句的意思是这就是"强弩发出的箭的射程终了时，力量不能穿透鲁地出产的薄绢"的情况啊。

〔八五〕兵法：指春秋时军事家孙武的兵法。忌：禁忌、戒惧。

〔八六〕蹶（jué）：跌倒，挫败。上将军：指先遣部队的将军。《孙子·军争》："五十里而争利，则蹶上将军。"意思是急行军五十里去和敌军争夺好处,因士卒掉队的多,必使先行将军受挫败。

〔八七〕逼兵势:被武力所逼迫。

〔八八〕诚能:如果能够。

〔八九〕协规:合谋。

〔九〇〕鼎:古代煮食物的器皿,两耳三足,大小不等。鼎足之形,鼎有三足,故用来比喻孙权、刘备、曹操势均力敌三分天下的局面。

〔九一〕机:关键。

〔九二〕群下:手下的众臣们。

〔九三〕遗(wèi):送给。书:书信。

〔九四〕奉辞伐罪:奉皇帝的诏令讨伐有罪的人。

〔九五〕旌(jīng)麾(huī):指军队的旗帜。旌麾南指,大军南向。

〔九六〕束手:把手捆起来,表示投降。

〔九七〕治:整备。

〔九八〕方:正要。会猎:会合在一起去打猎。这是委婉的说法,实际是暗示要和孙权会战。

〔九九〕响震:像被巨大的声音所震动。失色:变了脸色。

〔一〇〇〕张昭:字子布,孙权部下资望最高的谋臣,是当时主和派的代表人物。

〔一〇一〕"挟天子"句:挟持皇帝来征讨四方。

〔一〇二〕"动以"句:动不动就以朝廷的名义说话。

〔一〇三〕奄(yǎn):覆盖。奄有,完全占有。

〔一〇四〕蒙冲:一种轻便快速的战船,上面蒙着生牛皮,左右有箭窗、矛穴。斗舰:一种大型战舰,船上有女墙,墙内搭棚,插大旗,备锣鼓。乃:是。以千数(shǔ):以千为单位计算。

〔一〇五〕悉:全部。以:同"而"。悉浮以沿江,把战舰全部漂在水面,沿着江边。

〔一〇六〕"此为"句:这就成了长江的险要已经同我们共有了。意思是长江已经失去了可以凭借的作用。

〔一〇七〕不可论:不可相提并论,意思是不能相比。

〔一〇八〕愚:对自己的谦称。迎之:迎接曹,即投降。

〔一〇九〕更衣:上厕所。

〔一一〇〕宇下:屋檐下。

〔一一一〕卿:对臣子的客气称呼。

〔一一二〕向:刚才。

〔一一三〕乡党:乡里。周制以一万二千五百家为乡,五百家为党。还付乡党,送回乡里。

〔一一四〕品其名位:东汉时选拔人才,先由地方上品评,然后推荐上去,朝廷再参考这些意见分别录用。品,评定。

〔一一五〕曹:古代官府中分科办事的单位名。下曹,最下的曹。从事:官职名。下曹从事,指下曹官吏。这两句是说品评我的名位,少不得在诸曹之内做个最下级的从事。

〔一一六〕犊车:牛车。

〔一一七〕从吏卒:使吏卒们随从,即带着。古代官员外出,仪仗、随从在前,所以说带着吏卒称"从吏卒"。

〔一一八〕士林:士大夫们。林,这里表示多。交游士林,与士大夫们交往。

〔一一九〕累官:逐步升迁。累,积。故:仍旧。州郡:指州郡的长官。意思是逐步升迁,仍旧不失为州郡的长官。

〔一二〇〕安所归:哪里是归宿。

〔一二一〕持议:持论,发议论。

〔一二二〕孤:帝王自称。

〔一二三〕廓开:展现,阐明。

〔一二四〕周瑜:字公瑾,孙权的主将和谋臣,从孙权的哥哥孙策起兵,平定江东,孙策死后,全力辅佐孙权。他是赤壁之战的组织者和指挥者。受使:接受命令出使。番(pó)阳:即鄱阳,在今江西省鄱阳县。

〔一二五〕神武雄才:神明威武,有雄才。

〔一二六〕烈:功业。

〔一二七〕乐业:乐于尽职,乐于效忠国家。英雄乐业,英雄们都乐于为国家效力。

〔一二八〕除残:剪除残恶。去秽:去掉污秽。残秽,称邪恶的人,这里指曹操。

〔一二九〕筹:筹划。

〔一三〇〕北土:北方。

〔一三一〕马超:字孟起,马腾的儿子。韩遂:字文得。马腾、韩遂曾起兵割据凉州(今甘肃一带),后曹操征马腾入京作卫尉,让马超以偏将军的名号接领马腾的部众。韩遂本来和马腾联合,后来和马超一起抗操,最后被曹操消灭。关西:函谷关以西。

〔一三二〕舍鞍马,仗舟楫:即舍弃陆军,而依靠水兵。

〔一三三〕争衡:较量谁胜谁负。衡,称东西轻重的工具。

〔一三四〕稿:谷类植物的茎。稿草,指牲畜的饲料。

〔一三五〕江湖:南方多江河、湖泊,故云。

〔一三六〕患:忧患,病。用兵之患,用兵的大毛病。

〔一三七〕冒:冒失,无所顾忌。冒行之,毫无顾忌地去干。

〔一三八〕禽:同"擒"。

〔一三九〕徒:但,只是。忌:顾忌。二袁:袁绍、袁术。袁绍据有河北地区,官渡之战,被曹操击败,发病而死。袁术是袁绍的堂弟,据有河南南部和淮河流域地区,为吕布所败,又被曹操所拦击,失败后吐血而死。吕布据有江苏北部地区,被曹操击败并擒杀。

〔一四〇〕斫(zhuó):砍。前:面前。奏案:放置奏章文书的几案。

〔一四一〕水步:指水军和步兵。

〔一四二〕恐慑:害怕。

〔一四三〕虚实:假真。

〔一四四〕此议:指有关降曹的议论。

〔一四五〕甚无谓:很没有道理。

〔一四六〕校:考核,校对。以实校之,按实际情况考核敌情。

〔一四七〕将:统帅。

〔一四八〕极:到头。极七八万,顶多七八万。

〔一四九〕狐疑:疑心。据说狐狸秉性多疑。

〔一五〇〕御:统领。

〔一五一〕元表:应作"文表",秦松的字。

〔一五二〕挟持私虑:夹杂着个人打算。

〔一五三〕赞:赞助;协助。

〔一五四〕卒:同"猝",突然。合:集合。卒合,突然集合起来。

〔一五五〕俱办:都办理好了。

〔一五六〕程公:程普,是孙坚、孙策的部将,年资最高,所以尊称为"公"。

〔一五七〕"卿能"句:你能对付他的话,那就真能解决了(指打败曹操)。

〔一五八〕邂逅:偶然相逢,即意外的遭遇。意思是假使碰上意外的事。

〔一五九〕就:用作动词,靠近。便还就孤,就回来找我。

〔一六〇〕孤当与孟德决之:我来和曹操决战。

〔一六一〕左右督:左军都督、右军都督,即正副统帅。

〔一六二〕逆:迎,指迎击。

〔一六三〕赞军校尉:协助规划军事的官名。

〔一六四〕画:筹划。方略:方针策略。

〔一六五〕日:天天。逻吏:巡逻的官吏。水次:水边。候望:侦察瞭望。

〔一六六〕白:报告。

〔一六七〕有军任:有军事任务。不可得委署:不能够放下。委署,弃置,放下。意思是我有军务,不能放下(去看刘豫州)。

〔一六八〕傥:同"倘",屈:委屈。威:威严。屈威,委屈你的威严。意思是让刘备迁就他。副:符合。其:第三人称代词,这里指代第一人称。意思是如刘豫州能屈尊到我这里来,那真符合我的愿望了。

〔一六九〕单舸(gě):一只船。没有护送船,表示信任。

〔一七〇〕但:就。

〔一七一〕妄:任意,随便。这句是说受命领军不能擅自离开职守。

〔一七二〕若:你。过:过访。这二句是说你要见子敬,可以另外去看他。

〔一七三〕愧喜:又惭愧又高兴。惭愧的是自己忽视了军纪,高兴的是周瑜治军严整,胜利在望。

〔一七四〕初:开始。

〔一七五〕引:拉弓,引申为向后。次:用作动词,驻。引次,退驻。

〔一七六〕黄盖:字公覆,孙坚部下的老将。

〔一七七〕可烧而走:可以用火烧使曹军败走。走,使曹军败逃。

〔一七八〕荻:草木植物,生在水边,与芦苇相似。

〔一七九〕豫备:预先准备。走舸:轻快的战船,准备放火后逃走用的。

〔一八〇〕最著前:最靠前。著,附。

〔一八一〕中江:(到了)江中心。

〔一八二〕以次:按次序。以次俱进,按次序一起前进。

〔一八三〕指言:指点谈论。

〔一八四〕营落:营盘。

〔一八五〕烟炎:烟焰。炎,同"焰"。张天:满天。

〔一八六〕轻锐:轻装精锐的军队。

〔一八七〕雷:同"擂"。

〔一八八〕坏:溃败。大坏,彻底溃败。

〔一八九〕华容:地名,在今湖北省监利县境内。华容道,通华容的路。步走:步行逃跑。

〔一九〇〕羸(léi):瘦弱。这句是说把瘦弱的士兵全部派去背草垫道。

〔一九一〕骑(jì):骑兵。

〔一九二〕蹈藉:践踏。

〔一九三〕太半:大半。

〔一九四〕征南、横野、折冲:都是将军的称号。曹仁:字子孝。徐晃:字公明。乐进:字文谦。都是曹操的名将。

【说明】

　　司马光在《进书表》中说编撰《资治通鉴》的目的:"专取关国家盛衰,系生民休戚,善可为法,恶可为戒者,为编年一书。"即总结历史兴亡成败的经验教训,以为治理国家的借鉴。因此这部书的内容以政治、军事为主,经济、文化方面比较简略。我们读了有助于了解封建社会并从中汲取某些有益的政治、军事斗争的经验。这部书文字浅显、流畅,有些政治、军事斗争场面写得生动、紧张、富有文采。《赤壁之战》便是其中之一。

　　"赤壁之战"是一次决定三国鼎立形势的关键性战役。东汉末年,全国各地大规模的农民起义,给当时的封建政权以沉重的打击,使它丧失了在全国的统治能力,于是军阀割据、群雄逐鹿的局面形成了。北方最大的军阀曹操,经过11年的战争,先后消灭了袁术、吕布、袁绍等,基本上统一了北方。公元208年,他率兵南下,准备分别消灭孙权和刘备,进而统一中国。在这种形势的压力下,孙权和刘备暂时结成了巩固的同盟,采取共同抵御曹操的战略方针。十月,两军在赤壁相遇,便爆发了这次有名的战役。

"赤壁之战"是中国历史上以少胜多、以弱胜强的著名战役之一。这次战役的主要价值,在于鲁肃、诸葛亮、周瑜对敌我情况的分析。由于这种正确的分析,才使得吴、蜀一方的战略地位从被动转为主动,从劣势转为优势。鲁肃从当时的形势出发,首先提出联蜀抗曹的主张。这不只是因为"刘备天下枭雄,与操有隙",而且因为假若刘备与刘表部下彼此协心,则与刘备联盟,既联合了刘备,也联合了刘表部下。这是鲁肃见解过人之处。诸葛亮则分析了敌我双方的力量,分析了敌我双方有利和不利的条件,以有利攻其不利,曹操必败,曹败,"则荆、吴之势强,鼎足之形成矣"。诸葛亮的见解实际上是预见到三分鼎立的局面。周瑜对敌我情况做了进一步的分析,而且着重在敌人方面。他指出曹操有五条致命的弱点,是导致他溃败的重要因素。此外,认为在敌我力量悬殊的情况下,只宜速胜,不能持久,所以他采用黄盖"火攻"的建议,大破曹军。这些透辟的分析,正是中国兵家所谓"知己知彼,百战不殆"的道理,是吴、蜀在这次战争中所以能取胜的基本原因,也是主观指挥的正确。

《赤壁之战》写作上的最大特点,是善于抓住关键性的问题,淋漓酣畅地加以发挥。赤壁之战以前,曹操和刘备的对立态度是明确了的,不需要再动笔墨写他们了。形势发展,迫使东吴表态,因此便把描写重点放在东吴方面。东吴怎样表态?这主要是看它确定什么战略思想。对处在被动和劣势地位的东吴来说,要确定一个能够战胜敌人的战略思想,需要一个过程。所以文章写这一决策过程比较长,在这一过程中又集中写决策人孙权,而对交战的场面写得很少,这正是从大处着眼。作者先写鲁肃的意见,然后写诸葛亮的意见,再写张昭、周瑜的意见,穿插着刘备的话和曹操的信。其间,孙权时而"勃然",时而"大悦",时而"叹息",时而"拔刀斫前奏案",时而犹豫不决,最后根据对情况的正确分析,下定决心破曹。其间以孙权为主,也把其他人物的心情见识都表现出来了。本文写作上的另一特点,是通过对话来写人物。鲁肃、诸葛亮、周瑜虽然都主张联合抗曹,都在说服孙权,但采用的方式不同、言辞不同,这正足以见出各自的身份和地位。诸葛亮用尖刻的语言,反激孙权,表现了他的外交才能。鲁肃处处设身处地为孙权着想,再现了一个谋臣对国君的忠诚。周瑜对敌我形势的分析,对胜利充满信心,显示了他的将才。这些描写都显示了司马光的文学才能。

苏　轼^{〔一〕}

日　喻^{〔二〕}

生而眇者不识日^{〔三〕},问之有目者。或告之曰^{〔四〕}:"日之状如铜盘。"扣盘而得其声。他日闻钟,以为日也。或告之曰:"日之光如烛。"扪烛而得其形^{〔五〕}。他日揣籥^{〔六〕},以为日也。日之与钟、籥亦远矣^{〔七〕},而眇者不知其异,以其未尝见而求之人也^{〔八〕}。

道之难见也甚于日〔九〕，而人之未达也〔一〇〕，无以异于眇。达者告之，虽有巧譬善导，亦无以过于盘与烛也〔一一〕。自盘而之钟，自烛而之籥，转而相之，岂有既乎〔一二〕？故世之言道者，或即其所见而名之，或莫之见而意之，皆求道之过也〔一三〕。

然则道卒不可求欤〔一四〕？苏子曰〔一五〕："道可致而不可求〔一六〕。"何谓致？孙武曰〔一七〕："善战者致人，不致于人〔一八〕。"子夏曰〔一九〕："百工居肆以成其事，君子学以致其道〔二〇〕。"莫之求而自至，斯以为致也欤〔二一〕？

南方多没人〔二二〕，日与水居也。七岁而能涉〔二三〕，十岁而能浮，十五而能没矣。夫没者，岂苟然哉〔二四〕？必将有得于水之道者。日与水居，则十五而得其道；生不识水，则虽壮，见舟而畏之。故北方之勇者，问于没人，而求其所以没，以其言试之河〔二五〕，未有不溺者也〔二六〕。故凡不学而务求道，皆北方之学没者也。

昔以声律取士〔二七〕，士杂学而不志于道〔二八〕。今也以经术取士〔二九〕，士知求道而不务学。渤海吴君彦律〔三〇〕，有志于学者也。方求举于礼部〔三一〕，作《日喻》以告之。

【注释】

〔一〕苏轼：生于宋仁宗景祐四年（1037），卒于宋徽宗建中靖国元年（1101），字子瞻，号东坡居士，眉州眉山（今属四川）人。仁宗嘉祐二年（1057）中进士，然后即卷入新旧党争之中。他的政治态度基本上属于旧党，反对王安石变法，神宗元丰二年（1079）因为写诗讽刺新法,被捕入狱,史称"乌台诗案",后被贬为黄州团练副使。哲宗时起用旧党,他被召回朝廷,任翰林学士等职,但他反对司马光尽废新法,主张"较量利害,参用所长",再度被排挤,出任地方官,做了一些有益于人民和发展生产的事。他的思想既受有儒家的熏陶,也接受了老庄和佛家的影响,在政治上更多地表现为儒家入世的精神,受挫折后则流露出超脱和随缘自适的态度。他的文学主张比他以前有所发展,特别重视文学价值。他之前的王禹偁重道轻文,欧阳修主张文道合一,他则认为文是"精金美玉",更重视文艺本身。因此他具有多方面的艺术才能,他的创作成就体现了宋代文学发展的极高水平。著作有《苏东坡集》、《东坡乐府》等。

〔二〕本文作于元丰元年(1078)苏轼任徐州知州时。

〔三〕眇(miǎo):偏盲,一眼瞎,后也指两眼皆瞎。

〔四〕或:有的人。

〔五〕扪(mén):抚摸。

〔六〕揣:摸索揣度。籥(yuè):笛类乐器,短于笛,有七孔、三孔等说。

〔七〕"日之"句:是说太阳与钟、笛相差得也太远了。

〔八〕求之人:指仅听别人说明。

〔九〕道:道德,法则,规律。

〔一○〕达:通达,认识。

〔一一〕"虽有"二句:是说虽然用巧妙的比喻和有效的引导,也和对瞎子用盘、烛形容太阳差不多。

〔一二〕"自盘"四句:是说从铜盘到钟声,从蜡烛到籥,如此揣测,还有完吗?转而相之,辗转揣测。相,揣测。

〔一三〕"故世"四句:是说现在谈论"道"的人,有的就其所见即称之为"道",有的根本无所见仅凭主观臆测,这都是刻意求道的过错。

意,猜想。

〔一四〕卒:终究。

〔一五〕苏子:苏轼自称。

〔一六〕致:自然形成,自然到达。

〔一七〕孙武:春秋时军事家,相传他著《孙子兵法》。

〔一八〕"善战"二句:语出《孙子·虚实》,意思是善于用兵作战的人能掌握主动权,诱使敌人来就我,自己不受敌人牵制。

〔一九〕子夏:卜商,字子夏,孔子弟子。

〔二〇〕"百工"二句:语出《论语·子张》。意思是各行工匠在作坊中完成他本人的事业,犹如君子勤奋学习才能达到道。肆,作坊。致,至。

〔二一〕"斯以"句:这即是所谓"致"吧? 斯,此。

〔二二〕没人:能潜入深水中的人。《庄子·达生》郭象注:"没人,谓鹜(鸭子)没入水底。"

〔二三〕涉:徒步渡水。

〔二四〕岂苟然哉:难道是偶然能达到的吗?

〔二五〕试方河:到河里去试验。

〔二六〕溺:淹死。

〔二七〕以音律取士:指北宋前期科举考试沿袭唐代制度以诗赋取士。当时也有"明经"科目,但不为士人重视。

〔二八〕杂学:指儒学经典之外的学问,如诸子、诗词歌赋等。志:追求。

〔二九〕以经术取士:指王安石变法,主张"除去声病偶对之文,使学者得专意经术"。遂罢贡举词赋科,以经术取士。(见《宋史·选举志》)

〔三〇〕渤海:唐代郡名,在今山东省信阳县。吴君彦律:生平不详。

〔三一〕求举：参加科考（举）。礼部：主管礼仪、科举的官署。这句意思是正向礼部报名应进士科的考试。

【说明】

这是一篇论述学道的文章。据朋九万《东坡乌台诗案》记载："轼作文一篇，名为《日喻》，以讥讽近日科场之士，但务求进，不务积学，故皆空言而无所得，以讥讽朝廷更改科场新法不便也。"说明他是针对王安石新法的以经术取士，"士知求道而不务学"，以及其前的"以声律取士"，"士杂学而不志于道"而作。文章主要阐述怎样才能获得"道"，结论是"道可致而不可求"，"学以致其道"，即"道"不可生硬地强求，要长期地在实践过程中自然而然地领会到。强调"道"与"学"的一致。文章善用比喻，以盲人识日、北人学泳喻"道之不可求"，以百工成其事、南人习水喻"学以致其道"，生动形象，文理自然。篇末称吴君彦律"有志于学者"，所以勉之也。

留侯论〔一〕

古之所谓豪杰之士，必有过人之节〔二〕。人情有所不能忍者，匹夫见辱〔三〕，拔剑而起，挺身而斗，此不足为勇也。天下有大勇者，卒然临之而不惊〔四〕，无故加之而不怒，此其所挟持者甚大〔五〕，而其志甚远也。

夫子房受书于圯上之老人也〔六〕，其事甚怪。然亦安知其非秦之世有隐君子者〔七〕，出而试之？观其所以微见其意者〔八〕，皆圣贤相与警戒之义，而世不察，以为鬼物〔九〕,亦已过矣。且其意不在书。当韩之亡,秦之方盛也,以刀锯鼎镬待天下之士〔一○〕,其平居无罪夷灭者〔一一〕,不可胜数,虽有贲育〔一二〕,无所复施〔一三〕。夫持法太急者,其锋不可犯,而其势未可乘〔一四〕。子房不忍忿忿之心,以匹夫之力,而逞于一击之间〔一五〕。当此之时,子房之不死者,其间不能容发〔一六〕,盖亦已危矣。千金之子〔一七〕,不死于盗贼。何者？其身之可爱,而盗贼之不足以死也〔一八〕。子房以盖世之才,不为伊尹、太公之谋〔一九〕,而特出于荆轲、聂政之计〔二○〕,以侥幸于不死,此圯上老人之所为深惜者也。是故倨傲鲜腆而深折之〔二一〕,彼其能有所忍也,然后可以就大事,故曰"孺子可教也"。

楚庄王伐郑,郑伯肉袒牵羊以逆,庄王曰:"其主能下人,必能信用其民矣。"遂舍之〔二二〕。勾践之困于会稽,而归臣妾于吴者,三年而不倦〔二三〕。且夫有报人之志〔二四〕,而不能下人者,是匹夫之刚也。夫老人者,以为子房才有余,而忧其度量之不足,故深折其少年刚锐之气,使之忍小忿而就大谋。何则？非有平生之素〔二五〕,卒然相遇于草野之间,而命以仆妾之役,油然而不怪者〔二六〕,此固秦皇之所不能惊,而项籍之所不能怒也〔二七〕。观夫高祖之所以胜,项籍之所以败者,在能忍与不能忍之间而已矣。项籍唯不能忍,是以百战百胜而轻用其锋〔二八〕。高祖忍之,养其全锋以待其弊,此子房教之也。当淮阴破齐而欲自王,高祖发怒,见于词色〔二九〕。由此观之,犹有刚强不忍之气,非子房其谁全之！

　　太史公疑子房以为魁梧奇伟,而其状貌乃如妇人女子,不称其志气。呜呼! 此其所以为子房欤^[三〇]!

【注释】

　　〔一〕留侯:即张良,字子房,辅佐汉高祖刘邦定天下,被封为留侯。

　　〔二〕节:节操。

　　〔三〕匹夫:平民。见辱:受侮辱。

　　〔四〕卒:犹"猝"。

　　〔五〕挟持:这里是志向抱负的意思。

　　〔六〕"夫子房"句:据《史记·留侯世家》记载,张良游下邳,在桥上见黄石老人将鞋掉到桥下,让张良代他去取。张良听后愕然。然而见他年老,即勉强为之取来。老人又让他给自己穿上,张良也遵从之。老人说:"孺子可教矣。"于是送给他一部书说:"读此则为王者师矣",即《太公兵法》。圯(yí),桥,楚人称桥为圯。圯上老人,即黄石公。

　　〔七〕隐君子:隐居的人。

　　〔八〕"观其"句:看这位老人微约表露出来的意思。

　　〔九〕以为鬼物:认为圯上老人是鬼物。《论衡·自然篇》:"张良游泗水之上,遇黄石公授太公书,盖天佐汉诛秦,故命令神石为鬼书授人。"

　　〔一〇〕刀:割刑。锯:刖刑。鼎镬(huò):用锅烹人的刑罚。

　　〔一一〕平居:平时,平素。夷灭:削除,消灭,即灭族。

　　〔一二〕贲(bēn)育:孟贲和夏育,古代著名的勇士。

　　〔一三〕无所复施:也无所施展他们的手段。

　　〔一四〕乘:因。《孟子·公孙丑》:"不如乘势。"句意是他的机会也不能利用。

〔一五〕逞于一击之间:此指张良使刺客用铁椎狙击秦始皇的事。张良是韩国人,他的先人五世为韩国相。秦灭韩,他要为韩国报仇,求得大力士,为铁椎重百二十斤,狙击秦始皇博浪沙中,误中副车,秦始皇大怒,大索天下十日,无所获。

〔一六〕"其间"句:这中间细微得不能容一根头发。

〔一七〕千金之子:富贵人家的子弟。

〔一八〕"其身"二句:是说身份可珍惜的人,不值得和盗贼拼命而死。爱,这里是惜的意思。

〔一九〕伊尹:商汤的大臣。太公:即姜子牙,周文王、周武王的大臣。谋:谋略.

〔二〇〕荆轲:为燕太子丹刺秦王的刺客。聂政:为严仲子刺韩相侠累的刺客。计:指行刺的下策。

〔二一〕鲜腆(tiǎn):不礼貌的样子。

〔二二〕"楚庄王"六句:《左传·宣公十二年》记载,楚庄王伐郑,"郑伯肉袒牵羊以逆,曰:'孤不天,不能事君,使君怀怒,以及敝邑,孤之罪也,敢不唯命是听!……'左右曰:'不可许也,得国无赦。'王曰:'其君能下人,必能信用其民矣,庸可几乎?'退三十里,而许之平。"郑伯,郑襄公。肉袒,露出胳膊,表示屈服。牵羊,用羊作奉献礼物。逆,迎。

〔二三〕勾践:越王。会稽:山名,在今浙江省绍兴市东南。越王勾践与吴国作战失败,被困于会稽,于是"令大夫种守国,与范蠡入官于吴,三年而吴人遣之。"(见《国语·越语下》)又《史记·越王勾践世家》:"越王乃以余兵五千人保栖于会稽……乃令大夫种行成于吴,膝行顿首曰:'……勾践请为臣,妻为妾。'"归臣妾于吴:归顺吴国,为其臣妾。三年不倦:三年没有倦容。

〔二四〕报人:向人报仇。

〔二五〕平生之素:生平素来的交情。

〔二六〕油然:和顺的样子。

〔二七〕"此固"二句:这确是秦始皇也不能使他惊动,项羽也不能使他发怒呢。

〔二八〕锋:锋芒,锐气。

〔二九〕"当淮阴"三句:淮阴侯韩信因攻占齐地有功,请求刘邦封他为"假王",刘邦大怒,见于词色。张良在一旁把刘邦的脚踏了一下,小声劝他暂且忍耐。刘邦醒悟,便更骂道:"大丈夫定诸侯,即为真王耳,何以假为?"于是立韩信为齐王,征其兵击楚(事见《史记·淮阴侯列传》)。

〔三〇〕"太史公"五句:司马迁在《史记·留侯世家》赞语中说:"余以为其人计魁梧奇伟,至见其图,状貌如妇人好女。盖孔子曰:'以貌取人,失之子羽。'留侯亦云。"司马迁疑惑张良身材魁梧高大,但他的形貌却像妇人女子,与他的志气不相称。这就所以叫作张良呢!

【说明】

这篇文章是嘉祐六年(1061)苏轼应"制科"所上的《进论》中的一篇。他根据有关张良的传说,论证了张良事业成功的关键在能"忍"。文章记述了圯上老人赐兵书的故事,但"其意不在书",而在于"子房以盖世之才,不为伊尹、太公之谋,而特出于荆轲、聂政之计"。深为痛惜,因此"倨傲鲜腆而深折之"。然后记述张良由"不忍"到"忍"的转变过程。其中以郑伯、勾践为例,说明"忍"的内涵,隐喻张良能"忍",即具有郑伯、勾践那样的修养和才智。其次以刘邦、项羽为例,说明刘邦所以能战胜项羽,即在于张良教刘邦能"忍",是"忍"发挥的重要作用。最后作者引用司马迁的话说,张良体格"魁梧奇伟",而状貌如"妇人女子",以鲜明的人物形象了结全文,有画龙点睛之妙。

潮州韩文公庙碑[一]

匹夫而为百世师[二],一言而为天下法[三]。是皆有以参天地之化[四],关盛衰之运[五]。其生也有自来,其逝也有所为[六]。故申、吕自岳降[七],傅说为列星[八],古今所传,不可诬也[九]。孟子曰:"我善养吾浩然之气[一〇]。"是气也,寓于寻常之中,而塞乎天地之间[一一]。卒然遇之[一二],则王公失其贵,晋、楚失其富[一三],良、平失其智[一四],贲、育失其勇[一五],仪、秦失其辩[一六]。是孰使之然也? 其必有不依形而立,不恃力而行,不待生而存,不随死而亡者矣。故在天为星辰,在地为河岳[一七],幽则为鬼[一八],而明则复为人[一九]。此理之常,无足怪者。

自东汉已来,道丧文弊[二〇],异端并起[二一]。历唐贞观、开元之盛[二二],辅以房、杜、姚、宋而不能救[二三]。独韩文公起布衣[二四],谈笑而麾之[二五],天下靡然从公[二六],复归于正,盖三百年于此矣[二七]。文起八代之衰[二八],而道济天下之溺[二九];忠犯人主之怒[三〇],而勇夺三军之帅[三一]。此岂非参天地、关盛衰、浩然而独存者乎?

盖尝论天人之辨,以谓人无所不至,惟天不容伪[三二]。智可以欺王公,不可以欺豚鱼[三三];力可以得天下,不可以得匹夫匹妇之心[三四]。故公之精诚[三五],能开衡山之云[三六],而不能回宪宗之惑[三七];能驯鳄鱼之暴[三八],而不能弭皇甫镈、李逢吉之谤〔三九〕;能信于南海之民〔四〇〕,庙食百世〔四一〕,而不能使其身一日安于朝廷之上〔四二〕。盖公之所能者天也,其所不能者人也〔四三〕。

始潮人未知学〔四四〕,公命进士赵德为之师〔四五〕。自是潮之士皆笃于文行〔四六〕,延及齐民〔四七〕,至于今,号称易治〔四八〕。信乎孔子之言:"君子学道则爱人,小人学道则易使也〔四九〕。"潮人之事公也〔五〇〕,饮食必祭,水旱疾疫,凡有求必祷焉〔五一〕。而庙在刺史公堂之后〔五二〕,民以出入为艰〔五三〕。前守欲请诸朝作新庙,不果〔五四〕。元祐五年〔五五〕,朝散郎王君涤来守是邦〔五六〕,凡所以养士治民者,一以公为师〔五七〕。民既悦服,则出令曰:"愿新公庙者,听〔五八〕。"民欢趋之〔五九〕。卜地于州城之南七里〔六〇〕,期年而庙成〔六一〕。或曰:"公去国万里〔六二〕,而谪于潮〔六三〕,不能一岁而归〔六四〕,没而有知,其不眷恋于潮也〔六五〕,审矣〔六六〕。"轼曰:"不然,公之神在天下者,如水之在地中,无所往而不在也。而潮人独信之深,思之至,焄蒿凄怆〔六七〕。若或见之,譬如凿井得泉,而曰水专在是,岂理也哉〔六八〕?"元丰七年〔六九〕,诏封公昌黎伯〔七〇〕,故榜曰〔七一〕:"昌黎伯韩文公之庙。"潮人请书其事于石〔七二〕,因作诗以遗之〔七三〕,使歌以祀公。其词曰:

公昔骑龙白云乡〔七四〕,手抉云汉分天章〔七五〕,天孙为织云锦裳〔七六〕。飘然乘风来帝旁,下与浊世扫秕糠〔七七〕。西游咸池略扶桑〔七八〕,草木衣被昭回光〔七九〕。追逐李杜参翱翔〔八〇〕,汗流籍湜走且僵〔八一〕,灭没倒景不可望〔八二〕。作书诋佛讥君王[八三]，要观南海窥衡湘[八四]，历舜九疑吊英皇[八五]。祝融先驱海若藏[八六]，约束蛟鳄如驱羊[八七]。钧天无人帝悲伤[八八]，讴吟下招遣巫阳[八九]。犦牲鸡卜羞我觞[九○]，於粲荔丹与蕉黄[九一]。公不少留我涕滂[九二]，翩然被发下大荒[九三]。

【注释】

〔一〕潮州:今广东省潮安县。韩文公:即韩愈,韩愈因为谏阻迎佛骨,被贬为潮州刺史,死后谥曰"文",因此称"韩文公"。韩愈任职潮州,有德于民,潮州人建庙祀之。宋哲宗元祐七年(1092),苏轼应潮州人的请求撰写了这篇文章。

〔二〕匹夫:平民,指韩愈。百世师:百代的师表。《孟子·尽心下》:"圣人,百世之师也。"

〔三〕为天下法:做天下人的法则或模范。《礼记·中庸》:"是故君子动而世为天下道,行而世为天下法,言而世为天下则。"

〔四〕参:参与。天地之化:指天地化育万物的道理。

〔五〕关:动词,关系到。运:指盛衰变化的"运数"。

〔六〕有所为:有所作为。

〔七〕申:申伯。吕:尹吉甫。他们都是周宣王时的功臣。《诗经·大雅·崧高》:"维岳降神,生甫(即吕)及申。"是说他们都是山岳所降生的"神灵"。

〔八〕傅说(yuè):殷高宗的宰相,相传他死后升天,与群星并列。

〔九〕诬:欺骗。不可诬,不可以当做欺骗。

〔一○〕"我善"句:语出《孟子·公孙丑上》。浩然之气,正大刚直之气。

〔一一〕是:这个。寓:寄托。塞:充塞。《孟子·公孙丑上》:"其为气也,至大至刚,以直养而无害,则塞于天地之间。"

〔一二〕卒然:突然。

〔一三〕晋、楚:都是春秋时富强的国家。《孟子·公孙丑下》:"曾子曰:'晋、楚之富,不可及也。'"

〔一四〕良、平:张良、陈平,都是汉初的智谋之士。

〔一五〕贲(bēn)育:孟贲、夏育,都是古代的勇士。

〔一六〕仪、秦:张仪、苏秦,都是战国时的纵横家、舌辩之士。以上说明"浩然之气"的力量,足以胜过上文所提的富强国家和才能之士,使他们失去他们的特长。

〔一七〕河岳:江河和山岳。

〔一八〕幽:幽冥,即阴间。

〔一九〕明:阳世,即人间。

〔二〇〕道丧:儒道衰丧。指东汉末年佛、道流行,儒家思想失去了主宰地位。文弊:文章凋敝。指传统的秦汉散体古文衰落,讲求声律对偶的骈体文兴起。

〔二一〕异端:指佛教、道教。韩愈《进学解》:"牴排异端,攘斥佛老。"

〔二二〕贞观:唐太宗(李世民)的年号,是唐代最昌明的时期,史称"贞观之治"。开元:唐玄宗(李隆基)的年号,当时天下安定,史称"盛世"。

〔二三〕辅:辅佐。房:房玄龄.杜:杜如晦。此二人是唐太宗时有名的宰相。姚:姚崇。宋:宋璟。此二人是唐玄宗时有名的宰相。不能救:不能挽救"道丧文弊"的形势。

〔二四〕布衣:平民,庶人。韩愈出身中小地主家庭,父、兄虽然都做过官,但早丧,家道衰落,全凭自己读书奋进,所以说"起布衣"。

〔二五〕麾:通"挥",指挥。之:代词,代"异端"、"文弊"。

〔二六〕靡:披靡、倒下。靡然从公,都倾向韩愈。

〔二七〕三百年于此:指自韩愈倡导古文到苏轼写这篇文章,约三百年。

〔二八〕八代:指东汉、魏、晋、宋、齐、梁、陈、隋。句意是这八代文风的衰落,到韩愈才重新振起。

〔二九〕道:儒家学说。济:拯救.溺:淹没。句意是韩愈所倡导的"圣人之道",足以救济天下被"邪说"所"沉溺"的人。

〔三〇〕人主:君王。唐宪宗(李纯)要迎佛骨入宫内,韩愈上书谏诤,宪宗大怒,贬他为潮州刺史。韩愈《左迁至蓝关示侄孙湘》诗云:"一封朝奏九重天,夕贬潮阳路八千。欲为圣明除弊事,肯将衰朽惜残年。"

〔三一〕"勇夺"句:《论语·子罕》:"三军可夺帅也,匹夫不可夺志也。"唐穆宗(李恒)长庆元年(821),镇州军乱,杀田弘正,立王廷凑,诏韩愈前去宣抚。韩愈义正辞严,晓之以君臣大义,动之以逆顺利害,说服了王廷凑,不动刀枪便平息了叛乱。

〔三二〕"盖尝论"三句:意思是我曾论天命和人事的分辨,以为人事无所不到,只有天命是不能作伪的。

〔三三〕豚(tún):小猪。豚鱼,是天性纯真难感动的动物。《易·中孚》:"信及豚鱼"注:"虽微隐之物,信皆及之。"

〔三四〕匹夫匹妇:平民男女,泛指平民。

〔三五〕公:指韩愈。精诚:真心实意。

〔三六〕衡山:南岳衡山,在今湖南省衡阳市南岳区。韩愈途经衡山,正值秋雨,云雾笼罩,他默默祷告,即云开雾散。他的《谒衡岳庙遂宿岳寺题门楼》诗有云:"我来正逢秋雨节,阴气晦昧无晴风。潜心默祷若有应,岂非正直能感通!"意思是韩愈的精诚能开衡山之云。

〔三七〕回:挽回。惑:迷惑。是说韩愈之精诚不能挽回唐宪宗痴迷于佞佛之举。

〔三八〕驯：驯服，制服。鳄鱼：一种凶猛的爬行动物。潮洲鳄鱼为患，韩愈撰《祭鳄鱼文》祭祀之。夜里暴风雷电起溪中，数日水尽涸，鳄鱼西徙六百里。此后潮州再无鳄鱼之患。

〔三九〕弭（mǐ）：停止。皇甫镈（bó）：唐宪宗时宰相，韩愈因谏阻迎佛骨被贬潮州后，写了《潮州刺史谢上表》，宪宗看后很感动，要再起用他。皇甫镈素忌韩愈，说他仍然"疏狂"，奏改袁州刺史。李逢吉：唐穆宗时宰相，以韩愈为御史大夫，又挑拨韩愈与御史中丞李绅的关系，李绅劾奏韩愈，遂借辞罢免韩愈。

〔四〇〕信于：取信于。南海：郡名，今广东省广州市。南海之民，此指潮州人民。

〔四一〕庙食：即庙祭，是说潮州立庙祭韩愈。

〔四二〕"而不能"句：不能一日安于朝廷，说明韩愈仕途之坎坷。

〔四三〕"盖公"二句：是说韩愈所能够的，是天命；所不能够的，是人事。即天人之辨。

〔四四〕未知学：不知道研究学问。

〔四五〕赵德：潮州人，有才学，观点与韩愈相近，得到韩愈的器重。韩愈在《潮州请置乡校牒》中说："赵德秀才，沉雅专静，颇通经，有文章，能知先王之道，论说且排异端，而宗孔氏，可以为师矣！请摄海阳县尉，为衙推官，专勾当州学，以督生徒，兴恺悌之风。"

〔四六〕笃（dǔ）：忠信。文行：文章品行。

〔四七〕齐民：平民。

〔四八〕易治：容易治理。指潮州是容易治理的地方。

〔四九〕"君子"二句：语出《论语·阳货》。意思是士大夫学了道，就会有仁爱之心；平民学了道，就容易听使唤。

〔五〇〕事：侍奉。

〔五一〕有求必祷：凡有请求，必到韩愈庙中祈祷。

〔五二〕刺史：州的行政长官。公堂：处理公务的殿堂。

〔五三〕以：因此。艰：不便。

〔五四〕前守：前任潮州太守。请诸朝：请求于朝廷。不果：不成，未成功。

〔五五〕元祐：宋哲宗的年号。元祐五年，即公元 1090 年。

〔五六〕朝散郎：官名，从七品文官。王涤：生平不详。来守是邦：到这里来做太守。邦，指潮州。

〔五七〕一以公为师：一切都师法韩愈。

〔五八〕新：动词，指新建或新修。听：听从自便。

〔五九〕趋：奔赴。

〔六〇〕卜地：用占卜的方法选择了一块地址。

〔六一〕期（jī）年：一周年。

〔六二〕去国：离开京城。

〔六三〕谪：贬官。

〔六四〕不能一岁：不到一年。韩愈于唐宪宗元和十四年（819）正月被贬为潮州刺史，同年十月，又量移至袁州。即不到一年即离去。

〔六五〕没：同"殁"，即死。眷恋：留恋。

〔六六〕审矣：很明白的了。

〔六七〕焄（xūn）蒿凄怆：语出《礼记·祭义》："焄蒿凄怆，此百物之精也，神之著也。"焄，祭祀时供品的气味。蒿，气蒸发的样子。凄怆，悲伤。这是说祭祀者追念韩愈心情凄切悲伤。

〔六八〕"若或"四句：是说潮州人祭祀韩愈心情凄怆，像是见到他一样，譬如凿井得着泉水，却说泉水专在这里了，难道是合理的吗？这是解释潮州人立庙的原因。

〔六九〕元丰：宋神宗的年号。元丰七年，即公元 1084 年。

〔七〇〕昌黎:县名,故城在今河北省东部,韩愈先世曾居昌黎,因此自称"昌黎韩愈"。神宗追封他为昌黎伯。伯:文章出众或擅长一艺的人。

〔七一〕榜:动词,题写匾额。

〔七二〕"潮人"句:是说潮州人请写他的事于石碑上。

〔七三〕遗(wèi):赠送。

〔七四〕白云乡:仙乡,帝乡,神仙居住的地方。《庄子·天地》:"乘彼白云,至于帝乡。"以韩愈骑龙在天上游行,比喻他是天上神人降生。

〔七五〕抉:挑选。云汉:银河,天河。天章:古人以为天上的星辰是天的图案(章)。《诗经·大雅·棫朴》:"倬彼云汉,为章于天。"这里是比喻韩愈的文章是从"天章"分来的。

〔七六〕天孙:即织女星。《史记·天官书》:"织女,天女孙也。"云锦:好的丝织品。这句是说织女为他织了云锦的衣裳。

〔七七〕秕糠:指粗俗的文章。这二句是说韩愈乘高风来自上帝旁,为文扫除浊世的糟粕文章。

〔七八〕咸池:古代神话中太阳沐浴的地方。《淮南子·天文训》:'日出于旸谷,浴于咸池。"扶桑,树名,《说文》:"榑桑(即扶桑),神木名,日所出也。"略:掠过。这是说韩愈的"神灵"游咸池并经过扶桑拂日的地方。

〔七九〕衣被:覆盖。昭回光:光辉普照大地。《诗经·大雅·云汉》:"倬兮云汉,昭回于天。"这是说天下的草木都受韩愈的光辉照耀。

〔八〇〕李杜:李白和杜甫。翱翔:遨游。这是说韩愈的诗文可以追逐李白、杜甫,而比翼齐飞。韩愈《调张籍》诗有云:"李杜文章在,光焰万丈长……我愿生两翅,捕逐出八荒。"

〔八一〕籍:张籍,中唐著名诗人,韩愈的朋友。湜:皇甫湜,中唐著名古文家,韩愈的弟子。走:跑。僵:仆倒。这是说张籍、皇甫湜追赶学韩,奔走汗流,直到僵仆。

〔八二〕景:同"影"。灭没倒景,像水中倒影一样消失。这是说韩愈的道德文章,炫耀夺目,张籍、皇甫湜不能仰望。

〔八三〕作书:指韩愈于唐宪宗元和十四年(819)撰写的《论佛骨表》。诋(dǐ):诋毁。讥:讥讽。君王:指唐宪宗。

〔八四〕南海:潮州濒临南海。衡:衡山。湘:湘江。皆在湖南境内。这是说韩愈被贬潮州,跋涉岭海,是要观看广东南海和湖南衡山湘水的景物。

〔八五〕九疑:即九嶷山,在今湖南省宁远县东南,帝舜死葬于此。英皇:即舜的两个妃子娥皇、女英,二人随舜南游而不返,死于湘江。吊英皇,韩愈路经湘江时曾作《祭湘君夫人文》,凭吊舜之二妃。

〔八六〕祝融:古代传说中南海神名。韩愈《南海神庙碑》云:"南海神次最贵,在北东西三神、河伯之上,号为祝融。"海若:北海神名。这是说韩愈南行,跋涉岭外海道,祝融为之先导,海若率海中怪物潜藏起来。

〔八七〕"约束"句:是说制约蛟龙和鳄鱼像驱赶羊群一样。

〔八八〕钧天:《吕氏春秋·有始》云:"中央曰钧天。"此指天上,犹"天堂"。帝:指天帝。句意是上天没有像韩愈这样的人,所以上帝为之悲伤。

〔八九〕讴吟:歌唱。巫阳:古代神巫名。《楚辞·招魂》:"帝告巫阳曰:有人在下,我欲辅之。"句意是上帝遣巫阳歌唱着到下界来把韩愈的魂招去。

〔九〇〕犦(bó):一种牛名。犦牲,以犦牛作祭牲。鸡卜:古代南方一种迷信风俗,用鸡占卜。羞:进。觞:酒器。羞我觞,指祭祀献酒。

〔九一〕於(wū)：发语词。粲：色彩鲜明。荔丹蕉黄：荔枝色丹，芭蕉色黄，都是广东出产的果品。

〔九二〕涕滂：犹滂沱，泪流很多，所以伤痛韩愈之死。

〔九三〕翩然：轻快的样子。被发：披发。大荒：犹大地。意思是望韩愈很快降临大地，享用这些祭品。

【说明】

　　这篇韩愈的碑志文，竭力赞扬韩愈的道德、文章和政绩。但与一般碑志就事论事、平铺直叙的写法不同，本文从大处落笔，开篇即赞颂韩愈"匹夫而为百世师，一言而为天下法"，"参天地之化，关盛衰之运"，生则为人，死则为神。以统领全文。其次论述韩愈改变"道丧文弊"的局面，说明他道德文章之不朽。继而论述他的政治业绩之合于天乖于人的坎坷遭际。然后叙说他在潮州的政绩和潮州人建庙立碑的原因。最后以诗歌赞颂他的出神入圣，与李杜并驾，和日月同辉。其中或比兴寄托，或直抒胸臆，而由一股浩然之气贯通之，文脉一统，对韩愈推崇备至，充满了礼赞之情。文笔纵横恣肆，豪迈奔放，是一篇优秀的古体散文。但其中也采用了一些排偶句，如写韩愈浩大刚正之气，能使"王公失其贵，晋、楚失其富，良、平失其智，贲、育失其勇，仪、秦失其辩"。又有以正反对比构成的排偶句，如写"公之精诚，能开衡山之云，而不能回宪宗之惑；能驯鳄鱼之暴，而不能弹皇甫镈、李逢吉之谤；能信于南海之民，庙食百世，而不能使其身一日安于朝廷之上"。这种排偶句与散行句相结合，有力地表现韩愈的浩然正气无往而不胜和他大半生仕途上的几番坎坷。对排偶句和散行句参互使用，清代包世臣评云："凝重多出于偶，流美多出于奇。体虽骈必有奇以振其气，体虽散必有偶以植其骨。仪厥错综，至为微妙。"(《艺舟双楫·文谱》)对偶和散行错综使用，才能成为优秀的古体散文，苏轼这篇碑志文章,确是达到如此美妙的境地。此外,这篇文章在叙述韩愈大半生的坎坷遭遇中,也寄寓了作者自己受尽磨难的政治经历,在对韩愈的同情中也蕴涵着作者自己对现实政治的感慨和不平,是借他人酒杯浇自己的块垒!

前赤壁赋[一]

壬戌之秋[二],七月既望[三],苏子与客泛舟游于赤壁之下[四]。清风徐来,水波不兴。举酒属客[五],诵明月之诗[六],歌窈窕之章。少焉[七],月出于东山之上,徘徊于斗牛之间[八]。白露横江[九],水光接天。纵一苇之所如[一〇],凌万顷之茫然[一一]。浩浩乎如凭虚御风[一二],而不知其所止。飘飘乎如遗世独立[一三],羽化而登仙[一四]。

于是饮酒乐甚,扣舷而歌之[一五]。歌曰:“桂棹兮兰桨[一六],击空明兮溯流光[一七]。渺渺兮予怀[一八],望美人兮天一方[一九]。”客有吹洞箫者[二〇],倚歌而和之[二一]。其声呜呜然,如怨、如慕、如泣、如诉,余音袅袅[二二],不绝如缕。舞幽壑之潜蛟[二三],泣孤舟之嫠妇[二四]。

苏子愀然[二五],正襟危坐[二六],而问客曰:“何为其然也[二七]”?客曰:“‘月明星稀,乌鹊南飞[二八]’,此非曹孟德之诗乎?西望夏口[二九],东望武昌[三〇],山川相缪[三一],郁乎苍苍[三二],此非孟德之困于周郎者乎[三三]?方其破荆州、下江陵[三四],顺流而东也,舳舻千里[三五],旌旗蔽空,酾酒临江[三六],横槊赋诗[三七],固一世之雄也,而今安在哉?

况吾与子渔樵于江渚之上,侣鱼虾而友麋鹿〔三八〕,驾一叶之扁舟〔三九〕,举匏樽以相属〔四〇〕,寄蜉蝣于天地〔四一〕,渺沧海之一粟〔四二〕!哀吾生之须臾〔四三〕,羡长江之无穷,挟飞仙以遨游,抱明月而长终〔四四〕。知不可乎骤得,托遗响于悲风〔四五〕。"

苏子曰:"客亦知夫水与月乎? 逝者如斯,而未尝往也〔四六〕;盈虚者如彼,而卒莫消长也〔四七〕。盖将自其变者而观之,则天地曾不能以一瞬〔四八〕;自其不变者而观之,则物与我皆无尽也〔四九〕,而又何羡乎? 且夫天地之间,物各有主,苟非吾之所有,虽一毫而莫取。惟江上之清风,与山间之明月,耳得之而为声,目遇之而成色,取之无禁,用之不竭,是造物者之无尽藏也〔五〇〕,而吾与子之所共适〔五一〕。"

客喜而笑,洗盏更酌〔五二〕。肴核既尽〔五三〕,杯盘狼藉〔五四〕。相与枕藉乎舟中〔五五〕,不知东方之既白〔五六〕。

【注释】

〔一〕赤壁:有两处,一处在湖北省嘉鱼县东北,是三国时周瑜、刘备火破曹操的地方。 一处在黄州(今湖北黄冈)城外,是当地的名胜,又名赤鼻矶。宋神宗元丰二年(1079),苏轼因反对新法,被贬到黄州任团练副使,曾两次到这里游览,写了一首词【念奴娇·赤壁怀古】和两篇赋,后人习惯称第一次游览所作为《前赤壁赋》,第二次游览所作为《后赤壁赋》。

〔二〕壬戌:宋神宗元丰五年(1082)。

〔三〕望:农历每月十五日,月圆的日子。既望,即十六日。

〔四〕苏子:苏轼自称。

〔五〕举酒属客:举起酒杯劝客人饮酒。属(zhǔ),劝酒。

〔六〕明月之诗:指《诗经·陈风·月出》。窈窕之章:指《月出》第一章:"月出皎兮,佼人僚兮;舒窈纠兮,劳心悄兮。"窈纠,即窈窕。

〔七〕少焉:不多时。

〔八〕徘徊:形容月亮徐徐运行。斗牛:两个星宿名,即南斗星和牵牛星。

〔九〕白露横江:月光之下白茫茫的水气,横铺在江面上。

〔一〇〕纵:任凭。一苇:形容小船像一片苇叶。《诗经·卫风·河广》:"谁谓河广?一苇杭之。"所如:所往。

〔一一〕凌:超越过。顷:田百亩为一顷,万顷极言江面之广阔。茫然:指迷茫的云水。

〔一二〕浩浩乎:广大的样子,虚:太空。凭虚:凌空。御风:乘风。《庄子·逍遥游》:"列子御风而行,泠然善也。"意思是凌空乘风而行。

〔一三〕遗世独立:遗弃人世,独来独往。

〔一四〕羽化:道家称飞升成仙为羽化。句意是说好像道士羽化了升入仙界一样。

〔一五〕扣舷:敲着船边。

〔一六〕桂棹:桂木做的棹。兰桨:木兰做的桨。

〔一七〕空明:在月光照耀下的江水,明澈如空。溯:逆流而上。流光:船迎着水面的月光而行,月光与水俱动。

〔一八〕渺渺:深远的样子。予怀:我的怀抱。

〔一九〕美人:指所倾慕和钦佩的人。

〔二〇〕客:此客或谓即绵竹道士杨世昌,善吹箫。苏轼《次韵孔毅父》诗云:"杨生自言识音律,洞箫入手清且哀。"

〔二一〕倚:随,按。倚歌:随着歌声。和:应和,协奏。

〔二二〕袅袅:声音悠扬。

〔二三〕幽壑:深涧。句意是使深涧中潜伏的蛟龙听了起舞。

〔二四〕嫠(lí)妇:寡妇。句意是使孤舟中的寡妇听了哭泣。

〔二五〕愀(qiǎo)然:忧愁的样子。《国语·楚语上》:"子木愀然。"

〔二六〕正襟危坐:端正衣襟,严肃地坐着。

〔二七〕"何为"句:为什么吹出这样的声调。

〔二八〕"月明"二句:这是曹操《短歌行》中的句子。据说曹操攻吴,屯兵赤壁,夜晚在月光下观望江景时所作。

〔二九〕夏口:城名,在今湖北省武汉市黄鹄山上。

〔三○〕武昌:即今湖北省鄂州市。

〔三一〕缪(liáo):同"缭",纠结着。

〔三二〕郁:浓密。

〔三三〕此:这地方。孟德:曹操字。周郎:周瑜,他任建威中郎将时才24岁,当时人称他为周郎。困于周郎,被周郎所困。

〔三四〕荆州:今湖北省襄阳市。江陵:今湖北省江陵县。建安十三年(208)赤壁之战前,曹操从北方向南攻打,打败刘琮占据荆州。下江陵:是说自江陵而下至赤壁。

〔三五〕舳舻(zhú lú):船尾叫舳,船头叫舻。或谓即方形大船。《汉书·武帝纪》:"舳舻千里,薄枞阳而出。"意思是大船相连不绝,行列长达千里。

〔三六〕酾(shī):酌。酾酒,即酌酒。意思是对着江酌酒。

〔三七〕槊(shuò):长矛。

〔三八〕江渚:江中小洲。侣、友:都是意动用法。这两句意思是何况我和你在沙洲上捕鱼砍柴,以鱼虾为伴侣,以麋鹿为朋友。

〔三九〕一叶:形容舟之小。扁舟:小舟。

〔四○〕匏(páo):葫芦的一种。匏樽,用葫芦壳做的酒杯。属:

酌酒。

〔四一〕蜉蝣(fú yóu):一种生长在水边的小昆虫,生命极短暂。句意是我们的生命像蜉蝣一样寄生在天地之间。

〔四二〕渺:渺小。沧海:大海。句意是自己渺小得像大海中的一颗小米粒。

〔四三〕须臾:顷刻,片刻。

〔四四〕挟:持,带。这两句意思是随着飞行的仙人一同游玩,抱着明月和它共同生存下去。

〔四五〕遗响:余音,指洞箫声。这两句意思是知道这样的事不能骤然得到,只好把表达这种心情的曲调寄托给悲凉的秋风。

〔四六〕逝:流去。斯:指江水。《论语·子罕》:"子在川上曰:'逝者如斯夫,不舍昼夜。'"往:消失。

〔四七〕盈虚:即盈亏,指月的圆缺。卒:最终。消长:消灭和增长。

〔四八〕瞬:一眨眼。曾不能以一瞬,即不过一霎时。

〔四九〕物:外物。物与我皆无尽,万物与我都是永恒的。

〔五〇〕造物者:即造物主,指天。无尽藏(zàng):佛家语,《华严探玄记》:"出生业用无穷,故曰无尽藏。"

〔五一〕适:享用。共适,共同享用。

〔五二〕更酌:再斟酒。

〔五三〕肴:肉类食品。核:果类食品。

〔五四〕狼藉:杂乱的样子。

〔五五〕相与:互相地。枕:头枕着。藉:垫着。即交横相枕而卧。

〔五六〕既白:已经天明。意思是醉后睡得很沉,不觉到次日天亮了。

【说明】

这是一篇抒情散体赋,是苏轼借泛游赤壁,通过吊古,即景生情,感慨自己一生的不平遭际,表达自己的人生哲理,是他在政治上被打击后,被贬到黄州时思想状况的自白。文章中有主有客,借主客问答的方式来表现自己内心的矛盾,主客之问与答都是自己矛盾着的思想的反映。他一方面是"渺渺兮予怀,望美人兮天一方",有所追求,有所仰慕;另一方面是"寄蜉蝣于天地,渺沧海之一粟",感叹人生之短促,没有什么希望了。所谓"如怨、如慕、如泣、如诉",正是这种矛盾痛苦的心情在精神状态上的反映。怎样解决自己的思想矛盾呢? 即以不变应万变。"自其不变者而观之,则物与我皆无尽也,而又何羡乎!"人既与物可以长久共存,还有什么值得追求羡慕的呢! 以此来调和自己思想的矛盾,以清风明月来润滋自己痛苦的心境,他表面上好像很坦荡、旷达,实质上是他的痛苦发展到更深沉境地的表现。这篇作品就是如此真切深入地抒发了作者被贬谪后的思想情感。文章中主客问答的方式,源自汉代的大赋,但没有汉赋板重、堆砌的弊病,而体现了作者自己散文"行云流水"的特点。用典不拘故实,情景交融,达到了很高的艺术境界。

吴中田妇叹〔一〕

今年粳稻熟苦迟〔二〕,庶见霜风来几时〔三〕。霜风来时雨如泻〔四〕,杷头出菌镰生衣〔五〕。眼枯泪尽雨不尽,忍见黄穗卧青泥〔六〕! 茆苫一月垄上宿〔七〕,天晴获稻随车归。汗流肩赪载入市〔八〕,价贱乞与如糠粞〔九〕。卖牛纳税拆屋炊〔一〇〕,虑浅不及明年饥〔一一〕。官今要钱不要米〔一二〕,西北万里招羌儿〔一三〕。龚黄满朝人更苦〔一四〕,不如却作河伯妇〔一五〕。

【注释】

〔一〕此诗作于宋神宗熙宁五年(1072)。吴中:今江苏省苏州市。

〔二〕粳(jīng)稻:稻的一种。

〔三〕庶见:庶几见到,希望见到。霜风:秋风。来几时:来吹一些时候。

〔四〕泻:倾泻。

〔五〕杷(pá):一种带齿的木制农具。出菌:因多雨阴湿,木杷头上生出霉菌来。镰:收割用的镰刀。生衣:长了铁锈。

〔六〕忍见:怎忍看见。句意是怎忍看着那些已熟的黄色稻穗倒卧在青色的泥中呢!

〔七〕茆:同"茅"。苫(shān):草帘子。句意是在田垄上搭茅棚住了一个月。

〔八〕赪(chēng):红色。肩赪,肩头被压红了。载:指装载搬运。

〔九〕乞与:乞求着卖给人。糠:米糠。粞(xī):碎米。

〔一○〕炊:烧火做饭。拆屋炊,拆了屋子烧火做饭。

〔一一〕虑浅:考虑不远。句意是为了眼前纳税,顾不到明年的饥饿。

〔一二〕"官今"句:意思是官府现在收税只要现钱,不要粮食。

〔一三〕西北万里:指西北边地。羌:泛指西夏部族。当时西夏常为边患,宋朝政府只是用钱招抚收买。

〔一四〕龚:汉代龚遂,为渤海太守,时值饥荒,他单车到郡,开仓济贫,劝民农桑,教民卖刀剑,买耕牛,境内大治。黄:汉代黄霸,历任河南太守丞、扬州刺史、颍川太守,为政比较宽和,得吏民之心。龚遂、黄霸都是汉代被称为循良的官吏。句意是说朝廷上都是号称可比龚遂、黄霸的官吏,实际上人民生活更苦。

〔一五〕河伯妇:战国时邺地常有水灾,当地三老廷掾勾结巫人造

谣说河伯(河神)要娶妇,把民间女孩沉入河中。西门豹作邺令,杀了
巫人,兴修水利。事见《史记·滑稽列传》。句意是说与其受官吏赋
税的压迫,还不如投水淹死。

【说明】

此诗借田妇之口,道出了江南人民在天灾重赋的压迫下走投无路
的悲惨命运。王安石推行新法之后,朝廷赋税收钱不收米,农民把米
贱卖了换钱纳税,结果是米钱两空。当时宋神宗又要灭西夏,采用王
韶的“平戎三策”,用许多钱粮去招抚边疆的羌人部落,这给农民造成
深重的苦难。通过田妇的申诉,批判了此类政策。

和子由渑池怀旧〔一〕

人生到处知何似,应似飞鸿踏雪泥〔二〕。泥上偶然留指爪,
鸿飞那复计东西。老僧已死成新塔〔三〕,坏壁无由见旧
题〔四〕。往日崎岖还记否? 路长人困蹇驴嘶〔五〕。

【注释】

〔一〕子由:苏轼弟弟苏辙的字。渑(miǎn)池:在今河南省洛阳市
西。苏辙先有《怀渑池寄子瞻兄》,苏轼作此诗和之。

〔二〕鸿踏雪泥:即雪泥鸿爪,以飞鸿在雪泥上留下的指爪印,比
喻人生往事遗留的痕迹。

〔三〕“老僧”句:以前和尚死后,人们把他的遗体烧化,建立小塔
埋葬他的骨灰。

〔四〕“坏壁”句:苏辙诗自注:“昔与子瞻应举,过宿县中寺舍,题
其老僧奉闲之壁。”意思是新塔建成,墙壁被破坏,旧题已经无法看

到了。

〔五〕"往日"二句：作者自注："往岁马死于二陵,骑驴至渑池。"二陵是河南省崤山,在渑池西。蹇(jiǎn),跛。

【说明】

这首诗是宋仁宗嘉祐元年(1056)三月,苏轼和弟弟苏辙一同到汴京应试,途径渑池。嘉祐六年(1061)冬,他赴任陕西凤翔节度使判官,再度经过渑池,苏辙作《怀渑池寄子瞻兄》,他便作了这首诗和之。通过这首诗抒发了自己的人生感慨,感慨自己到处漂泊,犹如"飞鸿踏雪泥",不过在人生的旅程中遗留下一点痕迹而已。又新塔建成,旧题不见,道路崎岖,路长人困,大有往事不堪回首之慨。

於潜女〔一〕

青裙缟袂於潜女〔二〕,两足如霜不穿屦〔三〕;鬟沙鬓发丝穿柠〔四〕,蓬沓障前走风雨〔五〕。老濞宫妆传父祖〔六〕,至今遗民悲故主〔七〕。苕溪杨柳初飞絮〔八〕,照溪画眉渡溪去〔九〕。逢郎樵归相媚妩〔一〇〕,不信姬姜有齐鲁〔一一〕。

【注释】

〔一〕於(wū)潜:今浙江省镇名,在浙西。这首诗是歌咏於潜的劳动妇女。

〔二〕缟(gǎo):白色丝织品,这里用作白色。袂:衣袖,这里指上衣。缟袂,白色上衣。

〔三〕屦(jù):麻鞋。

〔四〕鬟(zhā)沙:即口语中的"扎煞",是头发向两旁翘张的样子。柠:应作"杼",织机上总持缁丝的工具。丝穿柠,头发上横插着一把银梳。

〔五〕蓬沓:於潜女头上插的大银梳(参看苏轼《於潜令刁同年野翁亭》诗自注)。走风雨:不避风雨。

〔六〕老濞:汉初吴王刘濞,这里指代吴越王钱氏。句意是这样宫妆样式传自其父祖吴越王钱氏。

〔七〕故主:指吴越王钱氏。悲故主,怀念钱氏,所以传其宫妆样式。

〔八〕苕溪:水名源出天目山,流经於潜。

〔九〕照溪画眉:以苕溪水当镜子,照着画眉。

〔一〇〕樵归:打柴归来。媚妩:好看、可爱。相媚妩,相悦、相爱。

〔一一〕姬姜有齐鲁:周初,太公姜尚封于齐,周公姬旦的儿子伯禽封于鲁,姬与姜常通婚,遂成为妇女的美称。句意是夫妻相爱,丈夫不相信还有鲁国、齐国那样出名的姬姓、姜姓的美女,即世间没有比她更美的女子。

【说明】

苏轼在熙宁六年(1073)以杭州通判巡视於潜,所见於潜的妇女,作诗歌颂之。诗歌先写於潜女妆束的特异,与众不同,再写这种宫妆打扮是源于其父祖的传统,最后写在她丈夫眼中之"媚妩",非齐姜、鲁姬可比,是世间最美的人,极尽赞美。这一美的形象是作者凭所见创造的。

荔枝叹〔一〕

十里一置飞尘灰〔二〕,五里一堠兵火催〔三〕。颠坑仆谷相枕藉〔四〕,知是荔枝龙眼来〔五〕。飞车跨山鹘横海〔六〕,风枝露叶如新采。宫中美人一破颜〔七〕,惊尘溅血流千载〔八〕。永元荔枝来交州〔九〕,天宝岁贡取之涪〔一〇〕。至今欲食林甫肉〔一一〕,无人举觞酹伯游〔一二〕。我愿天公怜赤子〔一三〕,莫生尤物为疮痏〔一四〕。雨顺风调百谷登〔一五〕,民不饥寒为上瑞〔一六〕。君不见,武夷溪边粟粒芽〔一七〕,前丁后蔡相笼加〔一八〕。争新买宠各出意,今年斗品充官茶〔一九〕。吾君所乏岂此物,致养口体何陋耶〔二〇〕!洛阳相君忠孝家〔二一〕,可怜亦进姚黄花!

【注释】

〔一〕这首诗是宋哲宗绍圣二年(1095),苏轼贬居广东惠州吃荔枝有感而作。

〔二〕置:十里的驿站。飞尘灰:尘土飞扬,所以表现马的疾驰。

〔三〕堠:五里的驿站。兵火催:急如兵火催促赶路。

〔四〕颠坑仆谷:指赶进荔枝的人马死亡很多,尸体填满坑谷。相枕藉:互相枕垫着。

〔五〕龙眼:即桂圆。

〔六〕飞车:古代神话,奇肱民能造飞车,从风飞行(参见《帝王世纪》)。这里是说进荔枝的车疾迅如飞。鹘(hú):鸟名,海鹘。这里是指形状如鹘的舟船。

〔七〕宫中美人:指杨贵妃。破颜:笑。

〔八〕"惊尘"句:因进荔枝而使大批人流血死亡的事,千载流传。

〔九〕永元:汉和帝(刘肇)年号。交州:今广东、广西及越南北部一带。苏轼在"无人举觞酹伯游"句下自注:"汉永元中,交州进荔枝龙眼,十里一置,五里一堠,奔腾死亡,罹猛兽毒虫之害者无数。"

〔一○〕天宝:唐玄宗(李隆基)年号。岁贡:每年例贡。涪(fú):今重庆市涪陵区。苏轼诗自注:"唐天宝中盖取涪州荔枝,自子午谷路进入。"

〔一一〕林甫:唐玄宗时宰相李林甫。他以进荔枝讨好玄宗,人民愤恨,欲食其肉。

〔一二〕举觞(shāng):举杯。酹(lèi):把酒洒在地上表示祭奠。伯游:汉代唐羌字伯游,他曾在汉和帝时上书,论列进荔枝使人民死亡惨重,和帝便下令不再进献。句意是说伯游为人民做了好事,应该祭奠他,但现在却无人祭奠了。

〔一三〕赤子:婴儿,借喻人民。

〔一四〕尤物:稀罕的物品。这里指荔枝和下文的茶和牡丹花。疮痏(wěi):疮疤。这里指灾害。

〔一五〕登:丰收.

〔一六〕上瑞:最好的祥瑞。

〔一七〕武夷:即武夷山,在福建省,产名茶。粟粒芽:武夷山产的茶中上品,叶小而嫩,芽细如粟粒,因有此称。

〔一八〕丁:丁谓,字公言,宋真宗朝为相,封晋国公,以善于逢迎著称。蔡:蔡襄,字君谟,曾在知谏院、史馆任职,后为杭州等处地方官,其文学、史学、书法俱长,也是茶事专家,著有《茶录》。笼:指收罗。因采茶用竹笼,保藏茶叶用篛笼。加:抢先压倒对方。苏轼自注:"大小龙茶(即龙团茶,供皇帝饮用),始于丁晋公,而成于蔡君谟。"宋代把茶叶制成饼的形状,上面印龙凤花纹,叫"龙团"、"凤饼",作为贡品。这句是说从丁、蔡开始,竞相进贡武夷细茶。

〔一九〕今年:指绍圣二年。斗:品评。当时有比赛茶叶优劣的会,叫"茗战"。斗品,即参加比赛的品种。苏轼自注:"今年闽中监司乞进斗茶,许之。"官茶:贡茶。充官茶,作为进贡的茶。这句是说今年闽中监司请求进贡备"茗战"所需要的茶。

〔二〇〕"致养"句:孟子把孝养父母分为"养志"和"养口体"两类,而肯定前者(见《孟子·离娄》)。因为"养口体"只是满足父母的物质需要,"养志"则是承顺父母的意志,使父母在精神上得到安慰。作者认为向皇帝进茶与事奉父母只养口体相同,是浅陋的。

〔二一〕"洛阳"二句:苏轼自注:"洛阳贡花,自钱惟演始。"钱惟演是吴越王钱俶之子,钱俶对宋不战而降,宋太祖称他"以忠孝而保社稷",死谥"忠懿",故称"忠孝家"。钱惟演随父降宋,晚年以使相留守西京洛阳,故称"洛阳相君"。可怜,轻蔑之意也。姚黄,牡丹中的名贵品种,黄色,源于姚氏家,故名。钱惟演作洛阳留守,"始置驿贡洛花,识者鄙之,此宫妾爱君之意也"(苏轼《仇池笔记》)。

【说明】

这首诗名《荔枝叹》,所叹的内容是什么?是慨叹历代昏官暴吏对封建帝王进贡取宠给人民造成的灾害和苦难。诗歌首先抒写汉、唐进贡荔枝的祸患,颠坑仆谷相藉,血流千载,只为博得妃子一笑,人们仇恨之极,"欲食林甫肉"。其次是抒发自己的愿望,希望天公怜悯民众,不再生此"尤物",风调雨顺,人民能够不饥不寒地生活。最后是写宋朝的宰相以茶和牡丹为贡品,争新买宠,各出奇意。其中对君王略有微词,犀利的笔锋主要是批判昏官佞臣。全诗从汉、唐至北宋把对君王进贡给人民造成的灾难尽情地揭示出来,表现了对苦难人民的深切同情。诗歌笔锋腾挪,气势纵横,"君不见"一句,是全诗之眼,显示作者所"叹"者更在当世。

饮湖上初晴后雨〔一〕(二首选一)

水光潋滟晴方好〔二〕,山色空濛雨亦奇〔三〕。欲把西湖比西子〔四〕,淡妆浓抹总相宜。

【注释】

〔一〕这首诗是熙宁六年(1073)苏轼任杭州通判时所作。湖:指西湖。

〔二〕潋滟(liàn yàn):水满溢波动的样子。

〔三〕空濛:形容雨中山色迷茫,若有若无。

〔四〕西子:春秋时越国的美女西施。她原是苎萝山一个卖柴者的女儿。越王勾践被吴王夫差打败,退守会稽,知道夫差好色,要献美女以乱其政。得到西施,培训了三年,让范蠡把她献给吴王,吴王大悦,因此荒废政事。其后吴国果然为越国所灭(见《吴越春秋》)。

【说明】

这是苏轼咏西湖的名篇之一,一首短诗便把西湖之美写得形象而别具境界。首二句,一句写晴,一句写雨,写晴着眼点在山,写雨着眼点在水。用“方”、“亦”两个虚词,使景色变化既呈湖光,又现山色,西湖的景色是山水相映,晴雨咸宜。后二句以西湖比西子,西湖是越地的名湖,西施是越地的美女,以天下之美色拟天下之美景,西施不管怎样打扮都美极了,西湖不管是晴天或雨天,湖光山色也像西施“淡妆浓抹”一样宜人,真是妙喻! 把西湖之美写尽了。

题西林壁〔一〕

横看成岭侧成峰〔二〕,远近高低各不同。不识庐山真面目,只缘身在此山中〔三〕。

【注释】

〔一〕这首诗是宋神宗元丰七年(1084)四月,苏轼自黄州量移至汝州(治所在今河南省汝州市),途中经过庐山时所作。西林:即庐山乾明寺。

〔二〕岭:绵延不断的群山脊背。

〔三〕缘:因。

【说明】

这首诗是苏轼借观赏庐山之景,寄寓了人生的哲理。首二句写山的奇观,横看成岭,侧看成峰,观看的角度不同,山的姿态也随之变幻。姚宽《西溪丛语》卷下引《感通录》有云:"庐山七岭,共会于东,合而成峰。"作者经过实地观察,把庐山变幻多姿的形态表现出来。后二句是发议论,作者认为自己未能穷尽庐山之胜的原因,在于自己身处庐山之中,受到横侧、远近、高低条件的限制,只有摆脱这些条件,高瞻远瞩,才能真正看清庐山的本来面目。其中蕴涵着深刻的哲理,即人们对待事物必须从不同的角度全面地观察,才能得到正确的认识。俗语云:"当局者迷,旁观者清。"苏轼以看山为喻,对这一哲理作了更新颖的阐发。这首诗不是以描写山景取胜,而是以一种理性的韵致和思辨的精神受到人们的喜爱。

送子由使契丹〔一〕

云海相望寄此身〔二〕,那因远适更沾巾〔三〕。不辞驿骑凌风雪〔四〕,要使天骄识凤麟〔五〕。沙漠回看清禁月〔六〕,湖山应梦武林春〔七〕。单于若问君家世〔八〕,莫道中朝第一人〔九〕。

【注释】

〔一〕宋哲宗元祐四年(1089)八月,苏辙奉命出使辽国,贺辽国国主生日。苏轼在杭州听说此事,便作了这首诗送行。契丹:古民族名,唐朝末年建立契丹国,后改国号为辽。

〔二〕云海:指苍茫空阔,海天遥接之处。

〔三〕那因:奈何因为,无奈因为。那,这里犹如奈何。顾炎武《日知录》:"一直言之曰那,长言之曰奈何,一也。"远适:远去。意思是两地阔隔多年,那能因为这次远行而悲伤落泪呢。

〔四〕驿骑:远行时骑的马。凌:冒着。

〔五〕天骄:本指匈奴,《汉书·匈奴传》:"胡者天之骄子。"这里指辽国。凤麟:古代传说中罕见的鸟兽,这里借喻人才,指中国人物杰出,以勉励他的弟弟。

〔六〕清禁:清静严肃的官廷。苏辙是翰林学士,出入宫禁,所以苏轼想他会怀念这里的。

〔七〕武林:杭州有武林山,这里代称杭州。苏轼想他弟弟也会思念在杭州的哥哥。

〔八〕单(chán)于:匈奴对首领的称呼,这里指辽国国主。

〔九〕中朝:中国。第一人:唐朝的李揆人物文学为当世第一,德宗时曾派他为入蕃会盟使,吐蕃君主问他:"唐有第一人李揆公是否?"这里借用此事,劝告苏辙,在辽国国主面前不要表示自己是中国第一等人才,以表明中国人才众多。

【说明】

这是一首送别之作,但并未表现点滴离愁别绪,而主要是勉励苏辙不辞劳苦、不辱使命,圆满地完成这次任务。首联写苏辙一去即与自己"云海相望",但却不能为此而伤心落泪。次联是勉励苏辙冒风雪旅程,在辽国国君面前显示大宋的人物风度。三联是想象苏辙对朝廷和自己的思念。最后一联劝告苏辙不要对辽国国君说自己是"中朝第一人",以表示中朝人才很多。此诗首尾谨严,笔势矫健,又显示出音节铿锵的特色。

有美堂暴雨〔一〕

游人脚底一声雷〔二〕,满座顽云拨不开〔三〕。天外黑风吹海立〔四〕,浙东飞雨过江来〔五〕。十分潋滟金樽凸〔六〕,千杖敲铿羯鼓催〔七〕。唤起谪仙泉洒面〔八〕,倒倾鲛室泻琼瑰〔九〕。

【注释】

〔一〕这首诗是熙宁六年(1073)苏轼任杭州通判时所作。有美堂:在杭州城内吴山最高处,嘉祐二年(1057)梅挚所建。宋仁宗赐诗有云:"地有吴山美,东南第一州。"因此取堂名"有美"。

〔二〕脚底一声雷:俗语云,高雷无雨,雷响于脚下预示暴雨。这一方面显示有美堂之高,另一方面预示暴雨即将来临。

〔三〕顽云:吹不散的乌云。

〔四〕黑风:夹带着乌云的风。吹海立:风吹浪起,好像海水立起来。杜甫《朝献太清宫赋》:"九天之云下垂,四海之水皆立。"

〔五〕浙:浙江,即钱塘江,在杭州东面。句意是从浙江东面隔江吹来的暴雨。

〔六〕潋滟:水溢的样子。金樽凸:凸出的金制酒杯,杯凸而酒满溢,表示酒的盛多。这里喻雨水之浩大。

〔七〕杖:鼓棒。铿:指鼓声。羯(jié)鼓:自羯族传入的两面都敲的大鼓。以喻雨声急骤如千只鼓棒敲打羯鼓。

　　〔八〕谪仙:指李白,《旧唐书·李白传》:"玄宗度曲,欲造乐府新词,丞召白,白已卧于酒肆矣。召入,以水洒面,即令秉笔,顷之成十余章,帝颇嘉之。"

　　〔九〕鲛室:鲛人居住之处,指海。古代神话,水中的鲛人(美人鱼)善哭,泪化为珠。琼瑰:美玉,这里指泪珠。泉洒面、泻琼瑰,形容雨水倾泻,也暗喻杭州的奇妙景物会诱发作者的文思,倾吐出瑰丽的诗篇。

【说明】

　　这首诗是描写有美堂暴雨的奇观和作者观看暴雨的感受。描写逐层展开,首联写雷声与乌云,是暴雨来临的前奏;次联写风雨的降临;三联写雨势之大,雨水之多,雨声之响;最后一联借景生情,抒发奇想,引用两个典故说明雨景激起自己的文思如"泻琼瑰",创作了这首诗。其中奇思妙句连篇,笔力遒劲,风格豪迈,有撼人心弦的艺术效果。

阳关曲　　赠张继愿〔一〕

受降城下紫髯郎〔二〕,戏马台前古战场〔三〕。恨君不取契丹首〔四〕,金甲牙旗归故乡〔五〕。

【注释】

　　〔一〕张继愿:当时的一位武将,事迹不详。唐代有张仁愿在五原县筑受降城,防御突厥。张继愿的名字应是由张仁愿来的。

　　〔二〕受降城:城名。唐中宗命张仁愿在黄河以北筑中、东、西三受降城(中受降城在五原,即今包头市西南;东受降城在榆林县东北,即今内蒙古托克托南;西受降城在丰州西北,即今乌拉特中旗西南乌加河北岸),以抵御突厥。紫髯郎:用以称状貌威武的将军。李白《司马将军歌》有云:"紫髯若戟冠崔嵬"。这里指张继愿。

〔三〕戏马台:在今江苏省徐州市铜山区,铜山即古代彭城,是项羽、刘邦大战的地方,故云"古战场"。

〔四〕契丹首:指辽国统治者的头颅。

〔五〕金甲:金盔甲。牙旗:大将的旗子。《诗经·小雅·祈父》:"予王之爪牙。"后人因而将"牙"和大将联系起来。金甲牙旗,表示立功的意思。

【说明】

这首诗赠张继愿,即勉励张继愿在边关抵御契丹,为国家杀敌立功。诗格豪迈,诗风畅达,即是苏轼诗歌的特点。

江城子　密州出猎〔一〕

老夫聊发少年狂,左牵黄,右擎苍〔二〕,锦帽貂裘〔三〕,千骑卷平冈〔四〕。为报倾城随太守〔五〕,亲射虎,看孙郎〔六〕。

酒酣胸胆尚开张〔七〕,鬓微霜〔八〕,又何妨!持节云中,何日遣冯唐〔九〕?会挽雕弓如满月〔一〇〕,西北望,射天狼〔一一〕。

【注释】

〔一〕密州:在今山东省诸城市。宋神宗熙宁八年(1075),苏轼任密州太守。同年冬天,他祭常山回来,和同僚练习射猎,作了这首词。

〔二〕"老夫"三句:《梁书·张克传》:"克少时不持操行,好逸游,出猎,左手臂鹰,右手牵狗。"这是张克少年狩猎的情况。苏轼说我老夫也要聊且学习少年人的狂态，左手牵着黄狗，右臂举着苍鹰，去打猎。

〔三〕锦帽：锦蒙帽。貂裘：貂鼠皮做的大袄。都是古代贵族官僚的服装。

〔四〕千骑：一千匹军马，这是说随从有千乘之多。古代诸侯有兵车千乘，这里是以太守的地方官比诸侯。平冈：平坦的山冈。卷平冈，大队人马席卷山冈而去。

〔五〕倾城：倾动全城，即空城。太守：作者自称。句意是为了酬答全城的人都跟随去看打猎的盛意。

〔六〕孙郎：指孙权。三国时，吴国孙权曾亲乘马射虎于庱亭，马为虎所伤，孙权用双戟将虎打伤，由他部下的人捉获（事见《三国志·吴书·孙权传》），这里作者以孙权自喻。

〔七〕酒酣：酒喝得痛快，兴致正浓。胸胆开张：胸怀开扩，胆气正豪。

〔八〕鬓微霜：鬓角略微有点白了。

〔九〕节：符节。古代使者拿着表示信实的凭证。云中：汉代郡名，在今内蒙古托克托县和山西省北部一带。冯唐：汉文帝时人。汉代魏尚为云中郡太守，防守边疆，击杀入寇的匈奴有功，因为报功时多报了六个首级，被下狱治罪。冯唐和汉文帝谈到此事，认为有战功应当重赏，不应当重罚，这样做是不会用人。文帝便派冯唐持节到云中赦了魏尚，仍然让他任云中太守，并让冯唐任车骑都尉（事见《汉书·冯唐传》）。这里作者以魏尚自期，希望朝廷委托他以守卫边疆的职务。

〔一〇〕会：该是，应当。雕弓：有彩绘的弓。如满月：弓的形状是半月形，把弦尽力拉开，便成满月形。

〔一一〕天狼：星名。《楚辞·九歌》：“举长矢兮射天狼”，王逸注：“天狼，星名，以喻贪残。”又《晋书·天文志》说狼星“为野将，主侵掠”。这里借指西北方的敌人西夏。

【说明】

这首词是苏轼 40 岁写的,他在《与鲜于子骏简》中说:"近却颇作小词,虽无柳七郎风味,亦自是一家。呵呵!数日前,猎于郊外,所获颇多。作得一阕,令东州壮士抵掌顿足而歌之,吹笛击鼓以为节,颇壮观也。"这段话说明了这首词的写作时间、地点和内容以及独成一家的风格。词的内容是写"出猎",但其中蕴涵着作者希望为国杀敌的抱负。上片写"出猎"的壮举,"为报倾城"三句点出自己太守身份,并要像孙权那样亲自射虎,表现了豪气和狂态。下片写自己的雄心壮志,虽然头发白了,还期望朝廷派自己去守卫边疆,攻打西北方的西夏。这是这首词的主旨。这从他同时写的诗歌中可以得到印证。如《祭常山回小猎》诗有云:"圣朝若用西凉簿,白羽犹能效一挥。"西凉主簿谢艾,原是读书人,善于用兵,能够挥白羽扇退敌。苏轼以谢艾自比,说明自己虽然是读书人,也要为国家戍边抗敌。这首词突破了晚唐以来词都以写儿女闲情为内容的局限,而描写打猎的壮阔场景,意气豪迈,音节激越,开阔了豪放派的词风。

江城子　乙卯正月二十日夜记梦〔一〕

十年生死两茫茫〔二〕,不思量,自难忘。千里孤坟〔三〕,无处话凄凉。纵使相逢应不识〔四〕,尘满面,鬓如霜。　　夜来幽梦忽还乡,小轩窗,正梳妆〔五〕。相顾无言,惟有泪千行。料得年年断肠处,明月夜,短松冈〔六〕。

【注释】

〔一〕乙卯:熙宁八年(1075)。

〔二〕十年:苏轼的前妻王弗死于宋英宗治平二年(1065),至他作这首词时,恰好十年。生:指苏轼。死:指亡妻王弗。两茫茫:是说彼此相隔,全无所知。

〔三〕千里孤坟:王弗的坟墓在四川省彭山县,苏轼当时在密州,相隔数千里。

〔四〕纵使:即使。应不识:应当不认识我,因为自己风尘奔波,容颜衰老了。

〔五〕轩:小屋。这两句是说梦见妻子正在窗前梳妆。

〔六〕断肠处:指亡妻埋葬处。短松冈:指亡妻的墓地。这三句意思是我能想象到那月光照耀,矮松丛生的坟墓,就是妻子为思念我年复一年悲痛断肠的地方。

【说明】

这首词是记梦之作。上片写致梦的原因,十年来日思夜想,经久不忘,"不思量,自难忘"。连到千里之外妻子坟上诉说凄切的心境都不可能,"千里孤坟,无处话凄凉"。思念之极而入梦。下片写梦境,"夜来幽梦忽还乡",梦中之景象既清晰又朦胧。结尾"料得年年断肠处"三句,是写梦醒后想象之词,设想妻子对自己的思念,为梦中原来不了解的"相顾无言,惟有泪千行"作解释,他梦醒后思索,妻子为何悲伤落泪呢?想必是在故乡的短松冈上,明月之夜,独守孤坟,备感凄凉吧?那就是她年年断肠之处,是她"相顾无言,惟有泪千行"的原因吧?其中"纵使相逢应不识"三句最为沉痛,这里既有对亡妻的怀念,也有自己身世遭遇的感慨。这首词纯用白描手法,不加雕饰,朴实自然。其写夫妻真挚的爱情,可与杜甫的《月夜》诗比美。

水调歌头

丙辰中秋,欢饮达旦,大醉,作此篇,兼怀子由。〔一〕

明月几时有？把酒问青天〔二〕。不知天上宫阙，今夕是何年〔三〕？我欲乘风归去〔四〕，惟恐琼楼玉宇〔五〕，高处不胜寒〔六〕。起舞弄清影〔七〕，何似在人间〔八〕？　　　转朱阁，低绮户，照无眠〔九〕。不应有恨，何事长向别时圆〔一〇〕？人有悲欢离合，月有阴晴圆缺，此事古难全。但愿人长久，千里共婵娟〔一一〕。

【注释】

〔一〕丙辰：熙宁九年（1076），当时苏轼仍在密州，他的弟弟苏辙在济南。

〔二〕几时：何时。把：持。李白《把酒问月》云："青天有月来几时？我今停杯一问之。"是这两句所本。

〔三〕阙：宫门前两边的楼观。这两句是说今天人间是中秋节，天上是何年何月？

〔四〕乘风归去：《列子·黄帝》："列子乘风而归。"表现了一种望月而登仙的愿望。

〔五〕琼楼玉宇：指神仙居住的天上宫阙。据《大业拾遗记》："瞿乾祐于江岸玩月，或谓此中何有？瞿笑曰：'可随我观之。'俄见月规半天，琼楼玉宇烂然。"

〔六〕不胜（shēng）寒：据《明皇杂录》记载，八月十五日，叶静能邀明皇游月宫，临行，叶叫他穿上皮衣。到月宫，他果然冷得难以支持。

〔七〕弄清影：与自己的影子嬉戏。李白《月下独酌》有云："我歌月徘徊，我舞影零乱。"为此句所化用。

〔八〕何似：如说不如。

〔九〕朱阁：朱漆装饰的楼阁。绮户：彩纱装饰的窗户。转、低：指月光转移照射。照无眠：照着不能入睡的人。

〔一〇〕"不应"二句：是作者设问，月亮对人该没有什么怨恨，为什么偏在人们别离时而独自圆呢？

〔一一〕"但愿"二句：意思是但愿我们兄弟二人能长保健康，在不同的地区共沐皓月的清辉吧！婵娟，美好的姿态，这里指月。谢庄《月赋》："美人迈兮音尘绝，隔千里兮共明月。"此化用其意。

【说明】

这首词是抒写中秋月下所引发的人生感慨。当时苏轼由于政治上为变法派所排挤，知密州。弟弟苏辙任职齐州李常幕府，相距很近，但终未见面，思念情切，不禁对月抒怀。上片写人望月，由把酒问月产生了奇思遐想，幻想乘风归去，但又担心天阙的寒凉难耐，不如人间，仍然依恋人寰，克服了超尘出世的观念。下片写月照人，由月光的流转，触发出离思别绪，先是怨月伤别，然后由月的盈虚变化得到启示，自然现象和现实人生的盈虚变化都是暂时性的，不能永远保持，显示了一种普遍而深邃的道理。最后希望以共享健康美好的生活为旨归，表现了旷达超脱的精神。作者发挥丰富的想象力，创造了一个高远清明的词境，又将抒情、写景、说理三者融会无间，以表示对明月的向往，对人间的眷恋，达到很高的艺术境界。《苕溪渔隐丛话》云："中秋词，自东坡《水调歌头》一出，余词尽废。"

念奴娇　赤壁怀古〔一〕

大江东去，浪淘尽、千古风流人物〔二〕。故垒西边〔三〕，人道是、三国周郎赤壁〔四〕。乱石穿空、惊涛拍岸，卷起千堆雪〔五〕。江山如画，一时多少豪杰。　　遥想公瑾当年，小乔初嫁了〔六〕，雄姿英发〔七〕。羽扇纶巾〔八〕，谈笑间、樯橹灰飞烟灭〔九〕。故国神游〔一〇〕，多情应笑我，早生华发〔一一〕。

人间如梦，一尊还酹江月〔一二〕。

【注释】

〔一〕赤壁：苏轼被贬黄州别驾，所游的是黄州的赤鼻山，又名赤壁，并非周瑜破曹的赤壁。苏轼是根据当地的传说认为这里即周瑜破曹之处。《东坡全集》卷七十一《记赤壁》云："黄州守居之数百步为赤壁，或言即周瑜破曹公处，不知果是否？"

〔二〕大江：即长江。淘：冲洗。风流人物：杰出的英雄人物。

〔三〕垒：营垒。故垒，旧时的营垒。

〔四〕人道是：人云亦云。周郎：即周瑜，他任吴国中郎将时才 24 岁，吴人呼为周郎。赤壁因周瑜而名声显著，所以称周郎赤壁。

〔五〕穿空：一作"崩云"。拍岸：一作"裂岸"。雪：指浪花。

〔六〕公瑾：周瑜的字。小乔：乔本作"桥"，吴国桥玄有二女，皆国色，时人称大乔、小乔，大乔嫁孙策，小乔嫁周瑜。事见《三国志·周瑜传》。

〔七〕英发：姿态英俊，意气勃发。写周瑜的英雄气概。

〔八〕羽扇纶（guān）巾：鸟羽毛的扇子，青丝带的头巾。这是当时"儒将"的服饰。

〔九〕樯（qiáng）：船上的桅杆。橹（lǔ）：摇船的楫。这里指曹操的战船。樯橹：一作"强虏"，指曹操的军队。灰飞烟灭：指周瑜采纳黄盖的意见火烧曹军事。

〔一〇〕故国神游：即神游故国，神往于赤壁这个古战场。

〔一一〕多情应笑：即应笑多情。华发：白头发。意思是应笑自己多情怀古，使得头发过早地花白了。

〔一二〕尊：酒杯。酹（lèi）：把酒倒在地上祭奠。这句是说，祭奠江上的明月一杯酒吧！

【说明】

这首词与《赤壁赋》为苏轼同时所作,是作者名篇之一。词的上片写赤壁的景色,下片写周瑜的战功,并借周瑜抒发自己的怀抱。开篇"大江东去"写江景,"浪淘尽、千古风流人物"点明怀古。大江的景色无限,千古的时间漫长,风流人物很多,写谁呢?即景生情,是"三国周郎赤壁"。下片正面写周瑜"雄姿英发",年轻英俊,威武豪爽。他破曹,并不是全身披挂,剑拔弩张,而是手持羽毛扇,头戴丝绶巾,谈笑自若地把敌人消灭了。怀古不是目的,是感伤自己的功业未遂:"故国神游,多情应笑我,早生华发。"神游吊古,自作多情,头发都变得花白了。意在言外,自己年已四十又七,而毫无建树,不胜感慨!无奈何,把尊酒浇奠给江上明月,与江上明月共谋一醉吧!通过对年轻有为的周瑜的赞叹,抒发自己年老而功业未立的失意情怀。语言汪洋恣肆,气势奔放,写景生动逼真,写人栩栩如生,文人词中出现人物形象,这是首创。

浣溪沙

徐门石潭谢雨道上作五首。潭在城东二十里,常与泗水增减,清浊相应〔一〕。

簌簌衣巾落枣花〔二〕,村南村北响缫车〔三〕,牛衣古柳卖黄瓜〔四〕。　　酒困路长惟欲睡〔五〕,日高人渴漫思茶〔六〕,敲门试问野人家〔七〕。

【注释】

〔一〕徐门:即徐州。泗水:导源于山东,经徐州入淮河。当地父老传说,石潭与泗水通,因此"常与泗水增减"。宋神宗熙宁十年

(1077),苏轼任徐州太守,次年,即元丰元年(1078)春旱,他接受人们的建议,置虎头石潭中求雨,下雨后,又到石潭谢雨神,这首词即他去石潭谢雨神的路上就所见所闻写的。

〔二〕簌簌(sù):花纷纷下落的样子。衣巾:衣服、头巾。枣花落在衣巾上。

〔三〕缫(sāo):与"繅"通,缫车:纺丝的车。

〔四〕牛衣:用乱麻编织的衣服。曾季狸《艇斋诗话》认为应作"半依"。卖黄瓜:指身着牛衣的农民卖黄瓜。

〔五〕酒困欲睡:饮酒后困倦欲睡。此苏轼自谓。

〔六〕漫思:无意中想起。漫,不经意。

〔七〕野人:乡间人。

【说明】

这首词形象鲜明地描写了初夏农村的场景,描写了农村欣欣向荣的生产、生活状况,和作为太守对这种农村生活的喜悦心情。五代北宋文人词描写农村生活的极其少见,苏轼突破了词为艳科的传统,为词的描写开辟了新的领域。

黄庭坚〔一〕

上大蒙笼〔二〕

黄雾冥冥小石门〔三〕,苔衣草路无人迹〔四〕。苦竹参天大石门〔五〕,虎远兔蹊聊倚息〔六〕。阴风搜林山鬼啸〔七〕,千丈寒藤绕崩石〔八〕。清风源里有人家〔九〕,牛羊在山亦桑麻〔一〇〕。向来陆梁嫚官府,试呼使前问其故〔一一〕。衣冠汉仪民父子,吏曹扰之至如此〔一二〕!穷乡有米无食盐,今日有盐无食米〔一三〕。但愿官清不爱钱,长养儿孙听驱使〔一四〕!

【注释】

〔一〕黄庭坚:生于宋仁宗庆历五年(1045),卒于宋徽宗崇宁四年(1105),字鲁直,自号山谷道人,洪州分宁(今江西修水)人。宋英宗治平四年(1067)中进士。他在政治上倾向于旧党,曾任地方官和秘书省校书郎、国史编修等。其诗为苏轼所赏识,与秦观、张耒、晁补之并称为“苏门四学士”。他是“江西诗派”的创始人,作诗主张“夺胎换骨”,“点铁成金”,要用僻典,造拗句,押险韵,以形成瘦硬的诗风。他反对西昆体的浮华文风,但他自己也走向形式主义。他写了一些反映现实的诗篇,那是由于现实生活突破了他的思想理论局限的结果。有《山谷集》。

〔二〕大蒙笼:山名,在江西省泰和县。原诗题下注云:“乙卯晨起”。按乙卯为宋神宗元丰五年(1082)四月的一个日子,作者时年三十八,任江西泰和县知县。

〔三〕冥冥:昏暗的样子。小石门:与下文的大石门都是大蒙笼山中的地名。

〔四〕苔:青苔。衣:覆盖。句意是荒秽的山路长满了青苔。

〔五〕苦竹:竹的一种,其笋味苦。

〔六〕远(háng):野兽脚迹所践处。蹊(xī):小路。

〔七〕搜林:阴风猛吹好像搜索树林。

〔八〕寒:这里指枯槁,没有生意。崩石:危耸的山石。

〔九〕清风源:大蒙笼山中地名。

〔一〇〕"牛羊"句:既畜牧牛羊,也种植桑麻。

〔一一〕陆梁:嚣张,猖獗。《三国志·魏书·高贵乡公纪》正元二年诏:"朕以寡德,不能式遏寇虐,乃令蜀贼陆梁边陲。"这里引申为强悍。嫚(màn):轻侮。这两句是说这里的人民向来强悍,轻侮官府,我让他去询问原因。

〔一二〕汉仪:汉家的礼仪。民父子:官民亲如父子。曹:犹辈。吏曹,群吏之辈。这两句是说清风源的民风纯良有礼,穿戴都是汉家仪制,官民亲如父子,所以轻侮官府,是群吏骚扰逼出来的。

〔一三〕"穷乡"二句:当时的食盐由官府派销,销盐和处分不肯买盐的人都由官府掌管。穷乡有米无食盐,指那里的人民买不起盐。今日有盐无食米,指米为官府征去,即使有盐又有何用,而且无米也就无钱买盐。极写乡民生活的困难。

〔一四〕长(zhǎng)养:养活大。听驱使:听从官府差遣。

【说明】

这首诗是作者任泰和县知县时,在大蒙笼看到当时盐法给人民造成的痛苦有感而作。诗歌的前半部写大蒙笼的荒凉、恶劣环境,作者不畏艰险,长途跋涉,深入民间,体察民情。后半部写对清风源民风民俗的体察,这里既畜牧,又耕作,穿戴都循汉仪,然而却"陆梁嫚官府",原因何在? 问其故,乃是"吏曹扰之至如此"! 在盐法的逼迫下,"穷乡有米无食盐,今日有盐无食米"。人民没有活路了。为了解救人民的痛苦,作者提出"但愿清官不爱钱",从改革盐法做起。充分体现了作者作为地方官对民情民瘼的深切感受。

登快阁〔一〕

痴儿了却公家事〔二〕,快阁东西倚晚晴〔三〕。落木千山天远大^{〔四〕}，澄江一道月分明^{〔五〕}。朱弦已为佳人绝^{〔六〕}，青眼聊因美酒横^{〔七〕}。万里归船弄长笛^{〔八〕}，此心吾与白鸥盟^{〔九〕}。

【注释】

〔一〕快阁：在泰和县。这首诗是元丰五年（1082）作者知泰和县时所作。写登临所见有感。

〔二〕痴儿：不谙世事的呆子，作者自称。了却公家事：办完公事。《晋书·傅咸传》记载，杨济与傅咸书说："天下大器，非可稍了，而相观每事欲了，生子痴，了官事。官事未易了也，了事正作痴，复为快耳。"这是晋清谈家崇尚清谈，反对务实，认为把公事办好的人是"痴"。黄庭坚反用其意，以"痴儿"自许，以"了却公家事"为快。

〔三〕东西：或东或西。倚：靠。晚晴：登临的时间与天气。

〔四〕落木千山：千山万岭上的树木叶子都凋落了。天远大：天空高远阔大。

〔五〕澄江：清澈的江，这里指赣江，快阁在其上。

〔六〕"朱弦"句：据《吕氏春秋·本味》记载，当时伯牙善弹琴，钟子期最知音。子期死，伯牙绝弦，不再弹。这里用这个典故，叹世无知己，不愿再施展才能。朱弦，指琴。佳人，本指美人，这里指知音的人。

〔七〕"青眼"句：《晋书·阮籍传》记载，阮籍能作青白眼，用白眼看他厌恶的世俗礼法之士，用青眼看他爱重喜欢的人。横，这里指目光流动。句意是只有美酒才值得我用喜悦的目光看待。

〔八〕"万里"句：表示将乘舟归隐。

〔九〕与白鸥盟：和白鸥订交。《列子·黄帝篇》记载，传说从前海边有一人，常与鸥鸟一起游玩。他父亲知道后，要他把鸥鸟捉回来。第二天，鸥鸟见了他就不下来了。后人即用与鸥鸟订盟表示毫无世俗机心。黄庭坚用这个典故表示自己归隐的决心。

【说明】

这是一首登临抒怀之作,是作者的七律名篇。首二句入题,"了却公家事"后心情愉快,即登快阁,倚栏杆,赏晚晴,摆脱了尘凡俗事,逍遥自在的神态宛然可见。次二句写景,放眼眺望,远山无数,居高临下,大江一道,秋叶凋落。更显天空高远,江水清澈,愈见初月分明。这深秋晚晴之景,正抒发了作者"胸中无一尘"的心怀。五、六二句抒情,作者的思绪由对景物的遐想,回到人间现实,知音已无,落落寡合,与世相左,唯对美酒。一副兀傲的意态跃然纸上。末二句表意,借酒消愁,只属"聊因",尘世难合,不能改变。眼前澄江秋月的无限美景,有着领略不尽的天然情趣,何不弃官归隐!回荡在作者心中的意绪若不经意地在结尾处自然流出。作者把写七言歌行的手法运用于律诗之中,气势流转,而忘机忘我的心境宛然显现。

寄黄几复〔一〕

我居北海君南海〔二〕,寄雁传书谢不能〔三〕。桃李春风一杯酒〔四〕,江湖夜雨十年灯〔五〕。持家但有四立壁〔六〕,治病不蕲三折肱〔七〕。想得读书头已白〔八〕,隔溪猿哭瘴烟藤〔九〕!

【注释】

〔一〕黄几复:名介,字几复,豫章(今江西南昌)人,黄庭坚少年时旧交。此诗自注云:"乙丑年(元丰八年)德平镇(在今山东德州)作。"抒发对故人的怀念。

〔二〕"我居"句:当时作者在山东德州德平镇,故称北海。黄几复在广东四会县,故称南海。《左传·僖公四年》:"君处北海,寡人处南海。"这里化用之。作者在这首诗的自跋中也说四会、德平"皆海滨也"。

〔三〕寄:托。谢:辞谢。古人有鸿雁南飞不能越过衡阳的说法。句意是鸿雁辞谢以不能传书。

〔四〕桃李春风:指昔日欢聚时的美好季节和环境。以赏花饮酒助欢乐。

〔五〕江湖夜雨:指别后的飘泊经历。夜间灯下听雨更添思念。以上两句是说相聚时间短,离别时间长。

〔六〕持家:操持家计。四立壁:《史记·司马相如传》:"家居徒四壁立。"意思是家中只有四面的墙壁,贫穷已极,一无所有。这是说黄几复家境贫困。

〔七〕蕲(qí):求,希望。三折肱(gōng):《左传·定公十年》:"三折肱知为良医。"意为三次折断胳膊才练成好医生。肱,胳膊。这里是说黄几复谙达世情,富有才华,不经过困难,便可以有好政绩。

〔八〕得:助词,在动词后,无特殊意义。李煜《虞美人》词:"想得玉楼瑶殿影,空照秦淮。"句意是说想到你勤于读书的情形,相别十年,恐怕头发都白了。

〔九〕猿哭:猿啼声悲切,故云猿哭。瘴烟:广东四会多瘴气。这是想象黄几复读书的恶劣环境。写黄几复垂老官居岭南之不得意。

【说明】

这是一篇抒写友情之作。作者与黄几复少年交游,友情诚笃,曾写过多首赠黄几复的诗,如《留几复饮》、《再留几复饮》、《赠别几复》等。《寄黄几复》是其中之一,写对黄几复的怀念。首二句写相隔万里,音书难达,鸿雁都辞却不为其传书。次二句,桃李春风,写分别时之景,表相聚的欢乐;江湖夜雨,写眼前之景,表分别后的凄凉。五、六句,四立壁,说明黄几复家境的贫困;三折肱,借喻黄几复之善治国。末二句是想象黄几复目前的处境,如今"读书头已白",还只在南海做

个县令。不平之鸣,怜才之意,蕴涵其中。这是一首著名的七律,严于
声律,工于对仗。黄庭坚自己说:"宁律不谐,而不使句弱;宁用字不
工,而不使语俗。"(见《昭昧詹言》卷十引)他所谓"不谐",当指拗句。
此诗"持家"句两平五仄,"治病"句即顺中带拗,于拗折之中,见波峭
之致。所谓"不工",如此诗之"四立壁",是改"四壁立"而成,即用典
不使俗语。此诗正以奇崛的句法,矫健的笔势,表现对黄几复的深切
怀念和怜惜。

清平乐

春归何处?寂寞无行路〔一〕。若有人知春去处,唤取归来
同住〔二〕。　　春无踪迹谁知〔三〕?除非问取黄鹂〔四〕。百
啭无人能解〔五〕,因风飞过蔷薇〔六〕。

【注释】

〔一〕无行路:看不见春归的行迹。

〔二〕唤取:唤来。

〔三〕"春无"句:谁知春在哪里?

〔四〕黄鹂:黄莺,在春夏之间啼叫。想要寻春,除非问它。

〔五〕"百啭"句:黄莺的啼叫声,清脆婉转,无人了解它说的什么。

〔六〕因风:顺着风势。飞:一作"吹"。这里指黄莺趁着风势飞过
蔷薇花丛。

【说明】

这是一首惜春词。暮春时节,春将归去,作者对此无限留恋惋惜。
词的开头即问"春归何处?"下文即就这一提问而寻春。春归无影无

踪,哪里找呢? 黄莺应当最了解,但无人懂它说了些什么。然黄莺百啭,蔷薇凋谢,已表明春光已悄然流逝,显示不忍明说的惋惜心情。

晏几道〔一〕

临江仙〔二〕

梦后楼台高锁,酒醒帘幕低垂〔三〕。去年春恨却来时〔四〕。落花人独立,微雨燕双飞〔五〕。 记得小蘋初见〔六〕,两重心字罗衣〔七〕。琵琶弦上说相思〔八〕。当时明月在〔九〕,曾照彩云归〔一〇〕。

【注释】

〔一〕晏几道:约生于宋仁宗天圣八年(1030),卒于宋徽宗崇宁五年(1106),字叔原,号小山,晏殊的幼子。他是个有才华,却不合时宜的人。一生仕途失意,只做过颍昌许田镇的监官,而乐于与歌儿舞女相往来,他的词也有赖歌女流传于世。词的内容多写男欢女爱、离别相思,同时也流露了自己的身世之感。词风与其父有相近之处,华美而多哀思。有《小山词》传世。

〔二〕这首词是梦回酒醒后对以往生活的追忆,张宗橚《词林纪事》卷六云:"此词当是追忆蘋、云而作。"

〔三〕"梦后"二句:写梦回酒醒后所见。楼锁、幕垂,表示人去楼空的凄凉景象。

〔四〕"去年"句：去年春天离别的愁恨，此时又来到。却，又，再。

〔五〕"落花"二句：追忆去年春天伤别的情景：花因雨落，燕双人独。五代翁宏《春残》诗："又是春残也，如何出翠帏？落花人独立，微雨燕双飞。"这里全用成句，与全词相配，更加出色。

〔六〕小蘋：歌女名。小蘋初见，初见小蘋之时。

〔七〕"两重"句：应指罗衣上有以重叠"心"字绘绣的花纹。欧阳修《女儿好令》词有云："一身绣出，两同心字，浅浅金黄。"另一种说法认为是用心字香熏过的罗衣，似乎勉强。

〔九〕"琵琶"句：用弹奏的琵琶声表达相思之情。

〔八〕"当时"句：当时照着小蘋归去的明月还在，小蘋却不能再见了。

〔一〇〕彩云：比喻小蘋，李白《宫中行乐词》："只愁歌舞散，化作彩云飞。"

【说明】

　　这是一首伤别怀人之作，具体地说，即怀念歌女小蘋。作者在《小山词序》中说："始时，沈十二廉叔、陈十君宠家有莲、鸿、蘋、云，品清讴娱客。每得一解，即以草授诸儿，吾三人持酒听之，为一笑乐。已而君宠疾废卧家，廉叔下世，昔之狂篇醉句，遂与两家歌儿酒使俱流传于人间。"词的上片抚今。首二句写梦回酒醒后人去楼空的空虚寂寞之感。"去年"句承上启下，去年春天离别之恨，今春又涌上心头，点明时令和心境。后二句以"独立"的"人"和"双飞"的"燕"相映衬，显示自己的孤凄。下片怀人。以"记得"领起，写初见小蘋时的印象，穿着新颖不凡，并以琵琶传情。而今去年离别时的明月还在，而人却见不到了，无限的伤感。这首词的主要艺术特点是以境会意。其中除了"去年春恨却来时"点明"恨"之外，都不直接言情，而是通过鲜明的场景、画面以表情,抒发作者自己凄寂之感和相思之情。

鹧鸪天〔一〕

彩袖殷勤捧玉钟〔二〕,当年拚却醉颜红〔三〕。舞低杨柳楼心月〔四〕,歌尽桃花扇底风〔五〕。　　　从别后,忆相逢,几回魂梦与君同〔六〕。今宵剩把银釭照〔七〕,犹恐相逢是梦中。

【注释】

〔一〕词中的人物仍应是蘋、云等。

〔二〕彩袖:彩色的衣袖,指歌女。玉钟:玉杯。是说歌女穿着彩衣捧酒杯殷勤劝酒。

〔三〕拚(pàn):甘愿,俗语豁出去。却:语助词。句意是说当年歌女殷勤劝酒,自己豁出去饮酒醉得脸红。

〔四〕"舞低"句:是说月亮原是挂在柳梢上照彻楼中,故云"楼心月",现在月已低沉,故云"低杨柳"。

〔五〕桃花扇:歌舞所用的扇子。扇底:扇里。是说歌扇挥动不停,歌声不绝。以上两句描写彻夜不停狂歌艳舞的情景。

〔六〕几回:多次。君:指歌女。同:即在一起。

〔七〕剩:犹尽,意谓照了又照。银釭(gāng):银制的灯。杜甫《羌村》诗有云:"夜阑更秉烛,相对如梦寐。"这里化用其意。

【说明】

这首词是写别后重逢和对往日歌舞欢乐生活的回忆。其中"相逢"是全词的着眼点所在,"从别后,忆相逢,几回魂梦与君同",说明未见面时已经做了无数次梦。有当年的相逢,有忆相逢,有梦中相逢,这些从前的影迹，使现今的相逢也令人陷入恍惚迷离之中，“今宵剩把银钉照，犹恐相逢是梦中”，疑梦疑真，写久别重逢的情感极其真切。词情婉丽、造语工巧，尤其是“舞低杨柳楼心月，歌尽桃花扇底风”一联，深受后人的称道。

秦 观〔一〕

鹊桥仙〔二〕

纤云弄巧〔三〕，飞星传恨〔四〕，银汉迢迢暗度〔五〕。金风玉露一相逢〔六〕，便胜却人间无数〔七〕。　　柔情似水〔八〕，佳期如梦〔九〕，忍顾鹊桥归路〔一〇〕？两情若是久长时，又岂在朝朝暮暮〔一一〕！

【注释】

〔一〕秦观：生于宋仁宗皇祐元年（1049），卒于宋哲宗元符三年（1100），字少游，又字太虚、扬州高邮（今属江苏）人，“苏门四学士”之一。进士出身，曾任太学博士，兼国史馆编修。在新旧党争中，他因与苏轼关系密切，连遭新党的打击，先后被贬杭州、郴州、雷州等地，最后死于藤州。他长于诗文，但词的声誉更高。词风婉约，内容除描写爱情外，多抒发被贬后的哀怨。有《淮海集》。

〔二〕鹊桥仙：《草堂诗余》题作“七夕”。梁宗懔《荆楚岁时记》记载：“七月七日，为牛郎织女聚会之夜。”这天夜里，喜鹊为他们搭桥相会。

〔三〕纤云弄巧:天空纤细的云彩,弄出许多花样来,好像在表现织女的技巧。相传织女巧于纺织,所以七月七日夜里妇女们都穿针设瓜果迎接她,以乞巧。

〔四〕飞星:这里指牛郎、织女两星。传恨:传送出终年不能相见的离愁别恨。

〔五〕银汉:天河。迢迢:遥远的样子。句意是说牛郎、织女在夜里渡过辽阔的天河相会了。

〔六〕金风:秋风,秋天在五行中属金。玉露:白露。李商隐《辛未七夕》诗:"由来碧落银河畔,可要金风玉露时。"指七夕时的节候。

〔七〕"便胜"句:是说牛郎、织女相会的机会很少,但他们的爱情却胜过人间无数倍。

〔八〕柔情似水:形容牛郎、织女的爱情和谐温柔。

〔九〕佳期如梦:谓牛郎、织女的相会恍若梦境。

〔一〇〕"忍顾"句:是说会见后又要分别,怎么忍心从鹊桥上回去呢?

〔一一〕"两情"二句:是说两人的爱情若能天长地久,岂必朝夕相处! 朝朝暮暮,宋玉《高唐赋》:"朝朝暮暮,阳台之下。"

【说明】

　　这是一首咏牛郎、织女爱情的词。中国历史上题咏牛郎、织女故事的作品很多,基调大都愁苦哀怨,离情别恨,感慨他们一年一度的相会。秦观这首词却不落陈套,自出机杼,描写牛郎、织女真挚的爱情,他们认为自己一年一次相会,胜过人间无数次相会,并且"两情若是久长时,又岂在朝朝暮暮"! 歌颂了爱情的坚贞和长久可贵。这比前人作品,境界更高了。读之令人回肠荡气,韵味无穷。

踏莎行　郴州旅舍〔一〕

雾失楼台〔二〕，月迷津渡〔三〕，桃源望断无寻处〔四〕。可堪孤馆闭春寒〔五〕，杜鹃声里斜阳暮〔六〕。　　驿寄梅花〔七〕，鱼传尺素〔八〕，砌成此恨无重数〔九〕。郴江幸自绕郴山〔一○〕，为谁流下潇湘去〔一一〕？

【注释】

〔一〕这首词是宋哲宗绍圣四年（1097）作者被贬郴州（今属湖南）时所作。

〔二〕雾失楼台：楼台消失在雾中。

〔三〕月迷津渡：月色苍茫，迷失了渡口。

〔四〕桃源：陶渊明《桃花源记》中所写的理想境地，这里是借指要去的目的地。望断：望尽。句意是望尽天涯，理想中的桃花源也无处可寻。

〔五〕可堪：那堪。孤馆闭春寒：独居客馆，春意寒凉，寂寞难以支持。

〔六〕杜鹃：子规鸟，啼声凄切。相传它的啼声犹若"不如归去"，容易引动人的愁思。

〔七〕驿寄梅花：南朝刘宋时陆凯与范晔友好，曾自江南寄梅花一枝给范晔，并赠诗云："折梅逢驿使，寄与陇头人。江南无所有，聊赠一枝春。"这里作者以故乡的范晔自比。

〔八〕鱼传尺素：汉乐府《饮马长城窟行》："客从远方来，遗我双鲤鱼。呼儿烹鲤鱼，中有尺素书。"尺素，即书信，因写在素绢上，故名。此句与上句都写朋友的寄赠给自己的安慰。

〔九〕砌:堆积。无重数:数不尽。

〔一〇〕郴江:在郴州,东北流入耒水而入湘江。幸自:原自。

〔一一〕为谁:为何。潇、湘:二水名,合流后称湘江,在今湖南省境内。杜甫《秦州杂诗》云:"清渭无情极,愁时独向东。"

【说明】

这首词是作者被贬后抒发苦闷之作。上片写羁旅异乡凄楚、寂寞的环境。他自比武陵的捕鱼人,要寻找一个和平宁静的桃花源,却找不到,因为津渡为月所迷,楼台为雾所笼罩,所见到和听到的唯有孤馆和杜鹃声。这种早春的孤寒、日暮的杜鹃声,更增加凄楚之感。下片抒情,抒写自己的孤独和苦闷。一切社会、自然现象都足以增加愁恨,朋友的来信和同情,足以砌成无数重的恨,郴州江水无情地自流,也引起自己的忧怨。这一切都表现了作者被贬后的凄楚、寂寞、孤独和苦闷的情绪。词的形象鲜明,格调哀惋,正体现了秦观的词风。

周邦彦〔一〕

兰陵王　柳〔二〕

柳阴直〔三〕,烟里丝丝弄碧〔四〕。隋堤上〔五〕、曾见几番,拂水飘绵送行色〔六〕? 登临望故国〔七〕,谁识,京华倦客〔八〕? 长亭路〔九〕、年去岁来,应折柔条过千尺〔一〇〕。　　闲寻旧踪迹〔一一〕。又酒趁哀弦〔一二〕,灯照离席〔一三〕。梨花榆火催寒食〔一四〕。愁一箭风快〔一五〕,半篙波暖〔一六〕,回头迢递便数驿〔一七〕,望、人在天北〔一八〕。 凄恻,恨堆积〔一九〕。渐别浦萦回〔二〇〕,津堠岑寂〔二一〕,斜阳冉冉春无极〔二二〕。念、月榭携手,露桥闻笛〔二三〕。沉思前事,似梦里,泪暗滴〔二四〕。

【注释】

〔一〕周邦彦:生于宋仁宗嘉祐元年(1056),卒于宋徽宗宣和三年(1121),字美成,号清真居士,钱塘(今浙江杭州)人。宋神宗时因献《汴京赋》得官。后长期任职州县间。宋徽宗时在大晟府(音乐机关)任提举,讲论音乐,创制新调。由于他精通音乐,因此他的词作讲求格律,组织严密,对词的发展很有影响。而他词的内容多写男女之情和羁旅之愁,意义不大。有《清真集》。

〔二〕这首词的题目是咏柳,实际上是写折柳送别,是作者借送别抒发自己"京华倦客"的抑郁心绪。

〔三〕柳阴直:日在中天,所以柳树影直。

〔四〕"烟里"句:意思是轻烟中丝丝柳条摇摆着好像卖弄它嫩绿的姿色。弄,卖弄。

〔五〕隋堤:指汴京附近的汴河一带的堤,是隋炀帝所开,沿堤植柳,因称隋堤。

〔六〕行色:行色匆匆的客人。

〔七〕故国:指故乡。

〔八〕倦客:作者长久客居京师,感到厌倦,故云。

〔九〕长亭路:古代驿路上十里一长亭,五里一短亭,都是供行人休息和送别的地方。

〔一〇〕"应折"句:古人多折柳送别,这里极言送别者之多。

〔一一〕"闲寻"句:回忆往事。

〔一二〕趁:追逐。哀弦:感伤的音乐。弦,泛指音乐。

〔一三〕离席:离别的筵席。

〔一四〕榆火:农历清明节前二日为寒食节,古有禁火的风俗,节后另取新火。唐宋时期朝廷于清明日取榆、柳的火,以赐百官。这句说明饯别的时令是梨花盛开的寒食节前。

〔一五〕"愁一"句:是说行人哀愁地顺着急风,船行如箭。

〔一六〕半篙:船家惯用篙竿测量水的深浅,有"一篙"、"半篙"、"三篙"的说法。波暖:时令已近暮春。

〔一七〕回头:就行者而言。迢递:遥远的样子。是说回顾之间已经远远地过了几个驿站。

〔一八〕"望人"句:是说回望送行的人远在天北。汴河经开封、商丘等地东南入淮河,所以行人南去,送者在北方。

〔一九〕"凄恻"二句:主语是送行者,即作者自己。

〔二〇〕渐:渐次发生的。别浦:行人离去的那条水湾。萦回:回旋。

〔二一〕津堠:码头上守望、可供住宿的地方。岑寂:冷冷清清。

〔二二〕冉冉:慢慢地、渐渐地。句意是斜阳西沉,春色无边。

〔二三〕月榭:月光照耀的水榭。露桥:露水沾湿的桥。都是从前夜游的地方。

〔二四〕"沉思"三句:意思是回首往事,恍如梦中,不免暗暗流泪。

【说明】

　　这是一篇送别之作,从送者的角度写,是客中送客。全词共三片,上片前四句写柳枝之美,应题,并借以咏别。次三句"登临望故国,谁识,京华倦客",是全词的中心,表明无人了解自己厌倦客居京华的心情。后二句说明自己经常在此送别,为离愁所苦。中片前四句写本次送别的情景,正当梨花盛开、寒食来临的时节,在饯别筵上,灯光照耀,饮酒作乐。后四句是想象行者乘风舟行如箭,回顾送行者已远在天北了。下片前五句写行人去后,余下的唯一派孤寞冷清。后五句以往日的欢快,反衬今日的凄凉,所以令人哀伤落泪。这首词采用铺陈的形式,层层描叙,波澜曲折,委婉多致,体现了婉约的词风。

苏幕遮〔一〕

燎沉香〔二〕,消溽暑〔三〕。鸟雀呼晴〔四〕,侵晓窥檐语〔五〕。叶上初阳干宿雨〔六〕,水面清圆,一一风荷举〔七〕。　　故乡遥,何日去?家住吴门〔八〕,久作长安旅〔九〕。五月渔郎相忆否?小楫轻舟,梦入芙蓉浦〔一〇〕。

【注释】

〔一〕这首词是作者客居汴京消夏思乡之作。

〔二〕燎(liáo):烧。沉香:瑞香科植物,其木材可作香料。

〔三〕溽(rù):湿。溽暑,潮湿的夏天天气。

〔四〕呼晴:鸟在天晴之前呼叫,好像在呼叫晴日。

〔五〕侵晓:破晓,初晓。窥檐:在屋檐边窥伺。语:指鸟雀彼此啼叫。

〔六〕初阳干宿雨:初出的阳光把昨夜的雨晒干了。宿雨,昨夜的雨.

〔七〕"水面"二句:荷叶浮在水面那么清圆,晨风吹来,荷花一朵一朵地挺立着。

〔八〕吴门:古代吴国的首都,有吴门、吴中等名称,今苏州。周邦彦是浙江钱塘人,这里是泛指吴越。

〔九〕长安:指代京城,这里指汴京。长安旅,京城的旅客。

〔一〇〕"五月"三句:意思是家乡的渔郎还想念我吗? 我经常梦见和你们一起乘着小舟,在荷花塘中荡漾。楫,桨,这里指代船。芙蓉,古代称荷花为芙蓉。芙蓉浦,生满荷花的渠塘。

【说明】

　　这首词通过咏荷,寄托自己对家乡的思念。由眼前客居京城所见的荷花,联想起家乡五月盛开于河塘中的荷花,再现了少年时期那种快乐的生活。词的上片写景,久雨后的早晨,烧香消暑,鸟雀呼晴,初阳干宿雨,一一风荷举,连用"呼"、"窥"、"干"、"举"几个动词,生动形象地形成了一幅造境。下片写怀乡,"家住吴门,久作长安旅",表现了对京都生活的厌倦,以至于做梦也回乡,追寻少年时与渔郎共同荡舟驶入开满荷花的渠塘游乐的梦境,显示了思乡心切。词的意境清新、雅淡,语言工整、艳丽,洗涤了五代词的铅华。

陈与义〔一〕

伤　春〔二〕

庙堂无策可平戎〔三〕,坐使甘泉照夕烽〔四〕。初怪上都闻战马〔五〕,岂知穷海看飞龙〔六〕! 孤臣霜发三千丈〔七〕,每岁烟花一万重〔八〕。稍喜长沙向延阁〔九〕,疲兵敢犯犬羊锋〔一〇〕。

【注释】

〔一〕陈与义:生于北宋哲宗元祐五年(1090),卒于南宋高宗绍兴八年(1138),字去非,号简斋,洛阳(今属河南)人。宋徽宗政和年间举进士,曾任开德府教授等职,不受重视。南渡后避乱两湖,后召为兵部员外郎,累官中书舍人、翰林学士知制诰、参知政事。他是两宋之间的著名诗人,诗宗江西诗派,但不像江西诗派那样艰涩、狭隘,而是词句流畅,以朴素见长。他经历了国亡家破之痛、流离避乱之苦,使他写了一些抒发抗敌救国激情,诗风雄阔慷慨的作品。有《简斋集》。

〔二〕这首诗作于宋高宗建炎四年(1130)春。建炎三年秋,金兵渡江南下,破临安、越州,宋高宗航海逃亡。第二年春天,金兵又破明州,从海路追高宗,高宗逃到温州。当时陈与义正避乱湖南,听到向子谌坚守潭州的信息,有感便写了这首诗,揭露朝廷之无能,表彰向子谌勇敢抗敌的精神。

〔三〕庙堂:指朝廷。平戎:平定金人。

〔四〕坐使:因而使得。甘泉:汉代皇帝的行宫名,在陕西淳化甘泉山上。夕烽:夜间报警的烽火。汉文帝时,匈奴入侵,边境告警,烽火信号可直达甘泉宫。这里是借喻宋代。"甘泉照夕烽"是倒句,原意是"夕烽照甘泉"。

〔五〕上都:京城,这里指汴京。闻战马:听到战马叫声,指汴京沦陷。

〔六〕岂知:怎料到。穷海:远僻的海上。飞龙:《易经·乾卦》:"飞龙在天。"注说是比喻"圣人之在王位"。这里指宋高宗乘船入海南逃。

〔七〕孤臣:作者自谓。霜发三千丈:李白《秋浦歌》:"白发三千丈,缘愁似个长。"此用其意以比喻自己为南宋忧愁。

〔八〕烟花一万重:杜甫《伤春》诗:"关塞三千里,烟花一万重。"

此用其意,表示自己年年在为南宋的危难而忧虑。

〔九〕长沙:旧为潭州治所,即今湖南省长沙市。向延阁:即向子
諲,当时为长沙太守。延阁,是汉代史官官署,向子諲曾任秘阁直学
士,也属史官职务,因此借以称呼他。

〔一〇〕疲兵:指宋兵。犯:冒犯,这里指抵御。犬羊:指金兵。建
炎四年二月,向子諲组织军民坚守长沙,抗击金兵。

【说明】

"伤春"这个诗题在古典诗词中较为常见,但多数是诗人自己伤
怀之作。自杜甫开始用这一题目抒发对国家的忧心。陈与义师承杜
甫,也借用此题抒发忧国伤时之感。诗歌八句,前四句指斥朝廷的腐
败昏弱,统治集团的屈辱误国,无力抵抗外侮,烽火通于甘泉,刚即位
的帝王便乘船逃跑。后四句抒发自己忧国伤时之慨,由于怀念京城
的风物,头发都白了,一年一度的春天,花草繁茂,遮住遥望京城的视
线。可喜的是爱国老臣向子諲能赴国难,率领军民英勇抗击入侵的金
兵。作者一方面批判了朝廷之无能,另一方面赞扬了向子諲的抗敌精
神。这不是一般的抒情之作,而是记述了南北宋之间的一段历史。

襄邑道中〔一〕

飞花两岸照舡红〔二〕,百里榆堤半日风〔三〕。卧看满天云不
动,不知云与我俱东〔四〕。

【注释】

〔一〕襄邑:在今河南省睢县。本诗为宋徽宗政和七年(1117)春,
陈与义自汴京赴洛阳,途径襄邑所作。

〔二〕飞花:即落花。舡(chuán):船。

〔三〕榆堤:种满榆树的河堤。这句是说船行顺风,半日即行百里。

〔四〕"卧看"二句:是说卧看云不动的原因是云浮动与舟行是一个方向,都是向东,极言舟行之迅速。

【说明】

这首绝句是作者抒写顺水行舟的轻快和心情的舒畅。首二句写两岸的自然风光,末二句写天空景象,以云不动,托喻舟行之快。榆柳荫堤,飞花照映,春和景明,作者恬适的心境寓焉。

临江仙

夜登小阁,忆洛中旧游〔一〕。

忆昔午桥桥上饮〔二〕,坐中多是豪英〔三〕。长沟流月去无声〔四〕。杏花疏影里,吹笛到天明〔五〕。 二十余年成一梦,此身虽在堪惊〔六〕!闲登小阁看新晴〔七〕。古今多少事,渔唱起三更〔八〕。

【注释】

〔一〕这首词可能作于宋高宗绍兴五年(1135)。洛中:洛阳。

〔二〕午桥:桥名,这里指午桥庄,在洛阳南十里。

〔三〕豪英:杰出的人物。

〔四〕长沟:指洛阳的护城河。这句是写深夜河水静静地流,水中的月亮也随河水流逝。

〔五〕"杏花"二句:写与这些英豪交游的环境以及他们的风韵。

〔六〕"二十"二句：指作者经过靖康事变，避乱襄、汉，转湖、湘，逾五岭，经历许多艰难，才从广东回到偏安江左的南宋朝廷。因此感到前尘如梦，还能保全性命，实在令人惊异。

〔七〕新晴：雨后初晴。

〔八〕"古今"二句：是说古往今来多少事变，一切感慨都付之渔夫半夜三更唱渔歌了。

【说明】

这首词是作者回忆24岁以前在故乡洛阳度过的青年时期的生活。上片写所交游的都是文采风流的英豪，观花赏月，吹笛赋诗，直到天明，极尽欢乐。下片写遭遇变乱的身世之感，"二十余年成一梦，此身虽在堪惊"！多少感慨，多少怅恸，尽在其中。故国沦亡，有家难归，旧日的好友也都星散，再无夜饮午桥的兴致了，因而倍增伤感。三更听渔歌，含蓄地表现了作者终老江乡之慨。词风清婉奇丽，词意深沉隽永，是陈与义现存篇目不多的词中最好篇章。

李清照〔一〕

金石录后序〔二〕

右《金石录》三十卷者何〔三〕？赵侯德父所著书也〔四〕。取上自三代〔五〕，下迄五季〔六〕，钟、鼎、甗、鬲、盘、匜、尊、敦之款识〔七〕，丰碑大碣、显人晦士之事迹〔八〕，凡见于金石刻者二千卷，皆是正讹谬〔九〕，去取褒贬〔一〇〕，上足以合圣人之道，下足以订史氏之失者〔一一〕，皆载之，可谓多矣。

呜呼！自王播、元载之祸〔一二〕，书画与胡椒无异；长舆、元凯之病，钱癖与传癖何殊〔一三〕。名虽不同，其惑一也〔一四〕。

余建中辛巳〔一五〕，始归赵氏〔一六〕。时先君作礼部员外郎〔一七〕，丞相作吏部侍郎〔一八〕，侯年二十一，在太学作学生〔一九〕。赵、李族寒，素贫俭〔二〇〕，每朔望谒告出〔二一〕，质衣取半千钱〔二二〕，步入相国寺〔二三〕，市碑文、果实归〔二四〕，相对展玩咀嚼〔二五〕，自谓葛天氏之民也〔二六〕。

后二年，出仕宦〔二七〕，便有饭蔬衣练〔二八〕，穷遐方绝域，尽天下古文奇字之志〔二九〕。日就月将〔三〇〕，渐益堆积。丞相居政府〔三一〕，亲旧或在馆阁〔三二〕，多有亡诗逸史〔三三〕，鲁壁汲冢所未见之书〔三四〕。遂尽力传写，浸觉有味〔三五〕，不能自已〔三六〕。后或见古今名人书画、三代奇器，亦复脱衣市易〔三七〕。尝记崇宁间〔三八〕，有人持徐熙《牡丹图》〔三九〕，求钱二十万。当时虽贵家子弟，求二十万钱，岂易得耶？留信宿〔四〇〕，计无所出而还之，夫妇相向惋怅者数日〔四一〕。后屏居乡里十年〔四二〕，仰取俯给〔四三〕，衣食有余。连守两郡〔四四〕，竭其俸入以事铅椠〔四五〕。每获一书，即同共勘校〔四六〕，整集签题〔四七〕，得书画彝鼎〔四八〕，亦摩玩舒卷，指摘疵病〔四九〕，夜尽一烛为率〔五〇〕。故能纸札精致，字画完整，冠诸收书家〔五一〕。

余性偶强记〔五二〕，每饭罢，坐归来堂烹茶〔五三〕，指堆积书史,言某事在某书某卷第几叶第几行,以中否角胜负^[五四],为饮茶先后。中即举杯大笑,至茶倾覆怀中,反不得饮而起,甘心老是乡矣^[五五]!故虽处忧患困穷,而志不屈。收书既成,归来堂起书库大橱,簿甲乙^[五六],置书册。如要讲读,即请钥上簿关出^[五七],卷帙或少损污^[五八],必惩责揩完涂改^[五九],不复向时之坦夷也^[六〇]。是欲求适意而反取僇栗^[六一]。余性不耐,始谋食去重肉,衣去重采^[六二]。首无明珠翡翠之饰,室无涂金刺绣之具^[六三]。遇书史百家,字不刓阙^[六四]、本不讹谬者辄市之,储作副本^[六五]。自来家传《周易》、《左氏传》,故两家者流^[六六],文字最备。于是几案罗列枕藉^[六七],意会心谋,目往神授^[六八],乐在声色狗马之上^[六九]。

至靖康丙午岁^[七〇],侯守淄川^[七一],闻金人犯京师^[七二],四顾茫然^[七三],盈箱溢箧^[七四],且恋恋,且怅怅^[七五],知其必不为己物矣。建炎丁未春三月^[七六],奔太夫人丧南来^[七七],既长物不能尽载^[七八],乃先去书之重大印本者^[七九],又去画之多幅者,又去古器之无款识者,后又去书之监本者^[八〇]、画之平常者、器之重大者。凡屡减去,尚载书十五车。至东海^[八一],连舻渡淮^[八二],又渡江至建康^[八三]。青州故第尚锁书册什物^[八四],用屋十余间,期明年再具舟载之^[八五]。十二月,金人陷青州,凡所谓十余屋者,已皆为煨烬矣^[八六]。

建炎戊申秋九月^[八七],侯起复知建康府^[八八]。己酉春三月罢^[八九],具舟上芜湖^[九〇],入姑孰^[九一],将卜居赣水上〔九二〕。夏五月至池阳〔九三〕，被旨知湖州〔九四〕，过阙上殿〔九五〕。遂驻家池阳〔九六〕，独赴召〔九七〕。六月十三日，始负担舍舟〔九八〕，坐岸上，葛衣岸巾〔九九〕，精神如虎，目光烂烂射人〔一〇〇〕，望舟中告别。余意甚恶〔一〇一〕，呼曰："如传闻城中缓急〔一〇二〕，奈何？"戟手遥应曰〔一〇三〕："从众，必不得已，先弃辎重〔一〇四〕，次衣被，次书册卷轴，次古器，独所谓宗器者〔一〇五〕，可自负抱，与身俱存亡，勿忘也。"遂驰马去。途中奔驰，冒大暑，感疾，至行在〔一〇六〕，病痁〔一〇七〕。七月末，书报卧病〔一〇八〕，余惊怛〔一〇九〕，念侯性素急，奈何病痁？或热，必服寒药，疾可忧〔一一〇〕。遂解舟下，一日夜行三百里。比至〔一一一〕，果大服柴胡、黄芩药，疟且痢〔一一二〕，病危在膏肓〔一一三〕。余悲泣仓皇〔一一四〕，不忍问后事。八月十八日，遂不起，取笔作诗，绝笔而终，殊无分香卖履之意〔一一五〕。

葬毕，余无所之〔一一六〕。朝廷已分遣六宫〔一一七〕，又传江当禁渡。时犹有书二万卷，金石刻二千卷，器皿茵褥可待百客〔一一八〕，他长物称是〔一一九〕。余又大病，仅存喘息。时势日迫，念侯有妹婿，任兵部侍郎〔一二〇〕，从卫在洪州〔一二一〕，遂遣二故吏，先部送行李往投之〔一二二〕。冬十二月，金人陷洪州，遂尽委弃〔一二三〕，所谓连舻渡江之书又散为云烟矣。独余少轻小卷轴书帖〔一二四〕，写本李、杜、韩、柳集〔一二五〕，《世说》、《盐铁论》〔一二六〕，汉、唐石刻副本数十轴〔一二七〕，三代鼎鼐十数事〔一二八〕，南唐写本书数箧，偶病中把玩，搬在卧内者，岿然独存〔一二九〕。上江既不可往〔一三〇〕，又虏势叵测〔一三一〕。有弟远〔一三二〕，任敕局删定官〔一三三〕，遂往依之。到台〔一三四〕，台守已遁〔一三五〕，之剡〔一三六〕，出睦〔一三七〕，又弃衣被走黄岩〔一三八〕，雇舟入海，奔行朝〔一三九〕。时驻跸章安〔一四〇〕，从御舟海道之温〔一四一〕，又之越〔一四二〕。庚戌十二月〔一四三〕，放散百官〔一四四〕，遂之衢〔一四五〕。绍兴辛亥春三月〔一四六〕，复赴越。壬子〔一四七〕，又赴杭。先侯疾亟时〔一四八〕，有张飞卿学士〔一四九〕，携玉壶过视侯〔一五〇〕，便携去，其实珉也〔一五一〕。不知何人传道〔一五二〕，遂妄言有颁金之语〔一五三〕，或传亦有密论列者〔一五四〕。余大惶怖，不敢言亦不敢遂已〔一五五〕。尽将家中所有铜器等物，欲赴外廷投进〔一五六〕。到越，已移幸四明〔一五七〕，不敢留家中，并写本书寄剡〔一五八〕。后官军收叛卒，取去，闻尽入故李将军家〔一五九〕。所谓岿然独存者，无虑十去五六矣〔一六〇〕。惟有书画砚墨可五七簏〔一六一〕，更不忍置他所，常在卧榻下，手自开阖〔一六二〕。在会稽，卜居土民钟氏舍〔一六三〕，忽一夕，穴壁负五簏去〔一六四〕。余悲恸不得活，重立赏收赎〔一六五〕。后二日，邻人钟复皓出十八轴求赏，故知其盗不远矣。万计求之，其余遂牢不可出，今知尽为吴说运使贱价得之〔一六六〕。所谓岿然独存者，乃十去其七八。所有一二残零，不成部帙书册〔一六七〕，三数种平平书帖〔一六八〕，犹复爱惜如护头目，何愚也耶〔一六九〕！

今日忽开此书，如见故人。因忆侯在东莱静治堂〔一七〇〕，装卷初就〔一七一〕，芸签缥带〔一七二〕，束十卷作一帙。每日晚吏散，辄校勘二卷，跋题一卷〔一七三〕。此二千卷有题跋者五百二卷耳。今手泽如新[一七四]，而墓木已拱[一七五]。悲夫！

昔萧绎江陵陷没[一七六]，不惜国亡而毁裂书画；杨广江都倾覆[一七七]，不悲身死而复取图书[一七八]。岂人性之所著，死生不能忘之欤[一七九]？或者天意以余菲薄，不足以享此尤物耶[一八〇]？抑亦死者有知，犹斤斤爱惜[一八一]，不肯留在人间耶？何得之艰而失之易也。呜呼！余自少陆机作赋之二年[一八二]，至过蘧瑗知非之两岁[一八三]，三十四年之间，忧患得失，何其多也！然有有必有无，有聚必有散，乃理之常。人亡弓，人得之，又胡足道[一八四]！所以区区记其终始者，亦欲为后世好古博雅者之戒云[一八五]。

绍兴二年玄黓岁壮月朔甲寅易安室题[一八六]。

【注释】

〔一〕李清照：生于宋神宗元丰七年(1084)，大约卒于宋高宗绍兴二十一年(1151)，号易安居士，济南(今属山东)人。生长于文学气氛很浓的官宦家庭，父亲李格非长于文学，母亲是王振辰的孙女，也善属文，丈夫赵明诚是太学生，也能诗词，并酷爱金石学。她与丈夫志趣相投，共同收藏和研究金石书画，家庭生活极其美满。靖康之难起，她与丈夫来到南方，过着颠沛流离的生活。不久丈夫病逝，她孤苦无依，备尝艰辛，晚年过着孤寂愁苦的生活。李清照是宋代婉约词派的杰出代表，她前期的词主要写其欢乐的家庭生活，后期的词多写离乱中的愁苦和对故国的怀念。词风清新自然，明净流利。后人辑有《漱玉集》。

〔二〕《金石录》是李清照的丈夫赵明诚编的一部著录古代铜器和碑刻的书，凡三十卷，前十卷是目录，后二十卷是他为这些器物所作的考释和题跋。这是一部金石学的名著。政和七年(1117),河间刘跂曾为这部书写过序,赵明诚自己也写过一篇序。所以李清照在赵明诚死后又写这篇序,题为后序。

〔三〕右:古书自右向左书写,这里的"右"指本篇后序之前的《金石录》正文。金:指古代铜器。石:指石刻碑铭之类,这些器物是研究古文字、古历史的重要资料。

〔四〕赵侯德父:即赵明诚(1081—1129),字德父,密州诸城(今属山东)人,宋徽宗时宰相赵挺之的儿子,曾任莱州、淄川知州和建康(今江苏南京)知府。侯,唐宋时对州官的泛称,州为州官管辖的地方,与古代诸侯的国土相等。这里作者用来称她丈夫。

〔五〕三代:指夏、商、周。

〔六〕迄(qì):到。五季:五代,即后梁、后唐、后晋、后汉、后周。

〔七〕钟:乐器。鼎:烹煮用的器具,三足两耳。甗(yǎn):蒸煮用的炊具。鬲(lì):形似鼎的炊具。匜(yí):形似瓢的一种舀水用具。尊:大型酒器。敦(duì):盛黍稷的器具。以上都是商周铜器的名称。款识(zhì):在钟鼎等器物上铸刻的文字。款,刻。识,记。

〔八〕丰碑:大碑。碣(jié):圆形的碑。显人:有声望的人。晦士:姓名不见于书史的人。

〔九〕讹(é)谬:错误。

〔一〇〕去取:汰除和选录。褒贬:肯定和否定。

〔一一〕史氏:史官、史家。失者:指史书中的错误。

〔一二〕王播:字明敫,唐文宗时任宰相,为官贪酷,但没有关于他收藏书画的记载,因此前人以为"播"当是"涯"之误。王涯,字广津,唐文宗时宰相,喜书画,收藏很多,秘不示人。死后家中被盗,书画都被弃道中。元载,字公辅,唐代宗时任宰相,后因罪被捕,死后抄家,发现他收藏的胡椒就有八百石之多。这里引用王涯、元载两人的事,说明书画和胡椒尽管不同,一朝遭祸,同样难保。

〔一三〕长舆:即和峤,字长舆,晋朝人。晋武帝时官至中书令,家产丰富,却极其吝啬,当时人谓其有钱癖。元凯:即杜预,字元凯,倾心于《左传》研究,著《春秋经传集解》。他讥讽和峤有钱癖,晋武帝问他有何癖好?他自称有《左传》癖。

〔一四〕其惑一也:其受事物的诱惑是一样的。惑,蛊惑,使之迷乱、沉溺,这里有癖好的意思。这是愤激的话,并不是说收藏书画和屯积财货,有钱癖和有《左传》癖在性质上没有区别。

〔一五〕建中:即建中靖国,宋徽宗赵佶年号。建中辛巳,即建中靖国元年(1101)。

〔一六〕归:出嫁。

〔一七〕先君:指她已故的父亲李格非。李格非曾任礼部员外郎,后因“元祐”党籍而罢官。

〔一八〕丞相:指赵明诚的父亲赵挺之,赵挺之曾任尚书右仆射,职位相当于丞相。吏部侍郎:吏部的副长官。

〔一九〕太学:京城的最高学府。

〔二〇〕赵、李族寒:是说作者的婆家和娘家都不是豪门贵族,依靠薪俸生活。素贫俭:平素贫穷节俭。

〔二一〕朔望:农历每月初一叫朔,十五叫望。谒(yè)告:请假的意思,指赵明诚向太学请假。

〔二二〕质衣:典当衣服。

〔二三〕相国寺:在北宋都城汴京(今河南开封)城内,每月有五次庙会。

〔二四〕市:购买。果实:点心、水果等食品。

〔二五〕相对:指夫妻相对而坐。展玩咀嚼:一边展示玩赏碑文,一边吃果品。

〔二六〕葛天氏:传说中的古代帝王,相传葛天氏时代人民性情纯朴,生活悠闲。这里作者以葛天氏之民的生活情境自喻。

〔二七〕出仕宦:指赵明诚离开京城外出做官。

〔二八〕饭、衣:都用作动词。练(shū):一种粗绸。饭蔬衣练,意思是吃素饭菜,穿粗绸衣服。

〔二九〕遐(xiá)方:远方。绝域:极远的地区。古文奇字:指秦以前的文字。这两句是说走遍荒远地带,完成收尽天下碑刻的志愿。

〔三〇〕就:成就。将:进益。日就月将,意思是日积月累。

〔三一〕丞相:指赵挺之。居政府:指赵挺之崇宁二年(1103)任中书侍郎。

〔三二〕亲旧:亲戚故旧。或:有人。馆阁:宋代以史馆、集贤院、昭文馆为三馆,又有秘阁、龙图阁等,统称馆阁,都是收藏图书编辑国史的机构。

〔三三〕亡诗:未收人《诗经》的周代诗歌。逸史:指正史以外的史书,如《竹书纪年》《逸周书》等。

〔三四〕鲁壁:孔子的故宅。汉武帝时,鲁恭王扩建宫室,拆毁孔子故宅的墙壁,得《古文尚书》(见《汉书·鲁恭王传》)。汲冢:汲郡(今河南卫辉)的古墓。晋武帝咸宁五年(279),汲郡人盗发魏襄王墓,得竹书数十车。这里用以比喻罕见的古籍。

〔三五〕浸觉:越来越觉得。有味:有兴味。

〔三六〕已:停止。

〔三七〕脱衣市易:脱掉衣服去典当,把得到的钱换取书画、奇器。

〔三八〕尝:曾。崇宁:宋徽宗年号(1102—1106)。

〔三九〕徐熙:南唐著名画家,善画花鸟鱼虫。

〔四〇〕信宿:再宿,两天两夜。

〔四一〕惋怅:惋惜失望。

〔四二〕屏(bǐng)居:闭门闲居。宋徽宗大观元年(1107),赵挺之罢相,不久卒于京师。次年,作者与她丈夫回青州(今属山东)故第。此后,他们在青州过了十年的闲居生活。

〔四三〕取:指经济收入。给:指各项开销。给,一作"拾"。

〔四四〕连守两郡:指赵明诚于宣和二年(1120)和宣和七年(1125)前后,先后任莱州(今属山东)和淄川(今山东淄博)知州。

〔四五〕竭其俸入:竭尽他的俸禄收入。铅:铅粉,用以涂改错字。椠(qiàn):印书的木板。铅椠,指校勘书籍。意思是把全部收入都从事校勘书籍。

〔四六〕勘(kān)校:校对核定。

〔四七〕整集:整理汇集。签题:题写书名。

〔四八〕彝(yí):古代的祭器。彝鼎,即古铜器。

〔四九〕疵病:缺点。

〔五〇〕夜尽一烛为率:每夜读书以点完一支蜡烛为限度。率,准则、率度。

〔五一〕冠:居首位,高于。句意是在所有藏书家中居首位。

〔五二〕偶强记:偶而有很强的记忆力。这是作者的谦辞。

〔五三〕归来堂:赵明诚夫妇在青州的书斋名。

〔五四〕中(zhòng)否:猜得准或不准。角(jué):比赛。

〔五五〕甘心老是乡:甘愿终身这样生活在乡间。

〔五六〕簿甲乙:分门别类编次登记。簿,用作动词,指登录。

〔五七〕请钥:索取钥匙。上簿:指把索取的书登记在簿上。关出:捡出。

〔五八〕帙(zhì):书套。卷帙,指书籍。

〔五九〕揩完涂改:拭净污处,把损坏的修好,涂改使人容易误认的笔迹。

〔六〇〕向时:先前。坦夷:随便。句意是不再像先前那样随便了。

〔六一〕憀(liáo)栗:心情紧张的样子。

〔六二〕不耐:不耐烦。重(chóng)肉:两种以上的肉食。重采:两种以上的彩色衣服。

〔六三〕翡翠:美石,以全为碧绿而透明者最珍贵,可作首饰和手钏、指环等。涂金之具:即以黄金镀饰的器具。涂,通"镀"。这两句是说头上没有豪华的装饰品,屋里没有奢侈的陈设。

〔六四〕书史百家:历史书籍和诸子百家著作。刓(wán)阙:指木版书残缺之处。

〔六五〕储作副本:储备着作为副本。

〔六六〕两家者流:指各种注释和解说《周易》、《左传》的书籍。

〔六七〕枕藉:互相压着。

〔六八〕"意会"二句:意思是心意所追求的,精神所贯注的,都在书籍上。

〔六九〕声色狗马:指歌舞、女色及狗马一类玩好之物。意思是夫妻二人全力倾注于书籍,其乐趣远在声色狗马之乐以上。

〔七〇〕靖康:宋钦宗年号。靖康丙午岁,即靖康元年(1126)。

〔七一〕侯守淄川:赵明诚在淄川知州任上。

〔七二〕金人:指女真族统治者。京师:宋都城汴京。

〔七三〕茫然:无所措手的样子。

〔七四〕盈箱溢箧(qiè):各类箱子都装满了。箧,箱的一种。

〔七五〕且:又。恋恋:依依不舍。怅怅:失意不已。

〔七六〕建炎丁未:宋高宗建炎元年(1127)。这一年,宋徽宗、宋钦宗被金兵所俘,宋高宗即位于建康(今江苏南京)。

〔七七〕太夫人:指赵明诚的母亲郭氏。句意是说赵明诚奔母丧由淄川到建康来。

〔七八〕长(cháng)物:多余的东西。尽载:全部装走。

〔七九〕重大印本:厚重的刻印本。

〔八〇〕监本:国子监刻的本子。五代以来,历代都有监本,这是一种普通的本子,不为藏书家所重视。

〔八一〕东海:宋时海州,在今江苏省北部东海县。

〔八二〕连舻(lú):船只首尾相连,说明船只之多。淮:淮河。

〔八三〕江:长江。建康:今南京市。

〔八四〕故第:旧宅。赵挺之时,赵家已移居青州。什物:杂物,常用器具。

〔八五〕期:等待。具舟:备船。

〔八六〕煨(wēi)烬:灰烬。

〔八七〕建炎戊申:宋高宗建炎二年(1128)。

〔八八〕起复:指服丧未满期即被起用。这时赵明诚正在母丧期间。知建康府:任建康知府。

〔八九〕己酉:建炎三年(1129)。罢:免职。

〔九〇〕芜湖:今安徽省芜湖县。

〔九一〕姑孰:今安徽省当涂县。

〔九二〕卜居:选择住处。赣水上:指江西省赣江流域的地方。

〔九三〕池阳:今安徽省池阳县。

〔九四〕被旨:奉皇帝的旨令。湖州:今浙江省湖州市。

〔九五〕过:经过。阙:宫阙,这里指皇帝临时驻居的地方。上殿:朝见皇帝。

〔九六〕驻家:指留下家室。

〔九七〕独赴召:指赵明诚独自一人应诏前赴任所。

〔九八〕负担舍舟:背负行囊,离船上岸。指李清照乘船为赵明诚送行,到一定地点,赵明诚上岸。

〔九九〕葛衣:葛布衣服。岸:露出的意思。岸巾,古人戴巾覆额,巾不覆额,是一种无拘无束的样子。

〔一〇〇〕烂烂:明亮有神的样子。

〔一〇一〕余意甚恶:我的心情很不好。

〔一〇二〕缓急:这里是复词偏义,即紧急的意思,指金兵入侵的事。

〔一〇三〕戟(jǐ)手:伸出食指和中指作戟形指人。这里是形容仓皇着急的样子。

〔一〇四〕辎(zī)重:这里指行李。

〔一〇五〕宗器:宗庙的祭器和礼器。

〔一〇六〕行在:皇帝临时居住的地方,这里指建康。宋高宗建炎二年五月以建康为行宫。

〔一〇七〕病痁(shān):患疟疾。痁,一种疟疾。

〔一〇八〕书报:来信告知。

〔一〇九〕惊怛(dá):惊愕。

〔一一〇〕"或热"三句:有时发热了,他一定会服凉性药,这样他的病好令人担忧了。

〔一一一〕比(bǐ):等到。

〔一一二〕果大服:果然大量服用。柴胡、黄芩(qín):都是寒性的药物。治疟疾不能用寒性药。疟且痢:疟疾加痢疾。

〔一一三〕膏肓(huāng):古代中医称心尖脂肪为膏,心脏和膈膜之间为肓。这两处都是药力达不到的地方,因此称不治症为病入膏肓。危在膏肓,病情十分危急。

〔一一四〕仓皇:慌张、无所措手足。

〔一一五〕分香卖履:指人临死时对妻妾的遗嘱。曹操《遗令》:"余香可分与诸夫人,不命祭。诸舍中无所为,可学作组履卖也。"这句是说赵明诚临终时,毫无顾念家中事的意思。

〔一一六〕无所之:无处可去。

〔一一七〕分遣六宫:建炎三年七月,因金兵南侵,隆祐太后率六宫逃往洪州(今江西南昌)。六宫,皇后、妃嫔住处,这里指后妃。

〔一一八〕茵(yīn)褥:褥子、垫子。可待百客:可供接待百名宾客。

〔一一九〕他长物称是:其余的东西与此相当。

〔一二〇〕兵部侍郎:兵部副长官。

〔一二一〕从卫:指随从护卫隆祐太后。

〔一二二〕部送:分批送去。投:投奔。

〔一二三〕委弃:弃置。

〔一二四〕卷轴书帖:装在木轴上可以卷起的石刻摹本。

〔一二五〕写本:手抄本。李、杜、韩、柳集:李白、杜甫、韩愈、柳宗元的诗文集。

〔一二六〕《世说》:即《世说新语》,南朝宋刘义庆著。《盐铁论》:西汉桓宽著。

〔一二七〕副本:与正本相对而言,指复制品或重复的本子。轴:古书是写本卷子,中心有轴,所以书卷也称轴。

〔一二八〕鼐(nài):大鼎。事:件。

〔一二九〕岿(kuī)然:独立的样子。

〔一三〇〕上江:指安徽省一带,因为与江苏省比它处在长江上游,江苏省一带称下江。

〔一三一〕虏势:金人的攻势。叵(pǒ)测:不可测。

〔一三二〕迒(háng):李清照的弟弟。

〔一三三〕敕(chì)局:宋代属于枢密院的一个机构,掌管编写诏令。删定官:敕局里掌管将皇帝诏旨编辑成集的官。

〔一三四〕台:台州,今浙江省台州市。当时李迒随从皇帝逃往台州。

〔一三五〕台守已遁:建炎四年,台州太守晁公为弃城逃跑。

〔一三六〕之:往。剡(shàn):剡县,今浙江省嵊(shèng)州市。

〔一三七〕睦:睦州,今浙江省建德市。

〔一三八〕走:奔跑。黄岩:今浙江省台州市黄岩区。

〔一三九〕行朝:犹行在,皇帝行宫驻处。

〔一四〇〕驻跸(bì):皇帝出行暂时止宿处。章安:镇名,在今一浙江省临海市东南。建炎四年正月,宋高宗逃到章安。

〔一四一〕御舟:皇家专用的船。温:温州,今浙江省温州市。建炎四年二月,宋高宗逃到温州。

〔一四二〕越:越州,今浙江省绍兴市。建炎四年四月宋高宗又逃到这里。

〔一四三〕庚戌:建炎四年(1130)。

〔一四四〕放散百官:高宗诏令,除侍从、台谏外,其余众官可以自便,不须跟随皇帝行动。

〔一四五〕衢:衢州,今浙江省衢州市。

〔一四六〕绍兴:宋高宗年号。绍兴辛亥,宋高宗绍兴元年(1131)。

〔一四七〕壬子:绍兴二年。

〔一四八〕先侯:指赵明诚,称先侯,表示已死。疾亟(jí):病情危急。

〔一四九〕张飞卿:生平事迹不详。清陆心源《仪顾堂题跋》认为是传李清照改嫁之说的张汝舟,并认为改嫁之说就是张飞卿为争执古玩的事而捏造的。李慈铭《越缦堂乙集》认为汝舟之名与飞卿之字不相应,并非一人。学士:官名。

〔一五〇〕视侯:拿给赵明诚看。

〔一五一〕珉(mín):一种类似玉的美石。

〔一五二〕传道：传说。

〔一五三〕妄言：胡说。颁：下赠叫"颁"。颁金，指赵明诚把玉壶赠给金人。

〔一五四〕"或传"句：又有传说有人秘密列举这件事加以议论。论列，议论列举，指向朝廷告发。

〔一五五〕不敢言：不敢声张。亦不敢遂已：也不敢认为这件事就此了结。

〔一五六〕外廷：皇帝在外听政的处所。投进：指将铜器等物进献给皇帝。

〔一五七〕幸：皇帝所到、所宠称"幸"。移幸，皇帝转移到某地。四明：山名，在今浙江省宁波市鄞州区西南，后常用来代称宁波。

〔一五八〕写本书：手抄本的书。句意是进献给皇帝的铜器等物未献成，不敢留在家中，加上手抄本书籍一起寄到剡州。

〔一五九〕故：已死的。李将军：其人不详。

〔一六〇〕无虑：不必细数，大约。

〔一六一〕可：约略。簏（lù）：竹箱。

〔一六二〕阖（hé）：关。

〔一六三〕会稽：今浙江省绍兴市。土民：本地人。钟氏舍：钟姓的房屋。

〔一六四〕穴壁：指盗贼在墙上挖洞。

〔一六五〕重立赏收赎：出重赏赎回被盗的文物。

〔一六六〕吴说（yuè）：字傅朋，钱塘人，宋代著名书法家，当时任转运使。

〔一六七〕不成部帙：不成部，不成套。

〔一六八〕平平：普通的。

〔一六九〕如护头目：如同保护自己的头和眼睛一样。何愚也耶：

多么痴迷啊!

〔一七〇〕东莱:莱州,今山东省莱州市。静治堂:赵明诚任莱州知州时的书斋名。

〔一七一〕装卷:指把《金石录》中著录的金石刻辞的拓片装成卷轴,一卷为一件。

〔一七二〕芸签:芸草做的书签,可以避虫。缥(piǎo)带:用青白色的丝帛做的带子,用以系书。

〔一七三〕跋题:即题跋,写后记。

〔一七四〕手泽:指已死的人遗留的手迹。

〔一七五〕墓木已拱:坟墓上的树已长成有两手合围那样粗了。

〔一七六〕萧绎:即南朝梁元帝的名字。承圣三年(554),西魏军攻梁,逼近江陵。萧绎向各处征召援兵,无人响应,他就入东阁竹殿。命舍人将古今图书14万卷,全部焚烧。

〔一七七〕杨广:即隋炀帝。大业十二年(616),他游江都被禁军将军宇文化及所杀。据宋人王明清《挥麈后录》卷七引唐人杜宝《大业幸江都记》记载:"隋炀帝聚书至三十七万卷,皆焚于广陵。其目(书目)中盖无一帙传于后代。"

〔一七八〕复取图书:临死还要带走图书,指焚书。

〔一七九〕"岂人性"二句:难道是人的精神所倾注的,不论生死都忘不了的缘故吗? 著(zhuó),附着。

〔一八〇〕菲薄:浅薄。尤物:特殊的东西,这里指珍贵的文物。

〔一八一〕抑:或者。斤斤:明察认真的样子。

〔一八二〕陆机:西晋著名文学家,著《文赋》。杜甫《醉歌行》:"陆机二十作文赋。"这里说"少陆机作赋之二年",说明自己是18岁。按后人考证陆机作《文赋》并非20岁,而是30多岁。

〔一八三〕蘧(qú)瑗:字伯玉,春秋时卫国人,《淮南子·原道训》:

"蘧伯玉年五十而知四十九年之非。"这里说"过蘧瑗知非之两岁",说明自己是 52 岁。

〔一八四〕"人亡弓"三句:是说有人失掉弓,有人得到它,又有什么值得说的呢?据《孔子家语·好生》记载:"楚恭王出游,亡乌嗥之弓,左右请求之。工曰:'已。楚人失弓,楚人得之,又何求焉。'孔子闻之曰:'惜乎其不大(气量小)也,亦不曰人遗弓,人得之而已,何必楚也?'"这几句是作者对损失大批文物的宽慰之词。

〔一八五〕区区:原有少、小的意思,这里意为一一地、琐碎地。好古:喜好古代文物。博雅:学识渊博。戒:警戒。

〔一八六〕绍兴二年:即公元 1132 年。玄黓(yì)岁:太岁在壬叫玄黓,即壬年,指绍兴二年是壬子年。壮月:阴历八月。《尔雅·释天》:"八月为壮。"朔甲寅:即八月初一的干支名。据后人考证,绍兴二年八月朔日并非甲寅,而是戊子,此处有误。易安室:李清照的书斋名,犹如"易安室主人"的意思。

【说明】

这是文学史中一篇著名的抒情散文,记述了作者夫妇的身世、经历、对金石书画的爱好以及金兵南侵国破、家亡、夫死和金石书画散失之悲痛。文章的前半部,主要写他们夫妇购集收藏金石书画的过程,他们兴趣相投,灯下校书赏画之乐,"意会心谋,目往神授,乐在声色狗马之上","自谓葛天氏之民也"。下半部写靖康之难后离散之悲痛。丈夫病逝建康,自己伶仃孤苦,茫无所之,到处奔波,所藏文物也随之散失。对残存几种,因人及物,"犹复爱惜如护头目",甚而"今日忽开此书(指《金石录》),如见故人。因忆侯在东莱静治堂,装卷初就,芸签缥带,束十卷作一帙。每日晚吏散,辄校勘二卷,跋题一卷。此二千卷有题跋者五百二卷耳"。追怀往事,更增加今日的凄凉和悲伤,发出"今手泽如新,而墓木已拱"的感叹。因此为《金石录》作后序,让人们了解这部书和自己的心迹。作者少历繁华,中经丧乱,晚境凄凉,《金石录后序》是她的自传,也是对赵明诚情感的回忆和珍惜。通过她一生的经历,也反映了广阔的社会生活面貌,重要者如关乎国家兴亡的青州之变、靖康之耻等,正是这种动乱的社会,造成作者夫死书亡的悲剧。文章感慨淋漓,文情跌宕。清李慈铭在《越缦堂读书记》中评此文云:"叙致错综,笔墨疏秀,萧然出町畦之外。……宋以后闺阁之文,此为观止。"

如梦令〔一〕

昨夜雨疏风骤〔二〕,浓睡不消残酒〔三〕。试问卷帘人〔四〕,却道海棠依旧〔五〕。知否、知否？应是绿肥红瘦〔六〕。

【注释】

　〔一〕这首词应是作者早期写的,表现了怜花惜春的心情。

　〔二〕雨疏风骤:雨细风急。

　〔三〕"浓睡"句:睡得很酣,但残余的酒意还未消。

　〔四〕卷帘人:指侍女,此时她正在卷帘,所以问她。

　〔五〕却:反而,表示不信任卷帘人的回答。海棠依旧:海棠花还和以前一样。

　〔六〕"知否"三句:是纠正卷帘人的话,海棠花不是"依旧",该是绿叶多红花少了。此是化用孟浩然《春晓》"夜来风雨声,花落知多少"句意。

【说明】

　李清照在靖康之难以前写的词,都以饮酒、惜花为内容,反映她当时那种悠闲、风雅的情调。这首词即是她怜花惜春之作。在疾风疏雨中她关心的是海棠,也可以说在咏海棠。"却道海棠依旧。知否、知否？应是绿肥红瘦。"海棠花的凋零是她最惋惜的,同时也包含着伤春的情绪。她的【好事近】词有云:"长记海棠开后,正是伤春时节。"可见作者以海棠的"绿肥红瘦"表达对暮春的感伤。一首小令,用几句问答话,问者有心,答者无意,把人物的神态鲜明地传达出来。又"绿肥红瘦",用语简练而形象化。

醉花阴〔一〕

薄雾浓云愁永昼〔二〕,瑞脑销金兽〔三〕。佳节又重阳〔四〕,玉枕纱厨〔五〕,半夜凉初透〔六〕。　　东篱把酒黄昏后〔七〕,有暗香盈袖〔八〕。莫道不销魂〔九〕,帘卷西风〔一〇〕,人比黄花瘦〔一一〕。

【注释】

〔一〕这首词是重阳日所作,抒发作者闺中的寂寞和惆怅。

〔二〕永昼:漫长的白天。

〔三〕瑞脑:一种香料,即龙脑,又名冰片,香味浓烈。金兽:兽形的铜香炉。销金兽,香炉里的香料渐渐烧完了。

〔四〕"佳节"句:是说又逢重阳佳节。

〔五〕玉枕:瓷枕。纱厨:纱帐。厨,同"帐"。

〔六〕凉:指夜里的凉气。

〔七〕东篱:种菊花的地方。陶渊明《饮酒》诗:"采菊东篱下,悠然见南山。"此化用其意。把酒:拿着酒杯饮酒。

〔八〕暗香:幽香,暗示有菊花。暗香盈袖,古诗十九首《庭中有奇树》有云:"馨香盈怀袖,路远莫致之。"此化用其意,表现采菊怀人的神情。

〔九〕销魂:江淹《别赋》:"黯然销魂者,唯别而已矣。"此即指离别的愁思。

〔一〇〕帘卷西风:西风卷起帘子。

〔一一〕人:作者自指。黄花:菊花。秦少游【如梦令】:"依旧,依旧,人与绿杨俱瘦。"此化用其意,是说自己看到院中的菊花,相比之下,自己的面容显得更消瘦。

【说明】

这首词是逢佳节思远人、抒情遣怀之作。重阳是登高游赏的节日,《东京梦华录》:"九月重阳,都下赏菊有数种……酒家皆以菊花缚成洞户,都人多出郊外登高。"登高赏菊是重九的习俗。上片写室外晨雾浓云密布,室内瑞脑香气缭绕,长日无聊。一个"愁"字活现出她此时的心境。念及佳节已到,远人未归,不能共同登高望远,饮菊花美酒,岂不令人生愁!下片写自己无奈独自饮酒赏菊,以陶渊明把酒东篱抒发情怀。末三句既是怜菊,更是伤别自怜,自己风姿憔悴,有甚于行将萎谢于西风中的黄花。这里以景见情,以物拟人,"人比黄花瘦",既传花之神,也传人之神。

永遇乐〔一〕

落日镕金〔二〕,暮云合璧〔三〕,人在何处〔四〕?染柳烟浓〔五〕,吹梅笛怨〔六〕,春意知几许〔七〕?元宵佳节,融和天气,次第岂无风雨〔八〕?来相召、香车宝马〔九〕,谢他酒朋诗侣〔一〇〕。

中州盛日〔一一〕,闺门多暇,记得偏重三五〔一二〕。铺翠冠儿〔一三〕,捻金雪柳〔一四〕,簇带争济楚〔一五〕。如今惟悴,风鬟雾鬓〔一六〕,怕见夜间出去〔一七〕。不如向帘儿底下,听人笑语。

【注释】

〔一〕这首词是宋南渡后李清照思念汴京旧事,写元宵节今昔不同的心情。

〔二〕落日镕金:形容落日的光辉像熔化的黄金。宋人习惯用镕金形容映照在水中的落日,如辛弃疾【西江月】词:"一川落日镕金。"又廖世英【好事近】词:"落日水镕金。"

〔三〕暮云合璧:形容暮云洁白如玉而相合。

〔四〕人:指自己。人在何处,是说自己置身何地。

〔五〕染柳烟浓:倒句,即"浓烟染柳"。

〔六〕吹梅笛怨:笛曲中有《梅花引》,这里是泛言笛曲,引起哀愁。

〔七〕几许:多少。

〔八〕次第:犹转眼。这两句是说虽然目前是好天气,难道不会转眼就有风雨?

〔九〕"来相召"句:倒句,即"香车宝马来相召",香车宝马,华美的车马。

〔一〇〕"谢他"句:辞谢饮酒作诗的朋友们的邀请。

〔一一〕中州:古代称河南省为中州,这里指北宋的都城汴梁。

〔一二〕三五:指农历正月十五元宵节。太平年代,看重这个节日,故云偏重。

〔一三〕铺翠冠儿:指妇女头上戴的翡翠珠镶的帽子。吴自牧《梦粱录·元宵》:"宫巷口、苏家巷二十四家傀儡,衣装鲜丽,细旦戴花朵适肩,珠翠冠儿,腰肢纤袅,宛若妇人。"

〔一四〕捻金雪柳:指妇女头上插戴着用黄纸、白纸扎成的柳枝。

《大宋宣和遗事·十二月预赏元宵》:"少刻,京师民有似雪浪,尽头上戴着玉梅、雪柳、闹娥儿,直到鳌山下看灯。"

〔一五〕簇带:插戴很多饰物。济楚:整齐、漂亮。争济楚,要显得最美观漂亮。

〔一六〕风鬟雾鬓:头发蓬松散乱的样子。苏轼《题毛女真》有云:"雾鬓风鬟木叶衣。"

〔一七〕怕见:懒得。

【说明】

张端义《贵耳集》说李清照"南渡以来,常怀念京、洛旧事,晚年赋【永遇乐】。"这首词通过对中州盛日元宵佳节欢乐景象的回忆,对比当前节日的凄凉寂寞,表现作者今昔不同的感受和对故国的思念。上片以景抒情,元宵佳节,天气晴朗,本应与酒朋诗友共同游赏观灯,但她却提出三个问题,谢绝了好意的邀请。其中最醒目的是"人在何处"一问,自己身在临安,反而明知故问,反映出她流落异乡孤独寂寞的心境。下片写懒得出游,分两层抒写,"中州"以下诸句是回忆从前汴京的盛况,"如今"以下诸句转回眼前的凄凉,今昔对比,盛衰之感,苦乐之别,倍加悲切。王夫之《薑斋诗话》评云:"以乐景写哀,以哀景写乐,一倍其哀乐。"词语工致,如"落日镕金,暮云合璧"诸句,又采用寻常语,如"如今憔悴"诸句,皆流畅而生动。

武陵春〔一〕

风住尘香花已尽〔二〕,日晚倦梳头。物是人非事事休〔三〕,欲语泪先流。　　闻说双溪春尚好〔四〕,也拟泛轻舟。只恐双溪舴艋舟〔五〕,载不动许多愁。

【注释】

〔一〕这首词是绍兴五年(1135)作者避难居金华时所作,流寓而有故乡之思。

〔二〕尘香:尘土里有落花的香味。花:一本作"春",不如作"花"意显。

〔三〕事事休:一切都完了。

〔四〕双溪:江名,在浙江省金华市。原是两条水,一为东港,一为南港,至金华合流的一段称婺港,又名双溪。

〔五〕舴艋(zé měng):小蝗虫。舴艋舟,像舴艋一样的小船。称小舟为舴艋,可能是当地的方言。

【说明】

这首词作于因避金兵流寓金华之时,其中寄托了家破人亡之痛。上片直抒胸臆,因花落春尽,自己也意兴索然,懒于梳洗。"物是人非",最能引发有苦难言的悲伤,至于"欲语泪先流"。下片写双溪的春光尚好,可以泛舟游赏,但怕自己的忧愁太重,小舟难以承载。乍喜又悲,极尽抑扬顿挫之致。这首词写作上最大的特点是将抽象的愁绪具体化,如"只恐双溪舴艋舟,载不动许多愁",生动而形象。也善于用虚字,如词的下片连用"闻说"、"也拟"、"只恐"三组虚字,作为起伏转折的契机。双溪春好,只不过是"闻说";泛舟游览,只不过是"也拟";在铺足之后,遂起跌宕,用"只恐"二字,将前面的游兴一笔勾销。一波三折,极为传神,使表达的情感更加深沉。

声声慢〔一〕

寻寻觅觅〔二〕,冷冷清清〔三〕,凄凄惨惨戚戚〔四〕。乍暖还寒时候[五],最难将息[六]。三杯两盏淡酒,怎敌他晚来风急[七]!雁过也,正伤心,却是旧时相识[八]。　　满地黄花堆积[九],憔悴损[一〇],如今有谁堪摘[一一]?守着窗儿,独自怎生得黑[一二]!梧桐更兼细雨,到黄昏点点滴滴。这次第,怎一个愁字了得[一三]!

【注释】

〔一〕这首词据张端义《贵耳集》说是作者在丈夫死后所作。就词的内容看,是可信的。

〔二〕寻:寻思。觅:搜索。寻寻觅觅,寻觅自己精神上可以寄托的安慰。

〔三〕冷冷清清:形容处境孤寂。

〔四〕凄凄:凄苦。惨惨:悲惨。戚戚:忧愁。

〔五〕还:意同"旋",立刻。句意是忽暖忽凉。

〔六〕将息:将养休息。

〔七〕敌:抵御。句意是说酒不能却寒。

〔八〕"雁过"三句:是说正伤心的时刻,见"旧时相识"的鸿雁飞过,想起雁能传书,如今却无人可传,倍增难堪。

〔九〕黄花:菊花。

〔一〇〕损:坏。憔悴损,形容消损。

〔一一〕"如今"句:意思是今天丈夫已经亡故,无人共同采菊观赏。

〔一二〕怎生:怎样。怎生得黑,怎样才能捱到天黑。

〔一三〕次第:这一系列情况。这两句意思是凡此种种并非一个"愁"字所能包括得了。

【说明】

　　这首词是作者写她于秋天临窗听雨的愁怀。她身经离乱,国危家破,丈夫亡故,忧患和愁苦都借秋天衰瑟的景色表现出来。上片"寻寻觅觅"是叙述自己在百无聊赖中内心的空虚,仿佛若有所失,"冷冷清清"是写环境,"凄凄惨惨戚戚"是写心境。如此凄切的环境和心境,又逢上"乍暖还寒"的时节,所以最难将息也。淡酒不解愁,雁过更伤心,旧时为她传书的雁,今天却"征鸿过尽,万千心事难寄"(【壶中天慢】)。下片进一步写自己心境的变化,丈夫已经亡故,无人共同赏菊,任凭花落满地,唯有独守秋窗,无奈何时天黑! 再加上梧桐细雨,更增凄切之感。最后用一个"愁"字总括全篇,说明自己的愁绪茫无边际。这首词在艺术上运用了许多双声叠韵和叠字,在音调上有助于抒发如泣如诉的情感。

岳　飞〔一〕

满江红〔二〕

怒发冲冠〔三〕,凭栏处、潇潇雨歇〔四〕。抬望眼,仰天长啸〔五〕,壮怀激烈。三十功名尘与土〔六〕,八千里路云和月〔七〕。莫等闲、白了少年头,空悲切〔八〕。　　靖康耻〔九〕,犹未雪;臣子恨,何时灭? 驾长车、踏破贺兰山缺〔一〇〕。壮志饥餐胡虏肉,笑谈渴饮匈奴血〔一一〕。待从头、收拾旧山河,朝天阙〔一二〕。

【注释】

〔一〕岳飞：生于宋徽宗崇宁二年（1103），卒于宋高宗绍兴十一年十二月二十九日（1142 年 1 月 27 日），字鹏举，相州汤阴（今属河南）人。少年从军，历官河南、北诸路招讨使、枢密副使。他是南宋初的抗金名将，屡次打败金兵，战功卓著，因坚持抗敌，被奸臣秦桧谋害。他的文学作品不多，词仅存三首。有《岳忠武王集》。

〔二〕这首词大概作于宋高宗绍兴二年（1132）前后。

〔三〕怒发冲冠：愤怒得头发竖起来顶住帽子。《史记·廉颇蔺相如列传》："相如因持璧却立（退立）倚柱，怒，发上冲冠。"

〔四〕凭栏：倚靠栏杆。潇潇：急骤的雨声。

〔五〕抬望眼：抬头望远。长啸：蹙口作声，《三国志·蜀书·诸葛传》注引《魏略》："每晨夜从容，常抱膝长啸。"

〔六〕"三十"句：三十岁了，虽然建立了功名，不过像尘土一样微不足道。这时岳飞已三十多岁，这里是举成数而言。

〔七〕"八千"句：披星戴月转战数千里。

〔八〕等闲：轻易，随便。句意是不要浪费青春，即古乐府"少壮不努力，老大徒伤悲"之意。

〔九〕靖康耻：北宋末宋钦宗靖康元年（1126），金兵攻陷汴京，徽宗、钦宗被俘的耻辱。

〔一〇〕长车：犹长毂，古代兵车之称。《穀梁传·文公十四年》："长毂五百乘。"贺兰山：在今天宁夏回族自治区和内蒙古自治区交界处。这里并非实指，而是泛指金人占领的地方。缺：是踏破的结果。

〔一一〕"壮志"二句：表示对敌人的仇恨。苏舜钦《吾闻》诗："马跃践胡肠，士渴饮胡血。"此化用其意。

〔一二〕收拾：整顿。朝：朝见。天阙：宫门。朝天阙，朝见皇帝。

【说明】

这首词表现了作者迫切要求报仇雪耻,收复山河的豪情壮志。抒发作者那种金戈铁马、气吞万里的气象,足以震山河,贯日月。而且通篇风格犷达,音调激越,一气呵成,不可抑止。陈廷焯《白雨斋词话》云:“千载后读之,凛凛有生气焉。”激发了历代仁人志士的爱国情操。

张元幹〔一〕

贺新郎 送胡邦衡待制赴新州〔二〕

梦绕神州路〔三〕,怅秋风、连营画角〔四〕,故宫离黍〔五〕。底事昆仑倾砥柱〔六〕,九地黄流乱注〔七〕?聚万落千村狐兔〔八〕。天意从来高难问,况人情老易悲难诉〔九〕!更南浦,送君去〔一〇〕。 凉生岸柳催残暑〔一一〕。耿斜河〔一二〕,疏星淡月,断云微度〔一三〕。万里江山知何处〔一四〕?回首对床夜语〔一五〕。雁不到,书成谁与〔一六〕?目尽青天怀今古〔一七〕,肯儿曹、恩怨相尔汝〔一八〕?举大白,听《金缕》〔一九〕。

【注释】

〔一〕张元幹:生于宋哲宗元祐六年(1091),约卒于宋孝宗乾道六年(1170),字仲宗,号芦川老隐,长乐(今属福建)人。官至将作少监(管土木营建)。南渡后,秦桧当权,他不愿与奸佞同朝,弃官而去。

后因作同送别反对和议被贬新州的胡铨而被削职。他的词继承了苏轼豪放派的词风,慷慨激昂,表现了抗敌救国的激情。有《芦川词》。

〔二〕胡邦衡:胡铨,字邦衡。待制:备皇帝顾问的官。新州:今广东省新兴县。高宗绍兴八年(1138),宋向金屈辱求和,胡铨反对和议,上书请斩秦桧、王伦,遭贬。绍兴十二年(1142),又被除名押送新州编管。张元幹此时写这首词送他,也因此获罪。"待制"是胡铨20多年后任的官职,此二字可能是后人加的。

〔三〕神州:原指中国,这里指中原沦陷地区。句意犹苏轼【念奴娇·赤壁怀古】词"故国神游";也即《世说新语·言语》篇引东晋王导语"当共戮力王室,克复神州"之意也。

〔四〕怅(chàng):失意哀伤。连营:军营相连。画角:军中有彩绘的号角。

〔五〕故宫:指汴京的宫殿。离黍:《诗经·王风》有《黍离》篇,是说周平王东迁之后,周大夫经过西周故都见宗庙宫室都长满了禾黍,作《黍离》诗以吊之。诗的首句"彼黍离离",描写黍穗下垂的样子。这里变"黍离"为"离黍",是为了叶韵。

〔六〕底事:何事,为什么。昆仑倾砥柱:相传昆仑山上有铜柱,其高入天,称为天柱(见《神异经》)。又相传古代共工与颛顼争为帝,共工怒触不周山,天柱折,地维绝(见《淮南子·天文训》)。砥柱,山名,在黄河中,禹治水,破山通河,河水包山而过,山在水中如柱,因名砥柱(见《水经·河水注》)。这里综合用这三个传说而有所变化,其意犹若杜甫《自京赴奉先县咏怀五百字》诗:"疑是崆峒来,恐触天柱折。"比喻北宋王朝的沦亡。

〔七〕九地:九州之地,犹全国各地。黄流乱注:黄河洪水泛滥,以喻金兵侵犯所造成的灾难。

〔八〕万落千村:即千万村落。狐兔:喻金兵。句意是说成千上万个村落被金兵所盘踞。

〔九〕"天意"二句：化用杜甫《暮春江陵送马大卿公恩命追赴阙下》"天意高难问,人情老易悲"的语意,是说皇帝高高在上,他的意旨令人难测,人之常情是老年更易悲伤,但悲伤却又难以倾诉。其中委婉地表示对宋高宗信任奸臣、赞同和议的不满。

〔一〇〕更：这里表示进一层的失望。南浦：古人送别的地方。浦,水滨。屈原《九歌·河伯》："送美人兮南浦。"又江淹《别赋》："送君南浦,伤如之何!"

〔一一〕催：驱散。

〔一二〕耿：明亮。斜河：即天河。天河转斜,即黎明前的天空景色。

〔一三〕断云：片断的云。断云微度,是说片断白云徐缓地飘动于深夜天空之中。

〔一四〕知何处：不知胡铨贬所在哪里。

〔一五〕回首：回想。对床夜语：指从前与胡铨长夜谈心论政的交谊难忘。

〔一六〕雁不到：相传雁能传书,但北雁南飞到湖南衡阳便不再南飞。新州属广东,是雁飞不到的地方。书成谁与：将写好的书信交给谁送?

〔一七〕目尽青天：放宽眼界看天下。怀今古：思索古往今来的国家大事。

〔一八〕肯：岂肯。儿曹恩怨相尔汝：化用韩愈《听颖师弹琴》"昵昵儿女语,恩怨相尔汝"的语意。儿曹,小孩子们。尔汝,你呀我呀相称,表示亲昵。句意是说怎么肯像孩子们那样彼此间专讲些恩怨私情呢?

〔一九〕大白：酒杯名。举大白,即举杯痛饮。金缕：即《金缕曲》,也即本词《贺新郎》。

【说明】

这首词抒发了作者对中原沦陷的悲痛,对宋朝统治集团卖国求和的愤慨和对爱国者遭迫害的同情。上片感叹时局,写心系中原,魂梦缭绕中的中原沦陷后,在金兵的侵犯下一片荒凉残破景象。其中提出了一个问题,即为什么国家会沦亡? 结语是"天意从来高难问,况人情老易悲难诉",皇天在上,他的意旨是无法推测的,把笔锋委婉地指向宋朝最高统治者。这是上片的关键词语。下片写送别,先点明时序,又借景抒情。时值新秋,今宵一别,天涯海角,后会难期,当年对床夜语的往事不堪回首。最后说:"目尽青天怀今古,肯儿曹、恩怨相尔汝?"放眼天下,怀想古今,不要为离别而忧伤,所以送别而勉励之。词的格调慷慨激昂,苍凉悲壮,足以表现作者抑塞磊落之气。

石州慢　　己酉秋吴兴舟中〔一〕

雨急云飞,瞥然惊散〔二〕,暮天凉月。谁家疏柳低迷〔三〕,几点流萤明灭。夜帆风驶〔四〕,满湖烟水苍茫〔五〕,菰蒲零乱秋声咽〔六〕。梦断酒醒时,倚危墙清绝〔七〕。　　心折〔八〕,长庚光怒〔九〕,群盗纵横〔一〇〕,逆胡猖獗〔一一〕。欲挽天河,一洗中原膏血〔一二〕! 两宫何处〔一三〕? 塞垣只隔长江〔一四〕,唾壶空击悲歌缺〔一五〕。万里想龙沙〔一六〕,泣孤臣吴越〔一七〕。

【注释】

〔一〕己酉:宋高宗建炎三年(1129)。吴兴:今浙江省湖州市。建炎三年,金兵大举南侵、直达扬州。高宗从扬州狼狈渡江逃走,江北地区完全沦陷,这首词即作于同年秋天。

〔二〕瞥然:一眨眼时间。

〔三〕低迷:模糊不清。

〔四〕夜帆风驶:夜里行船,疾速如风。

〔五〕苍茫:茫无边际的样子。

〔六〕菰(gū):水生植物,又名茭白。蒲:水生植物,蒲草。咽:幽咽,声音凄切。秋声咽,秋天的风声凄切。

〔七〕危樯:船上高耸的桅杆。清绝:其清无比。

〔八〕心折:内心摧折,心惊。江淹《别赋》:"使人意夺神骇,心折骨惊。"

〔九〕长庚:即金星,相传它出入失时,"未当出而出,未当入而入"(见《汉书·天文志》),天下将有兵祸。光怒:发出强烈的光芒。

〔一〇〕群盗:指被朝廷压迫、剥削下起来反抗的人民。

〔一一〕逆胡:指叛逆的金人。

〔一二〕"欲挽"二句:化用杜甫《洗兵马》诗:"安得壮士挽天河,净洗甲兵长不用。"这里是说用来洗去中原敌人的膏血,即打退金人。挽,引。天河,银河。

〔一三〕两宫:指徽宗和钦宗。当时已被金兵掳去。

〔一四〕塞垣:边塞。句意是南宋与金只隔着一条长江。

〔一五〕"唾壶"句:《世说新语·豪爽》记载,晋王敦每当酒后,便咏"老骥伏枥,志在千里;烈士暮年,壮心未已。"(曹操《龟虽寿》中的诗句)并用铁如意打唾壶,壶口全缺。作者用王敦事表示自己不能杀敌雪耻的悲愤心情。

〔一六〕龙沙:西域白龙堆沙漠,这里指金人囚系徽宗、钦宗的地方。

〔一七〕孤臣:作者自称。吴越:今江苏南部和浙江一带。

【说明】

这是一首忧国伤时之作。上片写秋江夜景,急雨飞云掩盖了凉月,船疾行在烟水苍茫的湖中,零乱的秋声犹如悲咽。是写景,也流露了作者的心境。下片抒情,雨过之后,"长庚光怒",想到国家的艰危,"群盗纵横,逆胡猖獗",誓愿"欲挽天河,一洗中原膏血"!但壮志难酬,唯"唾壶空击悲歌缺",表现了不能杀敌报国的悲愤心情。最后为忧念徽、钦二宗而痛哭!忧国念君是词的主旨。通篇采用入声韵,声调激昂,具有慷慨悲壮的郁勃之气。

张孝祥〔一〕

六州歌头〔二〕

长淮望断〔三〕,关塞莽然平〔四〕。征尘暗〔五〕,霜风劲,悄边声〔六〕。黯销凝〔七〕!追想当年事〔八〕,殆天数,非人力,洙泗上〔九〕,弦歌地〔一〇〕,亦膻腥〔一一〕。隔水毡乡〔一二〕,落日牛羊下〔一三〕,区脱纵横〔一四〕。看名王宵猎〔一五〕,骑火一川明〔一六〕,笳鼓悲鸣,遣人惊。　　念腰间箭〔一七〕,匣中剑,空埃蠹〔一八〕,竟何成!时易失,心徒壮,岁将零〔一九〕,渺神京〔二〇〕。干羽方怀远〔二一〕,静烽燧〔二二〕,且休兵。冠盖使〔二三〕,纷驰骛〔二四〕,若为情〔二五〕?闻道中原遗老,常南望,翠葆霓旌〔二六〕。使行人到此,忠愤气填膺,有泪如倾〔二七〕。

【注释】

　　〔一〕张孝祥:生于宋高宗绍兴二年(1132),卒于宋孝宗乾道六年

（1170），字安国，历阳乌江（今安徽和县东北）人。宋高宗时考取进士第一，历任中书舍人、建康留守、荆南荆湖北路安抚使等职。在建康留守任内，因赞助张浚的北伐计划，受主和派的打击，曾被免职。他是南宋著名的文学家，南宋初年与张元幹是文坛上的双璧。其文学创作，前承苏轼的文风，后开辛弃疾的先河。有《于湖词》。

〔二〕这首词是宋孝宗隆兴元年（1163）所作。当时都督江、淮的张浚在符离（今安徽宿县）大败，主和派得势，与金通使议和。相传张浚召集抗金志士于建康上书反对和议。张孝祥正在建康任留守，即席赋此词，张浚深受感动，为之罢席（见《说郛·朝野遗记》）。

〔三〕长淮：即淮河，南宋的前线。"望"，直贯至下文"悄边声"。

〔四〕关塞：关山要塞。莽然：形容"平"，草木茂密的样子。这两句是针对南宋撤掉两淮边备而言。

〔五〕征尘暗：风吹尘扬，天色昏暗。

〔六〕边声：边地上特有的声音。悄边声，边地上悄然无声，暗示放弃了抵抗。

〔七〕黯：精神颓丧的样子。销凝：销魂、凝魂的简略语，是出神的意思。

〔八〕当年事：指靖康二年（1127），徽、钦二宗被掳北去的事。

〔九〕洙泗：二水名，流经曲阜，孔了是曲阜人，在这里讲学，是周代文化的中心。

〔一〇〕弦歌：配合琴音的歌声。《史记·孔子世家》："三百五篇，孔子皆弦歌之，以求合韶、武、雅、颂之音。"弦歌地，即有文化教育的地方。

〔一一〕膻腥：牛羊的腥臊气。意思是文化圣地也被金人的腥臊气玷污了。

〔一二〕隔水：隔一条淮河。毡乡：毡帐聚集的金人居住地。

〔一三〕"落日"句：用《诗经·王风·君子于役》"日之夕矣,羊牛下来"语,指金人的游牧生活。

〔一四〕区(ōu)脱：汉代匈奴筑以守边的土室。以上二句是说落日之下,唯见回家的牛羊和纵横排列用以守边的土室。

〔一五〕名王：匈奴诸王中特别显贵的王,这里指金的主将。宵猎：夜间打猎,这里指夜行军。

〔一六〕"骑火"句：骑兵手执火把,火光把河水都照亮了。

〔一七〕念：此字直贯至下文"渺神京"。

〔一八〕空埃蠹：白白地被尘封虫蛀,指武器久置不用。

〔一九〕零：尽。岁将零,此以岁月将尽喻年老。

〔二〇〕神京：指汴京。渺神京,汴京遥远,有可望而不可即之意。

〔二一〕干：盾牌。羽：用野鸡尾做的舞具。二者都是乐舞的用具。《尚书·大禹谟》："舞干羽于两阶。"古代以礼乐怀柔远方不归服的民族,这里指对金议和。

〔二二〕烽燧：火叫烽,烟叫燧,烽燧是在高台上烧起烟火以报警。静烽燧,平静无战事。

〔二三〕冠盖：冠服、车盖,古代士大夫所服用。冠盖使,指与金人议和的使臣。

〔二四〕驰骛：奔走。纷驰骛,往来奔走。

〔二五〕若为情：何以为情,难以为情。

〔二六〕"闻道"三句：是说中原人民希望王师北伐,收复失地。翠葆,用翠羽装饰的车盖。霓旌,虹蜺一样的旌旗。都是帝王所用,此指御驾。

〔二七〕行人：指到淮河边的人。填膺：填胸。江淹《恨赋》："置酒欲饮,悲来填膺。"以三句是说到淮河边的人,看到上述诸现象,必然悲愤满怀而落泪。

【说明】

这首词是抒写作者对南宋朝廷偏安江左的愤慨。上片写北望淮水以北地区一片荒凉和敌人骄纵猖狂的景象,不禁使自己"黯销凝"!伤神而丧魄。下片写朝廷求和的使者往来驰骛,和议已成,自己报国的壮志难酬,中原父老渴望北伐,也只是幻想。如此种种现象,令人"忠愤气填膺,有泪如倾",表现了满腔的怨恨和愤慨。作者利用《六州歌头》词调句短节促的特点,抒发抑扬起伏的感情,形成激昂悲壮、慷慨苍凉的风俗。清陈廷焯《白雨斋词话》评这首词云:"淋漓痛快,笔饱墨酣,读之令人起舞。"

念奴娇　过洞庭〔一〕

洞庭青草〔二〕,近中秋、更无一点风色。玉鉴琼田三万顷〔三〕,著我扁舟一叶〔四〕。素月分辉〔五〕,明河共影〔六〕,表里俱澄澈〔七〕。悠然心会,妙处难与君说〔八〕。　　应念岭表经年〔九〕,孤光自照,肝肺皆冰雪〔一〇〕。短鬓萧骚襟袖冷〔一一〕,稳泛沧溟空阔〔一二〕。尽挹西江〔一三〕,细斟北斗〔一四〕,万象为宾客〔一五〕。叩舷独啸〔一六〕,不知今夕何夕!〔一七〕

【注释】

〔一〕作者于宋孝宗乾道元年(1165)知静江府(今广西桂林)兼广南西路经略安抚使。次年,被谗言罢官,自桂林北归,过洞庭湖,作了这首词。

〔二〕洞庭、青草:都是湖名,洞庭湖在湖南省;青草湖在洞庭湖之南,北一与洞庭湖相通。

〔三〕鉴:镜。琼:玉。玉鉴琼田.这是形容月光下的湖水澄莹。

三万顷：极言其辽阔。

　　〔四〕著：附着。

　　〔五〕素月分辉：月的光辉分给湖水，湖水更加明亮。

　　〔六〕明河：银河。明河共影，空中的银河与湖水中的银河没有区别，是一个影像。

　　〔七〕表里：里外，上下。以上三句是说天空与湖面、月华与波光互相辉映，形成上下通明的境界。

　　〔八〕悠然：闲适的样子。以上二句是说这种开阔澄澈境界的妙处，只有深细地领会，很难和你述说。

　　〔九〕岭表：五岭之南，今广东、广西地区。经年：过了一年或一年以上。此为作者回忆在广西桂林做官时的情况。

　　〔一〇〕孤光：指月亮。苏轼【西江月】词：“中秋谁与共孤光。”以上二句是说当时孤月独赏，心地光明磊落，冰清玉洁。

　　〔一一〕萧骚：本意是萧条凄凉，这里是头发稀薄的意思。骚，一作“疏”。

　　〔一二〕沧溟：海水，这里指辽阔弥漫的湖水。句意是安稳地泛舟在辽阔如海的湖上。

　　〔一三〕挹(yì)：舀取。西江：语出《庄子·外物》，庄周对涸辙鲋鱼说：“诺，我且南游吴越之王，激西江之水而迎子，可乎？”

　　〔一四〕斟：酌酒。北斗：星宿名，由七颗星组成，形状如斗（古代的酒器），故名。《楚辞·九歌·东君》：“援北斗兮酌桂浆。”此用其意。

　　〔一五〕象：光耀。万象，指日月星辰等。以上三句是说舀尽西江的水以为酒，把北斗（星）当做酒器来斟酒，邀请天上的星辰万象作宾客。

　　〔一六〕舷：船边。叩舷独啸，豪情逸志寄托于啸声中。啸，一作“笑”。

〔一七〕"不知"句:《越人歌》:"今夕何夕兮,搴舟中流!"语意本此。是说不知这是一个多么好的夜晚呵!

【说明】

　　这首词是作者描写自己被谗落职后的心境,抒发自己高洁的品质和旷达的胸怀。上片写时近中秋月夜湖中的景色,极写月光之皎洁,湖水之广阔,月华星辉,波光水色,水天辉映,上下通明。对此,自己心神与之交会,很难诉诸言辞。下片写自己的心迹。回想当年为官岭表,以孤月为伴,引清光相照,"肝肺皆冰雪",光明磊落,肝胆照人,犹如那万顷湖水在素月下之表里澄澈。所以回答那些谗害者。今天虽然落职,不免冷落,但豪情不减,仍与天地万物纵情豪饮。全词把自己被谗后的旷达胸怀表现得淋漓酣畅。这首词在风格上与苏轼【水调歌头】写中秋夜之作很相近,精神也相通。

范成大〔一〕

后催租行〔二〕

老父田荒秋雨里〔三〕,旧时高岸今江水〔四〕。佣耕犹自抱长饥〔五〕,的知无力输租米〔六〕。自从乡官新上来〔七〕,黄纸放尽白纸催〔八〕。卖衣得钱都纳却〔九〕,病骨虽寒聊免缚〔一○〕。去年衣尽到家口〔一一〕,大女临歧两分首〔一二〕。今年次女已行媒〔一三〕,亦复驱将换升斗〔一四〕。室中更有第三女,明年不怕催租苦〔一五〕！

【注释】

〔一〕范成大:生于宋钦宗靖康元年(1126),卒于宋光宗绍熙四年(1193),字致能,号石湖居士,吴县(今江苏苏州)人。宋高宗绍兴二十四年(1154)中进士,先后任礼部员外郎、中书舍人、参知政事。孝宗乾道六年(1170),奉命使金,慷慨抗节,不怕威胁,保持了民族尊严,朝野称道。晚年隐居苏州石湖。他是南宋著名的诗人,继承中唐新乐府的传统,写过不少田园诗。其特点不只是写田园风光,而且揭露了统治阶级对农民的压迫和剥削。诗风华美流畅、奔逸清新。有《石湖居士诗集》。

〔二〕这首诗大约作于宋高宗绍兴二十五年(1155),作者在新安任司户参军时。作者此前曾写过《催租行》,自注"效王建",说明他是有意继承白居易、王建的创作传统。这首诗也是咏催租,故题《后催租行》。

〔三〕老父:老翁。

〔四〕"旧时"句:由于秋雨多,江水泛滥,以前的高岸今天被江水淹没。

〔五〕佣耕:由于自己的田被水淹没,只好为别人耕种,沦为雇农。犹自抱长饥:还是长时间忍受饥饿。

〔六〕的知:的确知道。输:缴纳。

〔七〕乡官:地方官。

〔八〕黄纸:指皇帝免租的诏书。白纸:指地方官吏催租的公文。放:放置。放尽,全部豁免。句意是说朝廷颁诏豁免灾区的赋税,可是地方官吏还是催逼征收。苏轼在北宋时即向皇帝指出:"四方皆有'黄纸放而白纸收'之语。"(见《东坡集》卷二十八《应诏言四事状》)

说明这种虚免实征的骗术沿袭很久了。

〔九〕纳却:缴纳完了。

〔一〇〕聊免缚:聊且免受官府捆绑。

〔一一〕衣尽到家口:衣服卖光,只好卖家中的人口。

〔一二〕歧:岔道。分首:分别后各奔前程。

〔一三〕行媒:指派来媒人下聘礼,即已经订婚。

〔一四〕"亦复"句:也要卖掉换取升斗粮食。

〔一五〕"室中"二句:家中还有三女儿,预料明年仍然是卖女交租。

【说明】

　　这首诗是揭露南宋官府对农民的残酷剥削。作者采用乐府歌行体,完全是客观的描写,描写农民于秋涝田荒,颗粒不收,不得不为人佣耕,然仍忍饥挨饿,的确无再交租米的能力了。朝廷颁诏豁免租税,地方官吏则还催逼征收,完全玩弄的是一种骗人把戏。农民在残酷的剥削下,只得卖衣服交租,病体虽寒,尚可免除被捆绑的痛苦。衣服卖光,怎么办?无奈只得卖儿鬻女,"医得眼前疮,剜却心头肉"。上年卖掉大女儿,今年还要卖掉已下过聘礼的二女儿。明年怎么办呢?"室中更有第三女",所以"不怕催租苦"!表面上的豁达,实则是他内心极端痛苦的表现。通首诗歌具体地揭示了在封建官府赋税的压迫下,农民家破人亡,没有活路了。

州　桥〔一〕

州桥南北是天街〔二〕,父老年年等驾回〔三〕。忍泪失声询使者〔四〕:"几时真有六军来〔五〕?"

【注释】

〔一〕宋孝宗乾道六年（1170），范成大出使到金，经过汴京，作《州桥》《福胜阁》《宣德楼》等诗篇，内容或凭吊故宫废苑，或咏叹遗民之渴望恢复。

〔二〕州桥：即汴梁城中跨汴河的天汉桥。题下作者自注："南望朱雀门，北望宣德楼，皆旧御路也。"天街：京城的街道，即御路。

〔三〕驾：车的总称，这里指皇帝的车子。州桥正当宫城正门，是皇帝车驾北归所必经，因此父老在此等侯。年年等驾回，意思是盼望已久，驾终未回。

〔四〕失声：泣不成声。使者：作者自指。

〔五〕六军：古代帝王有六军，这里指朝廷的军队，犹如王师。杜甫《悲陈陶》诗："都人回面向北啼，日夜更望官军至。"这里化用其意。意思是什么时候真正调兵来收复沦陷区？

【说明】

这首诗是描写中原父老盼望恢复的迫切心情。他们年年等驾回归，但终归失望。这次见到使者，在敌占区他们不敢公开表示自己的愿望，只是"忍泪失声"地寻问："几时真有六军来？"仍然在希望和失望之间。生动形象地表现了中原父老那种将信将疑的神情。

夜坐有感〔一〕

静夜家家闭户眠，满城风雨骤寒天〔二〕。号呼卖卜谁家子〔三〕，想欠明朝籴米钱〔四〕。

【注释】

〔一〕这首诗是宋孝宗淳熙十二年（1185）冬天，作者在家闲居时所作。

〔二〕骤寒天:天气骤然寒冷。

〔三〕号(háo)呼:拖长声音地呼叫。卜(bǔ):古人用火灼龟甲取兆,以预测吉凶,叫卜。卖卜,即算卦。

〔四〕欠:缺少。明朝:明天。籴(dí):买粮。

【说明】

　　这首诗是描写在风雨交加、天气骤然变冷的深夜,卖卜者为求取明天的口粮而大声呼叫。他冒着风雪沿街卖卜,因为"忍寒犹可忍饥难"。(《雪中闻墙外鬻鱼菜者求售之声甚苦有感》)表现了平民百姓啼饥号寒的悲惨境遇。

四时田园杂兴(六十首选二)

　　淳熙丙午〔一〕,沉疴少纾〔二〕,复至石湖归隐,野外即事,辄书一绝;终岁得六十篇,号《四时田园杂兴》。

其二

昼出耘田夜绩麻〔三〕,村庄儿女各当家〔四〕。童孙未解供耕织〔五〕,也傍桑阴学种瓜〔六〕。

【注释】

〔一〕淳熙丙午:即淳熙十三年(1186)。

〔二〕沉疴(kē)少纾:重病稍稍见好。

〔三〕耘:除草。绩:捻麻线、捻麻绳。

〔四〕当家:内行的意思,与后代当家做主的意义不同。句意是说儿女耕织各有专业,并且也熟练。

〔五〕童孙:幼小的孙子。供:从事。

〔六〕傍(bàng):依靠。

【说明】

这首诗是描写农村的男女都是种田和纺绩的行家,儿童不懂得耕织,也在桑树阴下学习种瓜。他们都热爱劳动,并具有劳动热情。

其五

垂成稼事苦艰难〔一〕,忌雨嫌风更怯寒〔二〕。笺诉天公休掠剩〔三〕,半偿私债半输官〔四〕。

【注释】

〔一〕垂成:即将完成。稼(sè):收获庄稼。稼事,收获庄稼时的农田工作。

〔二〕"忌雨"句:是说收获时忌惮下雨,嫌恶刮风,更怕天寒。

〔三〕笺:古代与表章类似、下级对上级的呈文。笺诉,写呈文请求。天公:上天的主宰者,即老天爷。掠剩:即剩余不多也遭掠夺。作者《劳畲耕》诗有云:"掠剩增釜区,取盈折缗钱。"

〔四〕偿:偿还。私债:指地主、富人的高利贷。输官:缴纳给官家。

【说明】

这首诗是描写农民被剥削的苦况。他们既忌雨,又嫌风,更怯寒,诚所谓"稼事苦艰难",一年艰苦劳动所得,一半要偿还私债,一半要缴纳官府,收获完了,自己却一无所得。据《宋史·食货志》记载:"富者操奇赢之资,贫者取倍称之息;一或小稔(收成),富家责债愈急;调税未毕,资储罄然。"这首诗即反映了当时的历史真实。

杨万里[一]

插秧歌[二]

田夫抛秧田妇接,小儿拔秧大儿插[三]。笠是兜鍪蓑是甲,雨从头上湿到胛[四]。唤渠朝餐歇半霎[五],低头折腰只不答。秧根未牢莳未匝[六],照管鹅儿与雏鸭[七]。

【注释】

〔一〕杨万里:生于宋高宗建炎元年(1127),卒于宋宁宗开禧二年(1206),字廷秀,号诚斋,吉州吉水(今属江西)人。高宗绍兴二十四年(1154)举进士。历任零陵县丞、太常博士、宝谟阁直学士等职。他为人刚直敢言,不畏权贵,拒绝权奸韩侂胄对他的笼络,家居15年,并大书韩侂胄的罪状,忧愤成疾而卒。他的诗初学江西派,继学王安石,也学晚唐诗,最后"忽若有悟",改弦更张,自辟蹊径,创"诚斋体",反对摹拟,主张师法自然,崇尚因物感兴,信手发挥。有《诚斋集》。

〔二〕这首诗是作者于孝宗淳熙六年(1179)离开常州西归故乡吉水,路经衢州时所作,描写当地农民勤劳插秧的情况。

〔三〕"田夫"二句:夫抛妇接,小儿拔大儿插,极写全家之忙碌并顺序井然。

〔四〕笠:斗笠。兜鍪(móu):古代上兵所戴的头盔。蓑:蓑衣。甲:铠甲。胛:背胛,背和两膊之间。以上二句是说戴"盔"披"甲",还淋得全身是水。

〔五〕渠:他。朝餐:吃早饭。半霎(shà):片刻,一小会儿。

〔六〕莳(shì):分布栽植。匝(zā):周遍,这里有完毕的意思。

〔七〕照管:看管,防备。雏:小鸭。

【说明】

这首诗是描写农民全家冒雨插秧的紧张劳动情景。为了及时插秧,他们以斗笠为头盔,以蓑衣为铠甲,顾不得雨淋,顾不得吃饭,顾不得休息,连话也顾不得说,稻秧尚未插完,还要看管鹅、鸭对稻秧的践踏损害等。展现了农民紧张地抢耕抢种的图景。《插秧歌》者,歌咏农民的劳动热情。

初入淮河绝句〔一〕(四首选二)

其一

船离洪泽岸头沙〔二〕,人到淮河意不佳〔三〕。何必桑干方是远〔四〕,中流以北即天涯〔五〕。

【注释】

〔一〕这组诗是宋光宗绍熙元年(1190),作者奉命去迎接金国派来的

"贺正使"途中写的。

〔二〕洪泽:湖名,在今江苏、安徽之间,与淮河相通。作者即由此乘船北入淮河。岸头沙:即沙岸。

〔三〕意不佳:心情不好。南宋朝廷割淮河以北给金,与金以淮河为界,所以当时人到淮河,心情总是不平静的。

〔四〕桑干:河名,即永定河,源于山西省,流经内蒙古自治区、河北省入运河。方是远:才算远。从前人们都以为桑干河逼近塞北,距内地很远。

〔五〕中流:指淮河的河心。天涯:天边,极言其远,谓这里不是南宋疆土,因此有远在天涯之感。

【说明】

这首诗是写作者途经淮河时内心之不平静。不平静的原因何在?"何必桑干方是远,中流以北是天涯。"北宋时期北方以桑干河为疆界,而今天淮河却成了极北的边界。委婉含蓄地抒发了国土沦丧的愤慨。

其三

中原父老莫空谈〔一〕,逢着王人诉不堪〔二〕。却是归鸿不能语,一年一度到江南。

【注释】

〔一〕莫:不是。

〔二〕王人:皇帝的使臣。诉不堪:诉苦。

【说明】

　　这首诗是描写中原人民对南宋朝廷不能收复国土的不满。意思是中原父老向南宋的使臣诉苦也没有用,倒不如不会说话的鸿雁,年年都能从北方飞回南方。表现了对故国的怀念。

悯　农

　　稻云不雨不多黄〔一〕,荞麦空花早着霜〔二〕。已分忍饥度残岁〔三〕,更堪岁里闰添长〔四〕!

【注释】

　　〔一〕云不雨:云而不雨。黄:指稻熟。句意是说应该收稻子的时候,却有云无雨,稻子成熟的不多。

　　〔二〕荞麦:子实磨成面,供食用。

　　〔三〕分:料到。已分,已经顶料到。

　　〔四〕更堪:那堪,岂堪。闰:闰月,多一个月。

【说明】

　　这首诗是写农民遭遇天灾时饥寒交迫的景况。前两句写天灾,后两句写饥饿。挨饿已经料定,又逢上闰月,更不堪忍受了。末句深化了主题,表现了对农民的深切同情,即切诗题"悯农"也。

闷歌行〔一〕(十二首选一)

　　阻风泊湖心康郎山旁小洲三宿〔二〕,作《闷歌行》。

　　风力掀天浪打头,只须一笑不须愁。近看两日远三日〔三〕,

气力穷时会自休。

【注释】

〔一〕这首诗是作者于宋光宗绍熙三年(1192),以江东转运副使巡行州县,经过鄱阳湖时所作。

〔二〕康郎山:在鄱阳湖心。作者在《四月十三日度鄱阳湖》自注中云:"湖心一山曰康郎山,其状如蛭浮水上。"三宿:三夜。

〔三〕近看句:近时看得两天,远时看得三天,大风即会过去。

【说明】

这首诗是写作者乘船经过鄱阳湖时,遇上大风,风力之大能掀天,浪拍船头,自己临险不惊,以一笑置之,因为自信风力有穷尽之时,两三天内即将过去。表现了遇逆境而泰然自若的精神。

陆 游〔一〕

游山西村〔二〕

莫笑农家腊酒浑,丰年留客足鸡豚〔三〕。山重水复疑无路,柳暗花明又一村〔四〕。箫鼓追随春社近〔五〕,衣冠简朴古风存。从今若许闲乘月〔六〕,拄杖无时夜叩门〔七〕。

【注释】

〔一〕陆游:生于宋徽宗宣和七年(1125),卒于宋宁宗嘉定三年

(1210),字务观,号放翁,越州山阴(今浙江绍兴)人。家庭环境影响他早年即有爱国思想,为此而考不上进士。孝宗即位,起用主战派,他才被赐进士出身。因主张北伐失利,得罪罢官,当时他结识了曾几,使他的诗歌创作受江西派的影响,追求格律。中年曾任夔州(今重庆奉节)通判、川陕宣抚使公署干办公事、四川判置司的参议官等职,他奔赴各地,了解民情,提出了许多抗敌复国的主张,但都未能买现,壮志难伸,便以诗酒抒发怀抱,表现了豪迈的诗风。他把自己的诗歌命名为《剑南诗稿》,即说明对这一时期创作的珍视。晚年基本上在家乡隐居,这期问加深了对农民的了解,写了不少反映农民生活的诗篇,诗风由奔放豪迈转向闲适淡泊。陆游的时代和生活,赋予他的诗歌以新的内容,使他成为南宋诗坛上的领袖人物。有《渭南文集》《剑南诗稿》《放翁词》。

〔二〕宋孝宗乾道二年(1166),作者因为支持张浚北伐,被罢免隆兴(府治在今江西南昌)通判的官职,回到山阴镜湖的三山居住。这首诗是乾道三年初春在三山乡间所作。

〔三〕腊酒:农历十二月称"腊月",指上年腊月酿的酒。浑:浑浊。豚(tún):小猪。足鸡豚,菜肴丰富。

〔四〕"山重"二句:化用王安石《江上》"青山缭绕疑无路,忽见千帆隐映来"句意,而使"题无剩义"。

〔五〕春社:古代风俗,以立春后第五个戊日为春社日,在这一天祭社稷神,祈祷丰年。句意是说春社日即将来临,村里箫鼓声不断。

〔六〕闲乘月:借着月光夜里出外闲游。《晋书·袁宏传》:"秋夜乘月,率尔与左右微服泛江。"这里化用其意。

〔七〕无时:随时,不定时。句意是拄杖随时过访。

【说明】

　　这首诗是作者描写游山西村的感受。诗歌开篇写自己于丰收之年走访农家,受到热情地接待,次写领略山村自然风光之美,再写爱悦农民喜迎春社的古朴民风,最后表示"从今若许闲乘月,拄杖无时夜叩门",即今后愿借着月光,于夜间拄杖随时过访。表现了对农村的自然景物和农民的淳朴习俗的爱悦和向往。其中的写景名句"山重水复疑无路,柳暗花明又一村",表现了作者罢官后的心态。全诗层次分明,章法细密,结句倾注了对农民的深情。

金错刀行〔一〕

黄金错刀白玉装〔二〕,夜穿窗扉出光芒〔三〕。丈夫五十功未立〔四〕,提刀独立顾八荒。京华结交尽奇士〔六〕,意气相期共生死〔七〕。千年史策耻无名〔八〕,一片丹心报天子〔九〕。尔来从军天汉滨〔一〇〕,南山晓雪玉嶙峋〔一一〕。呜呼!楚虽三户能亡秦〔一二〕,岂有堂堂中国空无人!

【注释】

　　〔一〕此诗是孝宗乾道九年(1173)十月,作者在嘉州时写的。

　　〔二〕错:嵌饰。黄金错刀,用黄金装饰着的刀。白玉装:用白玉装饰着的刀柄。极言刀的名贵。

　　〔三〕窗扉:窗户.

　　〔四〕丈夫:作者自称。五十功未立:作者这年49岁。

　　〔五〕顾:顾望。荒:此指国土极边远的地区。八荒,八方最远的地方。

　　〔六〕京华:指南宋京城临安。奇士:才能超群的人。

〔七〕意气:豪侠的气概。相期共生死:以同生共死互相期望。

〔八〕史策:即"史册",历史书籍。耻无名:以史书上无名为可耻。

〔九〕丹心:赤心。报天下:报效皇帝.

〔一〇〕尔来:即"迩来",近来。从军:作者自己做军幕的官。天汉滨:此指流经陕西汉中地区的汉水边。

〔一一〕南山:指终南山。晓雪:早晨的雪。玉:借指白色。嶙峋:参差矗立。

〔一二〕"楚虽三户"句:秦末楚国的谚语云:"楚虽三户,亡秦必楚也。"(见《史记·项羽本纪》)是说楚国虽然只剩了三户人家,但是最后灭亡秦国的必定是楚国。

【说明】

　　这首诗是抒写作者报效国家、兴复国土的壮志。全诗分三层,每层四句一换韵。第一层从宝刀写起,写宝刀即写自己,自己赋闲,有才能而不得施展。"丈夫"二句写提刀人,他手提如此好刀,具有如此才能,年已五十尚不能为国立功,岂不悲痛!"提刀"、"独立"、"顾八荒",生动地表现了作者踌躇满志的英武形象。第二层写结交京城奇士,共谋恢复中土。他们结交的宗旨非同一般,而是意气相投,以生死相期。后两句即申明共生死的目的在于千古留名、报效天子。第三层写对抗敌胜利的信心,引用"楚虽三户,亡秦必楚"的历史故事,说明堂堂中国一定能战胜敌人。末句用反问语气,雄健有力,表现出民族自豪感。诗歌用韵平仄相同,意随韵转,极尽和谐、铿锵之致。

关山月〔一〕

和戎诏下十五年〔二〕,将军不战空临边〔三〕。朱门沉沉按歌舞〔四〕,厩马肥死弓断弦〔五〕。戍楼刁斗催落月〔六〕,三十从军今白发。笛里谁知壮士心〔七〕,沙头空照征人骨〔八〕。中原干戈古亦闻,岂有逆胡传子孙〔九〕! 遗民忍死望恢复〔一〇〕,几处今宵垂泪痕〔一一〕!

【注释】

〔一〕这首涛是淳熙四年(1177)春,作者在成都时所作。

〔二〕“和戎”句:古代和戎狄讲和,叫“和戎”。从孝宗隆兴元年(1163)以王之望为全国通问使进行和议,到写这首诗时,共 15 年。

〔三〕临边:巡防边境。空临边,边防空存形式。

〔四〕朱门:朱漆大门,借指富贵人家。沉沉:深邃的样子。按:打拍子。

〔五〕厩:马棚。马死弓断,说明武备松懈。

〔六〕戍楼:边塞七戍守隙望的碉楼。刁斗:军用的金属工具,可以用它煮饭,也可以用它打更。

〔七〕笛里:唐王昌龄《从军行》“更吹羌笛《关山月》”,可证《关山月》是笛曲。壮士心:指当时士兵欲战不得、欲归不能的苦闷心情。

〔八〕沙头:即沙上。征人骨:守边的士兵死后无人掩埋,暴尸骨于月光下的沙上。

〔九〕逆胡:叛逆的戎狄,这里指金。句意是说逆胡没有在中原传宗接代的。

〔一〇〕遗民:金人占领地试的人民。忍死:不死以待。望恢复:盼望南宋军队收复失地。

〔一一〕几处:不止一处。

【说明】

这首诗是批判南宋朝廷的和戎政策,揭露他们的屈辱求和给人民和士兵造成的灾难。《关山月》属古乐府"横吹曲辞"。《乐府解题》云:"'关山月',伤离别也。古《木兰诗》曰:'万里赴戎机,关山度若飞。朔气传金柝,寒光照铁衣。'按'相和曲'有'度关山',亦类此也。"历代人们多用这个题目写征人远戍、思妇断肠一类内容。李白《关山月》诗也说:"由来征战地,不见有人还。戍客望边邑,思归多苦颜。"情调基本上是消极悲凉的。陆游此诗在题材、思想方面都比前人有很大发展、创造。此诗是通过远戍边疆的士兵唱出的。全诗可分三层,每层四句。第一层是揭露南宋统治集团不修边备,一味贪图荒淫无耻的享乐生活。第二层写由于将军不战,士兵们壮志难伸,暴骨荒沙。第三层写敌占区人民忍辱含垢的痛苦和收复国土的希望。无论是写战士的悲愤,还是写遗民的痛苦,都是和戎政策造成的,都是对和戎政策的批判! 全诗除了七、八两句对偶外,其他都是散句,因而语言自由流畅。在用韵上,每一层一换韵,平仄相间,增强了所表现的思想感情的起伏变化。

胡无人〔一〕

须如蝟毛磔,面如紫石棱〔二〕。丈夫出门无万里,风云之会立可乘〔三〕。追奔露宿青海月,夺城夜蹋黄河冰〔四〕。铁衣度碛雨飒飒〔五〕,战鼓上陇雷凭凭。三更穷虏送降款,天明积甲如丘陵〔六〕。中华初识汗血马,东夷再贡霜毛鹰〔七〕。群阴伏〔八〕,太阳升,胡无人,宋中兴! 丈夫报主有如此,笑人白首蓬窗灯〔九〕。

【注释】

　〔一〕胡无人:原是《古乐府》诗篇名,这里只是取字面上宋兴灭胡的意思。作者于宋孝宗乾道九年(1173)在嘉州(今四川乐山)时所作。

〔二〕蝟:即刺蝟。磔(zhé):裂开,张开。棱:威严。《晋书·桓温传》:"温豪爽有风概,姿貌甚伟。……(刘)惔尝称之曰:'温眼紫石棱,须作蝟毛磔。'"这里是写大丈夫的英雄形象。

〔三〕无万里:不以万里为远。风云之会:《易·系辞》:"云从龙,风从虎。"龙得云而升天,虎长啸而风起,所以风云遇合是最难得的机会。后人因以英雄遭遇英主为风云之会。

〔四〕追奔:追赶奔逃的敌人。青海:湖名,在今天青海省。蹋:同"踏"。

〔五〕铁衣:铁甲。碛(qì):沙漠,不生草木的沙石地。飒飒:风雨声。陇:山名,又名陇坻、陇坂,在今陕西、甘肃两省交界处。凭凭:强劲的响声。

〔六〕降款:投降书。积甲:堆积的铠甲。这两句是说金兵半夜三更投降,天明即丢盔弃甲如山丘。

〔七〕汗血马:古代的一种骏马,汗从前肩髆出,色红如血,能一日行千里。汉代曾从西域得此类马。东夷:指金人。霜毛鹰:一种凶猛的白鹰,唐代新罗国曾贡献此类鹰。这两句是说西方的国家将有所贡献。

〔八〕阴:比喻邪气、卑下的人,这里指胡人。群阴,各方的胡人。伏:降服。

〔九〕蓬:草名。读书人伏案寒窗之下,蓬蒿满目,孤灯夜读。意思是蓬窗灯应知我白首无成。讽刺南宋朝廷不肯抗敌,感慨自己无报国机会。

【说明】

这首诗是作者想象自己要如何破敌,并取得胜利的英雄气概。作为大丈夫,他想于风云际会之时,身披铁甲,追赶敌人,露宿青海,夜踏黄河,冒着风雨雷震,度沙漠,上陇山,所向无敌。在强大的攻势下,敌人三更即递投降书,天明便全部交械。敌人都被消灭了,西方的国家将各有所贡献。从此"胡无人,宋中兴!"这是大丈夫应当尽的职责,所谓"丈夫报主有如此"。以上这些英勇破敌、消灭敌人、兴复宋王朝等,都是作者长期以来梦寐以求的精神状态的反映,是他的理想、愿望的体现。但现实则是"笑人白首蓬窗灯",可笑的是自己寒窗读书老而无成。诗歌几乎全篇是描写大丈夫克敌制胜的英雄气概,只有最后一句流入感伤,以理想与现实相比照,更增强了作者的悲痛!

观长安城图〔一〕

许国虽坚鬓已斑〔二〕,山南经岁望南山〔三〕。横戈上马嗟心在〔四〕,穿堑环城笑虏孱〔五〕。日莫风烟传陇上,秋高刁斗落云间〔六〕。三秦父老应惆怅〔七〕,不见王师出散关〔八〕。

【注释】

〔一〕这首诗是作者于淳熙元年(1174)在蜀州(今四川崇州)王炎幕府任内所作,追忆乾道八年在南郑军中的感想。

〔二〕许国:献身给祖国。坚:指意志坚定。

〔三〕山南:指蜀州附近的山之南。南山:指长安城南的终南山。这里以南山代表长安,以长安代表沦陷的国土。

〔四〕嗟心:感叹之心,壮志雄心。

〔五〕穿堑(qiàn)环城:作者自注:"谍者(即暗探)言虏穿堑三重,环长安城。"堑,城壕。孱(chán):弱。

〔六〕莫:同"暮"。落云间:边塞上的碉楼建立在高处,因此刁斗声像落自云间。这二句述写敌人备战。

〔七〕三秦:指今陕西省关中地区。项羽入关以后,分秦地为一部分,总称三秦。此时三秦地区都已沦陷。惆怅:因失望而感伤、懊恼。

〔八〕散关:在今陕西省宝鸡市西南大散岭上,当时是宋与金相持的阵地。

【说明】

这首诗是作者写自己在山南一年,望着终南山,怀有横戈上阵的决心,蔑视金人日暮途穷的屠相,但是国家的军队未出关收复国土,自己的才能也无法施展,有负于三秦父老的期望! 抒发了壮志未酬的感慨、抗击敌人收复失地的愿望,谴责了南宋政权苟且偷安的政策。

读　书〔一〕(二首选一)

归老宁无五亩园〔二〕,读书本意在元元〔三〕。灯前目力虽非昔〔四〕,犹课蝇头二万言〔五〕。

【注释】

〔一〕这首诗是作者于淳熙四年(1177)春天在成都时所作。

〔二〕归老:年老离任还乡。宁:岂无,难道。句意是说自己年老离任还乡,难道没有五亩田地可以耕作吗?

〔三〕元元:平民,百姓。

〔四〕目力:眼睛的视力。

〔五〕课:按规定的数量和内容读书。蝇头:比喻微小,这里指细小的字。二万言:即二万字。

【说明】

这首诗是作者自述平生勤奋读书的精神终老不衰,虽然视力远非昔比,但仍日课"蝇头二万言"。为什么如此勤奋读书?他自称"本意在元元",这是这首诗的主旨。作者在此诗的自注中说:"时方读小本《通鉴》,即意在吸取历史经验以治国安民。

书　愤〔一〕

早岁那知世事艰〔二〕,中原北望气如山〔三〕。楼船夜雪瓜洲渡〔四〕,铁马秋风大散关〔五〕。塞上长城空自许〔六〕,镜中衰鬓已先斑〔七〕!出师一表真名世〔八〕,千载谁堪伯仲间〔九〕。

【注释】

〔一〕这首诗是淳熙十三年(1186)春,作者退居山阴时所作。

〔二〕早岁:早年,指青壮年时代。陆游这年62岁,故云。世事艰:指他主张抗金,受到投降派的打击。其中一为隆兴二年(1164)在通判镇江军府事时,因为"力说张浚用兵"之罪被罢职回家;一为乾道八年(1172)随四川宣抚使王炎在南郑前线积极准备抗金事业,王炎被免职,他也被调到后方成都做"无一事"的"冷官"。这两件事对他打击很大,所以有"中原北望气如山"的愤慨。

〔三〕气如山:壮气好比高山。

〔四〕楼船:高大的战船。瓜洲渡:即今江苏省镇江市北,长江上的一个重要渡口。宋高宗绍兴三十一年(1161)十一月,金主完颜亮南下侵宋,兵集瓜洲、采石一带,企图渡江,被宋军击败。即此句所咏。

〔五〕铁马:披甲的战马。大散关:在今陕西省宝鸡市西南大散岭上.绍兴初年和末年,金人曾两次入侵大散关,都被宋军击退。即此句所咏。以上两句都是追述宋对金大获胜利的战役。

〔六〕塞上长城：以边塞上的长城自比。《南史·檀道济传》记载：南朝宋文帝将杀檀道济，檀道济脱帻投地，大怒道："乃坏汝万里长城。"句意是自己以塞上长城自期，但这个愿望不能实现，故云"空"。

〔七〕衰鬓：额角边衰老的头发。斑：花白。

〔八〕出师一表：指诸葛亮的《出师表》。诸葛亮北伐中原时，曾向后主刘禅上表，表明自己的志愿。名世：名传后世。

〔九〕伯仲：原来是同辈兄弟的次序，长为伯，次为仲。后来用作衡量人物的等差。句意是说千年以来，谁能和诸葛亮的忠义相比？

【说明】

陆游写这首诗时，从江西被免官回家已经五六年了。当时他62岁，北望中原，壮心还在，因此写诗抒愤，愤自己的壮心未酬和南宋朝廷中无一人为国家出力。全诗可分两段：第一段写自己早年渴望北伐的英雄气概，第二段写报国无路的愤慨。"早岁那知世事艰，中原北望气如山。"这两句是对自己前半生经历的总结。"世事艰"，指他主张抗金而受投降派的打击。如他在同年写给枢密使周必大《谢周枢密使启》中自叙生平："早已孤危，马一鸣而辄斥；晚尤颠沛，龟六铸而不成。羽翮摧伤，风波震荡。"虽然如此，但他壮心不已，北望中原仍然气涌如山。三、四句紧承"气如山"，说明向敌人反攻的声势和途经，"瓜洲渡"是从水路反攻，"大散关"是从陆路反攻，一在东南，一在西北，都是国防重地，两次都被宋人夸张为大获胜利的战役。"夜雪"、"秋风"是攻击时的景象，"楼船"、"铁马"是攻击的队伍，两句不用一个动词，不用一个虚字，把地点、景物、队伍结合起来，构成一幅浩浩荡荡的出师图，写足了作者的豪气。五、六句是全诗的转折，由豪气转为悲凉，大有一落千丈之势，慨叹岁月蹉跎，报国的壮志未遂。早岁豪气如山，以"塞上长城"自许，如今头发都白了，祖国山河依然破碎，人民依然当牛做马，望不到恢复。一个"空"字，表示一切皆空；一个"已"字，表示老而无成，沉痛至极！七、八句是赞美诸葛亮出师，也是批判当时朝廷不出师。诸葛亮《出师表》中之"奖率三军，北定中原……兴复汉室，还于旧都"正体现了他自己的抱负。然而壮志难伸，岂不令人悲痛！诗歌的前半部豪视一世，后半部转入哀伤，极尽沉郁顿挫之致。

临安春雨初霁〔一〕

世味年来薄似纱〔二〕，谁令骑马客京华〔三〕？小楼一夜听春雨，深巷明朝卖杏花〔四〕。矮纸斜行闲作草〔五〕，晴窗细乳戏分茶〔六〕。素衣莫起风尘叹，犹及清明可到家〔七〕。

【注释】

〔一〕淳熙十三年（1186）春，作者奉召到临安（今浙江杭州），被任命为朝请大夫，权知严州（治所在今浙江建德）军州事，三月还家，七月到严州。此诗即他在临安等候召见时所写，表现了对仕宦生活的淡漠心情。

〔二〕世味：对人情世态的兴味，这里指仕宦生活。

〔三〕谁令：有自悔来京城临安的意思。京华：京城，这里指临安。

〔四〕"小楼"二句：是说从一夜春雨声中，知道杏花盛开的消息，明早小巷中卖杏花的一定很多。从春雨杏花见时节变化的迅速。

〔五〕矮纸：卷面不高的纸，如手卷之类，古代书法家常用。斜行：歪斜不整，形容作草书。草：草书。

〔六〕细乳：茶中的精品。《谈苑》："茶之精者，北苑名曰乳头。"

宋代北苑茶又有石乳、滴乳等品。分茶:给茶分等级,即品茶。

〔七〕"素衣"二句:陆机《为顾彦先赠妇》诗:"京洛多风尘,素衣化为缁。"是说京洛风尘太大,把白衣服都染黑了。这里反用其意,即不要有此顾虑,清明节之前便可到家。犹及,还赶得上。清明,二十四节气之一,在每年阳历4月5日或6日。诗人见孝宗之后,暮春还家,又数月才赴任严州。

【说明】

这首诗是作者抒写其对仕途生活的厌倦心情。首二句写多年的仕途经历,饱谙世味,对奉召来京并不热情。次二句从今夜的雨声,到明朝的卖花声,写得生动形象,深有韵味。清舒位《书剑南诗集后》说:"小楼深巷卖花声,七字春愁隔夜生。"即指出此句的背后暗寓着对春事的关怀和惜花伤春之意。十四字一气贯注,自然流转,颇为生色。五、六两句写在京闲居无聊,徒然以写字品茶自我消遣。"闲作草"、"戏分茶",用"闲"字、"戏"字,都言外寄慨。最后二句表示自己不愿受京城官场风尘的感染,希望及早回家,委婉地表现了他对官场的厌倦。诗歌文笔圆转,音韵流亮,风格清新俊逸,工丽细腻,是作者描写日常生活中的景物和情趣的名篇。

秋夜将晓出篱门迎凉有感〔一〕(二首选一)

三万里河东入海〔一〕,五千仞岳上摩天〔二〕。遗民泪尽胡尘里〔三〕,南望王师又一年〔四〕。

【注释】

〔一〕这组诗是陆游于绍熙三年(1192)秋居山阴时所作。

〔二〕三万里:极言其长。河:指黄河。

〔三〕仞:古代以八尺为一仞。五千仞,极言其高。岳:高大的山,这里指东岳泰山、西岳华山、中岳嵩山、北岳恒山,当时都已沦陷。

〔四〕遗民:指沦陷区人民。胡尘:金人兵马的烟尘。胡尘里,指金人占领区。

〔五〕王师:指南宋的军队。

【说明】

这首诗是作者抒写其对沦陷区的山川、人民的深切怀念。前二句写沦陷区山河的壮丽、雄伟,这是他日夜所梦想的,诗题"秋夜将晓出篱门迎凉",可见他为思念故国山河和中原而通宵未眠。后二句写中原遗民对南宋王师的热切盼望,"泪尽",眼泪都哭干了。"又一年",又成虚幻。作者北望中原,遗民"南望王师",南北相望,都切盼官军北伐,一个"又"字,凝聚着南北方人民共同的哀痛和失望。通过悲痛、失望的咏叹批判了南宋朝廷苟且偷安的政策。

十一月四日风雨大作〔一〕(二首选一)

僵卧孤村不自哀〔二〕,尚思为国戍轮台〔三〕。夜阑卧听风吹雨〔四〕,铁马冰河入梦来〔五〕。

【注释】

〔一〕这组诗是陆游于绍熙二年(1192)居山阴时所作。这年陆游已67岁,

〔二〕僵卧:十一月天寒,加之年老体衰,僵直地躺着。不自哀:不为自己生活困苦、年岁老大而哀伤。

〔三〕轮台:汉代西域地名,即今新疆维吾尔自治区轮台县,这里泛指边疆。戍:戍守。

〔四〕夜阑:夜将尽。

〔五〕铁马:披着铁甲的战马。冰河:指北方冰封的河流。

【说明】

这是一首记梦之作,写他在风雨之夜,梦中还想戍守边疆。诗歌前两句述志,自述僵卧孤村,不暇自哀,67 岁的高龄还想横渡绝域,为国家守边。后二句记梦,梦中行军在坚冰千里的塞外,战马踏着冰河,奔驰疾如风雨。日有所思,夜有所梦,这个梦是他白天"尚思为国戍轮台"的反映。以梦写志,雄奇的梦境,正体现了他至老壮心不已的精神境界。

农家叹〔一〕

有山皆种麦,有水皆种秔〔二〕。牛领疮见骨〔三〕,叱叱犹夜耕〔四〕。竭力事本业〔五〕,所愿乐太平。门前谁剥啄〔六〕?县吏征租声。一身入县庭〔七〕,日夜穷笞榜〔八〕。人孰不惮死〔九〕?自计无由生〔一〇〕。还家欲具说〔一一〕,恐伤父母情。老人儵得食〔一二〕,妻子鸿毛轻〔一三〕。

【注释】

〔一〕这首诗是作者于宁宗庆元元年(1195)所作。

〔二〕秔(jīng,旧读 gēng):俗作"粳",即稻子。

〔三〕领:脖颈。句意是说牛因拖犁,脖颈被轭磨烂成疮,以至于露出骨头。

〔四〕叱叱:驱赶耕牛的喝喊声。

〔五〕本业:古代以农业为人的本业。

〔六〕剥啄:敲门声。

〔七〕县庭:县衙的庭堂。

〔八〕穷:尽。笞(chī):用竹片打。搒(péng):用木棍打。都是古代的刑杖。

〔九〕惮:畏惧,害怕。

〔一〇〕自计:自己估计。无由:没有办法。

〔一一〕具说:全部说出来。

〔一二〕傥:同"倘"。本句是愤急的话。

〔一三〕鸿毛轻:司马迁《报任安书》:"人固有一死,或重于泰山,或轻于鸿毛。"句意是说妻子儿女比父母为轻。

【说明】

这首诗是写农民被剥削、被拷打而求生不得的悲惨遭遇。诗歌首六句写农民辛勤劳动,日夜耕作,不辞劳苦,竭力从事于本业,希望过安居乐业的生活,即"所愿乐太平"。但中六句所写官吏的催租声打破了他们的梦想,他们被带进衙门,日夜遭严刑拷打,"自计无由生",自料没有活路了。后四句写他们九死一生回家后,还不敢将实情对亲人诉说,怕伤了父母的心,只想倘若父母有碗饭吃,妻子儿女便是次要的了,表现了农民朴实的感情。全诗通过农民的申诉、慨叹,揭露了官府对农民压迫、剥削的残酷。

小舟游近村舍舟步归〔一〕(四首选一)

斜阳古柳赵家庄,负鼓盲翁正作场〔二〕。死后是非谁管得〔三〕,满村听说蔡中郎〔四〕。

【注释】

〔一〕这首诗是作者于庆元元年(1195)十月在山阴时所作。

〔二〕作场:凡面对群众说唱故事、表演曲艺都称为作场。

〔三〕蔡中郎:即蔡邕,字伯喈。东汉灵帝时,董卓执政,以蔡邕为左中郎将,因此称蔡中郎。南宋时盛行的南戏有《赵贞女蔡二郎》剧目,演蔡邕抛弃父母妻室,终为暴雷震死事。这与蔡邕的本事完全不符,因此作者有"死后是非谁管得"的感叹。

【说明】

这首诗是作者乘舟游近村,经过赵家庄听盲人演唱鼓词《蔡中郎》时,有所感而作的。蔡邕是东汉时有旷世逸才、忠孝素著的人物,陆游有感于他的生平事迹被人歪曲,联想到自己的壮志难伸,忧国忧民的胸怀之不被人理解,担心死后受到如蔡邕同样的遭际。但回想"死去元知万事空",死后的是非,谁又管得,且随它去吧!以豁达的精神解脱了心理的郁闷。

沈园〔一〕(二首)

其一

城上斜阳画角哀〔二〕,沈园非复旧池台〔三〕。伤心桥下春波绿,曾是惊鸿照影来〔四〕。

【注释】

〔一〕沈园：在今浙江绍兴西南、禹迹寺南。此二首诗是陆游为悼念前妻唐琬所作。陆游20岁左右与表妹唐琬成婚，夫妻感情很好。但因唐琬不容于婆母，被迫离婚，陆游再婚王氏。绍兴二十五年（1155），唐琬与其改嫁之夫赵士程在沈园与陆游相遇，陆游为此作《钗头凤》词，唐琬不久忧愤而死（参看《齐东野语》）。庆元五年（1199）春，陆游重游故地，触景生情，感伤往事，便写了这两首《沈园》。

〔二〕画角：有花纹的号角。哀：指号角声凄切。

〔三〕"非复"句：沈园原属沈氏，后属许氏，又改属汪氏，已经三易其主。

〔四〕惊鸿：曹植《洛神赋》："翩若惊鸿。"《文选》李善注："翩翩然若鸿雁之惊。"形容洛神体态之轻盈，这里指唐琬。

【说明】

陆游与唐琬的婚姻悲剧，是封建家长制造成的。沈园之会和唐琬之死，给陆游造成精神上极大的痛苦，他始终不能忘怀。绍熙三年（1192），他68岁，还专程去沈园凭吊，并写了一首七律，其中有云："林亭感旧空回首，泉路凭谁说断肠？"想向九泉之下的唐琬诉说内心的衷曲。庆元五年，他75岁，又重游旧地，写了《沈园》两首诗，抒发他内心的隐痛。第一首写40年来沈园已经改观，景物全非，但桥下的春水曾经是当年唐琬临流照影之处，使他留恋难舍，感伤不已。诗歌以惊鸿比喻唐琬，把唐琬轻盈优美的身姿形象地显示出来，寄寓了作者对唐琬的深情及对唐琬早逝的痛惜。

其二

梦断香消四十年〔一〕，沈园柳老不吹绵〔二〕。此身行作稽山土〔三〕,犹吊遗踪一泫然〔四〕。

【注释】

〔一〕梦断香消:指唐琬死亡。四十年:陆游与唐琬在沈园相遇是绍兴二十五年(1155),到庆元五年(1199)作这首诗,共计四十四年,这里是举其整数。

〔二〕绵:柳絮。不吹绵,不飞柳絮。

〔三〕此身:作者自指。行作:行将变作。稽山:即会稽山,在今浙江省绍兴市。句意是说自己即将老死,变成会稽山的泥土。

〔四〕遗踪:遗迹。泫(xuàn)然:泪水暗流的样子。

【说明】

第二首是写往事久远,自己年老行将入土,但对景怀人悲从中来,虽然尘缘已断,但少年情事仍一往情深,凄惋欲绝,不禁老泪泫然。直到宋宁宗开禧元年(1205)他 81 岁时,还梦游沈氏园亭,作《十二月二日夜梦游沈氏园亭》二首。以上诸作都表现了陆游对唐琬爱情的真挚诚笃、刻骨铭心,终老不衰。

追感往事〔一〕(五首选一)

诸公可叹善谋身〔二〕,误国当时岂一秦〔三〕? 不望夷吾出江左〔四〕,新亭对泣亦无人〔五〕!

【注释】

〔一〕这组诗是宁宗嘉泰元年(1201),作者在山阴时所作。

〔二〕诸公:指朝廷中投降派的文武官员。善谋身:善于谋取自身的利益。

〔三〕秦:即秦桧,是宋高宗时的宰相,投降派的首领。句意是说贻误国家者不只是当时秦桧一人。

〔四〕夷吾:管仲,号夷吾,春秋时著名的政治家,为齐桓公相,成就霸业。江左:长江下游地区,此指南宋。东晋偏安江左时,一批士大夫无力挽救时势,王导为丞相,温峤说:"江左自有管夷吾,吾复何虑哉!"(见《晋书·温峤传》)

〔五〕新亭:又名劳劳亭,在今江苏省南京市南。新亭对泣,东晋初,过江的士大夫常到新亭宴饮,周颙中坐而叹:"风景不殊,正自有山河之异。"众人都相视流泪(见《世说新语·言语》)这两句比喻南宋朝廷不但没有管仲,也没有人为国事痛哭。

【说明】

这首诗是谴责朝廷中投降派唯私利自谋而不顾国家的安危。首二句是慨叹朝廷中谋身误国者如秦桧并不只有一人,言外之意是全部。后二句进一步发挥"岂一秦",在满朝"诸公"中不能指望有像王导那样人物来为国家效力,甚至连像周颙诸人那样为忧心国事相对而泣的也没有。整个朝廷中的臣僚,没有一人关心国家安危的,岂不令人悲痛!这是这首诗所显示的客观意义。

示　儿〔一〕

死去元知万事空〔二〕,但悲不见九州同〔三〕。王师北定中原日〔四〕,家祭无忘告乃翁〔五〕。

【注释】

〔一〕这首诗作于宁宗嘉定三年(1210)春,是陆游的绝笔。示儿:

写给他的儿子们看,等于遗嘱。

〔二〕元知:本来就知道。万事空:指各种事都可以抛开。

〔三〕但:只。九州:古代中国分为九州。九州同,指全国统一。

〔四〕王师:指南宋军队。北定:往北去平定。中原:指淮河以北金人占领的地区。

〔五〕乃:你的。乃翁,你的父翁,作者自指。

【说明】

陆游 85 岁与世长辞,临终前犹悬望北伐成功国家统一。这首诗抒写他一心系国,不顾一己之私,生无所愧,死无所惧。“死去元知万事空”,把一切事都抛开了,“但悲不见九州同”,唯独国家未统一,是他终生之恨。尽管生前未看到王师北定中原,死后还期望它一定能实现。他遗嘱子孙不要忘了告诉他,说明他对胜利怀有坚定的信心。他要子孙“无忘”,足见自己至死不忘。这首诗是陆游的绝笔,也是对他一生政治抱负的总结。仅四句便写出了他生前的志,也写出了他死后的心,这种心志长期以来激励着后人的爱国热情。

夜游宫　　记梦寄师伯浑〔一〕

雪晓清笳乱起〔二〕,梦游处,不知何地。铁骑无声望似水〔三〕。想关河,雁门西,青海际〔四〕。　　睡觉寒灯里〔五〕,漏声断〔六〕,月斜窗纸。自许封侯在万里〔七〕。有谁知,鬓虽残〔八〕,心未死?

【注释】

〔一〕这首词是孝宗乾道九年(1173)陆游自汉中回成都后所作。

师伯浑：师浑甫，字伯浑，四川眉山人。陆游自成都去犍为，识之于眉山。他隐居不仕，陆游说他有才气、能诗文，并为他的《师伯浑文集》作序。

〔二〕雪晓：下雪的早晨。笳：古代号角一类的军乐。清笳：凄清的胡笳声。

〔三〕无声：古代夜行军，令士卒口中衔枚，故无声。句意是说披着铁甲的骑兵，衔枚无声疾走，望去像一片流水。

〔四〕关河：关塞、河防。雁门：即雁门关，在今山西省代县西北雁门山上。青海：即青海湖，在今青海省。青海际，青海湖边。这两处都是古代边防重地。

〔五〕睡觉：睡醒。

〔六〕漏：滴漏，古代用铜壶盛水，壶底穿一孔，壶中水以漏渐减，所以计时。漏声断，滴漏声停止，则一夜将尽，天快亮了。

〔七〕"自许"句：是说自信能在万里之外立功封侯。《后汉书·班超传》记载，班超少有大志，投笔从戎曰："大丈夫无他志略，犹当效傅介子、张骞立功异域，安能久事笔砚间乎？"后来在西域建立大功，官至西域都护，封定远侯。这里表示要取法班超。

〔八〕鬓残：喻衰老。

【说明】

陆游写了不少记梦的诗词，都是自己杀敌报国的雄心壮志不得伸，而托了梦昧，这首词也是如此。词的上阕写梦境，梦中出征，铁骑直踏雁门、青海等边防重地，表现了所向无前的精神。下阕写梦醒后的感叹，梦醒之后，寒灯冷月相照，回味梦中的情景，想起到汉中前线，原是"自许封侯在万里"，谁料被迫撤到四川一个山城。然而"有谁知，鬓虽残，心未死？"鬓残心在，杀敌报国之心始终如一。此所以寄师伯浑者。

诉衷情〔一〕

当年万里觅封侯〔二〕，匹马戍梁州〔3〕。关河梦断何处〔四〕？尘暗旧貂裘〔五〕。　　胡未灭，鬓先秋〔六〕，泪空流。此生谁料，心在天山〔七〕，身老沧洲〔八〕！

【注释】

〔一〕这首词写作的具体年代不详，大约作于晚年闲居山阴之时，抒发其壮志未酬的痛苦心情。

〔二〕觅封侯：寻觅建立功业以取封侯的机会，这里指抗金事业。

〔三〕戍(shù)：防守。梁州：古代九州之一，包括今陕西省汉中和四川省。戍梁州，指王炎任川陕宣抚使，陆游曾随之任宣抚使公署干办公事；范成大帅蜀，他又随之到蜀为参议官，这两次事。

〔四〕何处：不知何处，无踪迹可寻。句意是说从军边塞的生活像梦一样消逝了。

〔五〕尘暗：尘土侵蚀，使貂裘失色。貂裘：貂鼠皮袍。《战国策·秦策》："(苏秦)说秦王，书十上而不行，黑貂之裘敝，黄金百斤尽，资用乏绝，去秦而归。"这里是说自己长期闲散没有建功立业的机会。

〔六〕鬓先秋：鬓发已先白如秋霜。

〔七〕天山：在今新疆维吾尔自治区境内，是汉唐时的边疆，这里借指西北前线。

〔八〕沧洲：水边，古代隐者居住之处。这里借指作者晚年居住的绍兴镜湖边的三山。

【说明】

　　这首词是作者抒写他一生壮志未酬的苦闷。词的上阕回忆当年驰骋边塞、英勇杀敌的精神,而现在自己却被闲置了,壮志不得伸展。下阕感叹敌人尚未消灭,自己却已衰老,自己一生事与愿违,只想远戍抗金,结果却老死家乡。没料到"心在天山,身老沧洲",是他晚年思想、心境的总写照,包蕴着无限的忧伤和悲愤。

卜算子　咏梅〔一〕

　　驿外断桥边〔二〕,寂寞开无主〔三〕。已是黄昏独自愁,更著风和雨〔四〕。　　　无意苦争春,一任群芳妒〔五〕。零落成泥碾作尘〔六〕,只有香如故〔七〕。

【注释】

　　〔一〕这首词可能是作于乾道九年(1173)。是一篇咏物兼言志之作。

　　〔二〕驿站:古时骑马传递公文叫做驿传,中途休息的地方叫驿或驿站。

　　〔三〕无主:无人欣赏。

　　〔四〕著(zhuó):附着,加上,这里指经受。

　　〔五〕一任:完全听任。群芳:百花。

　　〔六〕碾(niǎn):轧碎。

　　〔七〕香如故:指梅花的香气依然如故。

【说明】

　　这首词借咏梅而抒写自己的人品。上阕写梅生长的环境和遭遇,下阕写梅高洁、坚毅的品格。通首词句句咏梅,也处处自咏。作者以梅自喻,梅花之孤独、无人理睬,无意与百花争春,任凭"群芳"忌妒,在风雨摧残下,零落碾成尘土,却仍然吐露着芬芳,散发着幽香。这正显示了作者在政治上屡次受打击后,仍保持着孤高、劲节的品格。梅的品格精神,也即作者品格精神的体现。

辛弃疾〔一〕

太常引　建康中秋夜为吕叔潜赋〔二〕

一轮秋影转金波〔三〕,飞镜又重磨〔四〕。把酒问姮娥〔五〕:被白发、欺人奈何〔六〕!　　乘风好去,长空万里,直下看山河。斫去桂婆娑,人道是、清光更多〔七〕。

【注释】

　〔一〕辛弃疾:生于宋高宗绍兴十年(1140),卒于宋宁宗开禧三年(1207),字幼安,号稼轩,历城(今山东济南)人。绍兴三十一年(1161),金人大举南侵,山东人民起义抗金,辛弃疾聚集了两千人参加了耿京领导的起义军。后奉耿京之命,往南方去见宋高宗赵构,回来时耿京被叛徒张安国杀害,他带领轻骑径入金营,擒获张安国,送到临安正法。其后历任湖北、湖南、江西、福建安抚使等,但因见忌于南方官僚,曾屡次被弹劾,恢复国土的志愿终老落空。他一生都主张抗金恢复国土,反对屈辱求和,曾上宋孝宗以"美芹十论"、上宰相虞允文以"九议",反驳南北有定势、吴楚之脆弱不足以抗衡于中原的谬论,具体分析了敌我形势,认为应利用敌人的弱点进行恢复国土的斗争,确立了必胜的信心。从 43 岁起,他先后闲居上饶、铅山达 20 年,这期间,他以诗酒山水自遣,而复国雪耻的心志始终不变。这些思想即构成了稼轩词以爱国主义为中心的内容。他的词继承苏轼豪放的词风而扩大之,突破格律的限制,以文为词,问答如话,议论风生,显示出更自由、洒脱的精神。有《稼轩词》。

〔二〕这首词约作于淳熙元年(1174),当时作者在建康任江东安抚司参议官。吕叔潜:生平不详。赋:作诗、念诗都叫赋。

〔三〕秋影:中秋月。转:移动。金波:月光。《汉书·礼乐志·郊祀歌·天门》:"月穆穆以金波。"是说月光清明,如金色流波。

〔四〕飞镜:古人想象月亮是天空飞行的铜镜。句意是说月光皎洁,像铜镜重磨过一样。

〔五〕把酒:举杯。姮(héng)娥:即嫦娥,传说中月宫的仙女。

〔六〕白发欺人:白发日增,好像有意欺人。薛能《春日使府寓怀》:"青春背我堂堂去,白发欺人故故(屡屡)生。"

〔七〕斫:砍。桂:桂树,传说月宫中有桂树。婆娑:盘旋起舞的样子,这里指桂树枝叶纷披飘拂。杜甫《一百五日夜对月诗》:"斫却月中桂,清光应更多。"这两句是化用其意。

【说明】

这首词是作者借咏中秋满月,抒发对国家命运的关怀和清除黑暗追求光明的愿望。全词紧扣中秋明月,上阕开头即以咏月入题,飞镜系天,秋影流波,夜空清澈如洗。此情此景,把酒向月:"被白发、欺人奈何?"抒发了岁月空流,壮志难酬之慨!下阕笔势一振,在月光下乘风凌空,俯瞰万里山河,对祖国大好河山倾注着无限的关注和喜爱。

结尾表示要奔月斫桂,让光明普照人间。这其中具有特定的含义,如周济所说:"'桂婆娑'所指甚多,不止秦桧一人。"(《宋四家词选》)即清除权奸,使山河重光。

水龙吟　登建康赏心亭〔一〕

楚天千里清秋〔二〕,水随天去秋无际〔三〕。遥岑远目,献愁供恨,玉簪螺髻〔四〕。落日楼头,断鸿声里〔五〕,江南游子〔六〕。把吴钩看了〔七〕,栏杆拍遍,无人会,登临意〔八〕。　　休说鲈鱼堪脍,尽西风,季鹰归未〔九〕?求田问舍,怕应羞见,刘郎才气〔一〇〕。可惜流年〔一一〕,忧愁风雨〔一二〕,树犹如此〔一三〕!倩何人唤取〔一四〕,红巾翠袖〔一五〕,揾英雄泪〔一六〕?

【注释】

〔一〕这首词与前一首《太常引》同是淳熙元年(1174)作者在建康所作。赏心亭:在建康下水门城上,下临秦淮河,与白鹭洲隔江相望,为当时游览胜地。

〔二〕楚:古代指湖南、湖北、浙江、江苏地区,这里泛指南方。清秋:清爽的秋天。

〔三〕"水随"句:是说江水远接天涯,秋色无边。

〔四〕岑(cén):小山。遥岑,远山,指江北沦陷区的山峰。远目:极目远望。玉簪螺髻:形容山峰的形色,尖的像玉簪,圆的像青螺形的发髻。这三句意思是说极目远山,有如美女插戴的玉簪和卷曲的螺旋形发髻,都给人们提供了愁恨,也即引起人的愁恨。

〔五〕断鸿:失群的孤雁。

〔六〕江南游子:作者自称。当时作者客居建康已十余年。

〔七〕吴钩:春秋时吴王阖闾所铸的宝剑,这里指一般的刀、剑。杜甫《后出塞》诗:"少年别有赠,含笑看吴钩。"把吴钩看了,看刀剑,意在将来用它建立功业。

〔八〕会:领会。登临意:登山临水眺望远方的用意。

〔九〕"休说"三句;晋代张翰(字季鹰)在洛阳做官,见秋风起,想念家乡吴中的菰菜、莼羹、鲈鱼脍,便弃官回家(见《世说新语·识鉴》)。尽,尽管。脍(kuài),细切的鱼肉。归未,用提问语表示未归。意思是自己不愿像张季鹰那样贪图生活享受,不顾国家大事而弃官回乡。

〔一○〕"求田"三句:三国时刘备对许汜说:"君有国士之名,今天下大乱,帝王失所,望君忧国忘家,有救世之意。而君求田问舍,言无可采……"(《三国志·魏书·陈登传》)求田问舍,指购置田地、房屋。刘郎,指刘备。意思是自己有救世的政治抱负,不同于那般专营私利的人。

〔一一〕流年:年光如流。

〔一二〕忧愁风雨:忧愁国家如风雨般飘摇。

〔一三〕树犹如此:晋代桓温北伐,路过金城,见自己前时所种柳树都已十围,感慨说:"木犹如此,人何以堪!"(见《世说新语·言语》)

〔一四〕倩(qiàn):请人代做。

〔一五〕红巾翠袖:少女的装束,这里借指歌女。

〔一六〕揾(wèn):揩拭。英雄泪:英雄失意的眼泪。

【说明】

这首词是作者抒写其南归十余年来还未被重用的愤慨。上阕写景:楚天千里,秋色无边。玉簪螺髻的群山好像向人们"献愁供恨",黄昏日落时刻在楼头上听到长空雁鸣,使江南游子更增添愁恨。再看腰间宝剑，却无用武之地，拍遍栏杆，心中的苦闷与登临之意无人领会，其孤寂之情可见。下阕抒怀，抒写“登临意”：先以两个历史人物的事迹作反诘，说明自己岂能学怀乡的张翰和求田问舍的许汜？然后正面申述流光空逝，国家处于危难之中，自己报国的壮志不得伸展。最后叹无人唤取红巾翠袖“揾英雄泪”，感慨无人了解自己的心事，回应上文“无人会，登临意”，这是全词的主旨，即抒发愤慨呜咽之情，并别具深婉之致。

菩萨蛮 　书江西造口壁〔一〕

郁孤台下清江水〔二〕，中间多少行人泪〔三〕？西北望长安〔四〕，可怜无数山〔五〕！ 　　青山遮不住，毕竟东流去〔六〕。江晚正愁余〔七〕，山深闻鹧鸪〔八〕。

【注释】

〔一〕这首词是淳熙二年、三年（1175、1176），作者任江西提点刑狱时所作。南宋罗大经《鹤林玉露》说：“南渡之初，虏人追隆佑太后御舟至造口，不及而还。幼安自此起兴。”按宋高宗建炎三年、四年间（1129—1130），金兵分两路南侵过江：一路陷建康，直指临安，追宋高宗；另一路从湖北进军江西，追隆佑太后。隆佑太后仓猝逃到赣州才获得安全。提刑衙门在赣州，辛弃疾可能是从赣州顺着赣江而下，暂驻造口，在驻所墙壁上题了这首词。造口：推敲上下文意，应在赣州郁孤台附近。

〔二〕郁孤台：在今江西省赣州市西南。清江：赣江，流经郁孤台下。

〔三〕行人：指为金兵追赶的逃难人民。当时赣西地区受金兵的侵扰、杀戮极惨。

　　〔四〕长安:在今陕西省西安市附近,古代有几个朝代都建都于此,所以古人常用长安代指国都,这里指北宋都城汴京(今河南开封)。

　　〔五〕可怜:可惜。无数山:指被金人占领的领土。

　　〔六〕"青山"二句:是说青山能遮住人的视线,却挡不住东流的江水。

　　〔七〕愁余:使我愁。《楚辞·九歌·湘夫人》:"目眇眇兮愁余。"

　　〔八〕鹧鸪:鸟名,其叫声像人语"行不得也哥哥",暗示国事艰难。

【说明】

　　这是一首怀古词,抒发了作者对祖国山河惨遭蹂躏的痛心,对南宋朝廷媚敌求和、阻挠恢复国土的愤慨。词的开头写低头所见:"郁孤台下清江水,中间多少行人泪?""郁孤台",唐代刺史李勉曾经登临瞭望都城长安,因此改名"望阙台",表示对国家的忠诚。辛弃疾在此点出"望阙台",其意义不言而喻。由郁孤台的水,联想到40年前金兵追赶隆佑太后,沿途人民跟随逃难,惨遭杀戮,这位主张抗金的太后侥幸未被追上,得免于被杀。于是作者融情入景,认为赣江的水不过是无穷尽行人的滚滚血泪。紧承"郁孤台"(望阙台),下两句写抬头所望:"西北望长安,可怜无数山!"他希望望见北宋都城汴京,但是望不到,因为有重山阻隔,这些山已被敌人蹂躏了,所以"可怜",极堪怜惜!"青山"阻隔着汴京,却"遮不住"江水,它毕竟要冲开一条去路,这可能是暗喻自己报国之心不可动摇。可是在江上暮色苍茫时,听到鹧鸪的啼声"行不得也哥哥",使自己想到恢复中原的事业还困难重重,因而产生无限忧愁。全词上、下两阕,四层意思,两句一层,层层相连,委婉曲折,意味无穷。

木兰花慢　席上送张仲固帅兴元〔一〕

汉中开汉业，问此地，是耶非〔二〕？想剑指三秦，君王得意，一战东归〔三〕。追亡事〔四〕，今不见，但山川满目泪沾衣〔五〕。落日胡尘未断〔六〕，西风塞马空肥〔七〕。　　一编书是帝王帅〔八〕，小试去征西〔九〕。更草草离筵，匆匆去路，愁满旌旗〔一○〕。君思我，回首处，正江涵秋影雁初飞〔一一〕。安得车轮四角〔一二〕，不堪带减腰围〔一三〕。

【注释】

〔一〕这首词是孝宗淳熙八年(1181)秋天，作者在江西安抚使任上，为原江西路转运判官张仲固奉调兴元知府设宴饯行，有感而作此词。张仲固：张坚字仲固，绍兴二十四年(1154)进士，曾官御史中丞、户部郎中。帅：宋代凡主管一路的军政长官都可称"帅"。兴元：原为汉中郡，唐代改为兴元府，即今陕西省汉中市，是南宋西部的边防重镇。

〔二〕"汉中"三句：据《史记·项羽本纪》记载，项羽负约，更立刘邦为汉王，王巴、蜀、汉中，都南郑，刘邦以此为基地，开创了汉朝帝业。耶，疑问词。

〔三〕"想剑指"三句：是说刘邦挥戈东向，一统三秦，与项羽争霸天下。三秦，据《史记·项羽本纪》记载，项羽为遏止刘邦东向，三分关中，立秦降将章邯、司马欣、董翳为三王，称"三秦"。后来刘邦东进，消灭三秦，一统关中。

〔四〕追亡事：指萧何追韩信。《史记·淮阴侯列传》记载，韩信有将帅之才，初投奔刘邦而不被重用，一怒而去。萧何连夜追回韩信，力荐于刘邦,刘邦便拜韩信为将,成就灭楚兴汉的大业。

〔五〕"但山川"句:化用唐李峤《汾阴行》:"山川满目泪沾衣,富贵荣华能几时?不见只今汾水上,惟有年年秋雁飞。"写山河破碎,国势衰微,令人痛心。

〔六〕胡尘:金人的军马扬起的尘土。

〔七〕西风:秋风。塞马:边马。秋高马肥,正是用兵之时,而朝廷却醉心于和议,英雄无用武之地,故云塞马空肥。

〔八〕"一编书"句:是说凭一部兵书,即可成为帝王之师。《史记·留侯世家》记载,张良少时过下邳,圯上老人以一编书(《太公兵法》)赠之曰:"读此,则为王者师矣。"这里用来勉励张仲固。

〔九〕小试:略试才能。征西:指西去帅兴元。句意是说张仲固知兴元府,只是小试其才能。

〔一〇〕旌旗:指张仲固的随行仪仗。

〔一一〕"君思我"三句:是设想张仲固思念自己,回顾间到达兴元己是秋天。杜牧《九日齐山登高》诗;"江涵秋影雁初飞,与客携壶上翠微。"这里化用其意。

〔一二〕"安得"句:是说怎能使车轮长出四角来,使车轮无法转动,你就不能离去。陆龟蒙《古意》诗:"君心莫淡薄,妾意正栖托。愿得双车轮,一夜生四角。"

〔一三〕带减腰围:因为思念友人,身体逐渐消瘦,腰围渐细,衣带日宽。《古诗》"相去日以远,衣带日以缓"之意。

【说明】

这首词通过送别,抒写自己忧国伤时之慨。上阕开端"汉中开汉业",从友人赴任汉中落笔,紧扣词题,笼括全篇,指出汉中是刘邦建立汉朝统一大业的基地,与南宋偏安江左形成鲜明的对照。"追亡事,今不见",说明朝廷不重视人才,以致爱国志士面对残破的山河而痛心落泪。"胡尘未断"而"塞马空肥",表达了自己内心的愤慨。下阕抒写友情,以张良的事迹期望张仲固能在汉中为恢复事业作出贡献,以与前段文意相贯通,继之从不同的角度描写自己的惜别、眷恋心情,表现了对张仲固的深厚情谊。

水龙吟　为韩南涧尚书寿,甲辰岁〔一〕

渡江天马南来〔二〕,几人真是经纶手〔三〕?长安父老,新亭风景,可怜依旧〔四〕!夷甫诸人,神州沉陆,几曾回首〔五〕。算平戎万里,功名本是真儒事,君知否〔六〕?　　况有文章山斗〔七〕,对桐阴满庭清昼〔八〕。当年堕地〔九〕,而今试看,风云奔走〔一〇〕。绿野风烟〔一一〕,平泉草木〔一二〕,东山歌酒〔一三〕。待他年、整顿乾坤事了,为先生寿〔一四〕。

【注释】

〔一〕这首词作于淳熙十一年(1184)作者在上饶家居时。韩南涧:即韩元吉,字无咎,号南涧,河南许昌人,曾任吏部尚书,主张恢复中原,政事、文学都很有名。寿:祝寿。甲辰:即孝宗淳熙十一年。又书作"甲辰岁寿韩南涧尚书"。

〔二〕"渡江"句:据《晋书·元帝纪》记载,西晋末年,晋元帝司马睿与西阳、汝南、南顿、彭城四王俱南渡,而元帝做了皇帝,当时童谣云:"五马浮渡江,一马化为龙。"因为晋帝姓司马,故有此称。这里借指宋室南渡。张孝祥《满江红》词"渡江天马龙为匹",也即此意。

〔三〕经纶:本意为整理乱丝,这里借喻治国。经纶手,即治理国家的能手。

〔四〕"长安"三句:据《世说新语·言语》记载,东晋时,南渡士大夫每逢好天,经常相邀聚会新亭,触景生情,周颛叹息说:"风景不殊,正自有山河之异!"皆相视流泪,唯王导愀然变色说:"当共戮力王室,克复神州,何至作楚囚相对!"这里借以说明中原人民盼望王师北伐,南渡士大夫也慨叹山河变异,但只是空叹、空望,偏安的形势依旧没有改变。

〔五〕夷甫:王衍字夷甫,西晋宰相,崇尚清谈,不理国政,导致西晋灭亡。据《晋书·桓温传》,桓温北伐,踏上北方土地后感慨地说:"遂使神州陆沉,百年丘墟,王夷甫诸人不得不任其责!"神州:原指中国,这里指中原地区。沉陆:即陆沉,指国土沦陷。几曾:何尝。这里借桓温对王夷甫的批评,以指斥南宋当权派对恢复事业不关心。

〔六〕算:算将起来。平戎万里:指驱逐金人。真儒:指有真才实学,能建功立业的读书人。君:指韩元吉。

〔七〕文章山斗:《新唐书·韩愈传》:"自愈没,其言大行,学者仰之如泰山、北斗。"这里是赞扬韩元吉的文章卓著如韩愈。

〔八〕"对桐阴"句:是称颂韩元吉家世的显赫。韩元吉在他的《桐阴旧话》中记载他的家世说,京师旧宅前梧桐成阴,所以人们称之为"桐木韩家"。

〔九〕堕地:婴儿落地,出生。

〔一〇〕风云奔走:是说韩元吉风云际会,能为国家做一番事业。

〔一一〕绿野:即绿野堂,别墅名。唐朝宰相裴度憎恨宦官专权,在洛阳午桥旁建绿野堂别墅,与白居易、刘禹锡等诗酒相娱,不问政事(见《唐书·裴度传》)。风烟:风物,景色。

〔一二〕平泉:即平泉庄,别墅名。唐朝宰相李德裕在洛阳郊外三十里处建平泉庄别墅,广植奇花异木(见《剧谈录》),故云平泉草木。

〔一三〕东山歌酒:东晋名相谢安寓居会稽东山,"虽放情丘壑,然每游赏,必以妓女从"(见《晋书·谢安传》),此即歌酒所指。以上三句以古代寄情山水的名相喻韩元吉,说明他虽辞官家居,也寄情山水、诗酒之间,但相信他仍能为恢复中原作出贡献。

〔一四〕整顿乾坤:恢复中原,完成统一大业。杜甫《洗兵马》诗:"二三豪俊为时出,整顿乾坤济时了。"乾坤,天下。句意是等到将来完成全国统一大业,再为你祝寿。

【说明】

这是一篇祝寿词,但却摆脱了祝寿的常规,主要是抒发恢复国土的壮志。上阕谴责南宋朝廷空谈误国的行径。开头即问南渡以来"几人真是经纶手"? 也即哪有经纶手? 然后慨叹南北分裂的形势"可怜依旧"。"夷甫诸人",以古讽今,讥刺南宋朝廷中何曾有人关心国家的危亡! 结以"平戎万里",是真正有学问人的事业。下阕承"真儒事",赞美韩元吉文才、武略,家世显赫,并期待他风云际会,"他年整顿乾坤",以结束全篇。这首词的主旨在上、下阕两句结语,激昂慷慨,遒劲有力,表现了爱国志士身居林泉、心怀国家的阔大胸襟。

水调歌头　　盟鸥〔一〕

带湖吾甚爱,千丈翠奁开〔二〕。先生杖屦无事〔三〕,一日走千回。凡我同盟鸥鹭,今日既盟之后,来往莫相猜〔四〕。白鹤在何处,尝试与偕来〔五〕。　　破青萍,排翠藻,立苍苔〔六〕。窥鱼笑汝痴计,不解举吾杯〔七〕。废沼荒丘畴昔,明月清风此夜,人世几欢哀〔八〕! 东岸绿阴少,杨柳更须栽。

【注释】

〔一〕这首词是淳熙九年(1182),作者被劾罢官,闲居上饶,带湖新居初落成时所作。盟鸥:与鸥结盟,指隐居水乡。

〔二〕带湖:在江西省上饶市北部的北灵山下,一个狭长形湖泊,风景优美,交通便利,作者在这里建立了自己的家园——稼轩。辛弃疾 43 岁罢官后长期住在这里。翠奁(lián):翠色的镜子,比喻湖水的清澈。奁,镜匣。

〔三〕先生:作者自称。杖屦(jù):即持杖穿屦。屦,鞋子。古人席地而坐,外出时才手持拐杖,脚穿鞋子。李商隐《谢辟启》云:"方思捧持杖屦,厕列生徒。"

〔四〕"凡我"三句:意思是凡与我订立盟约的沙鸥、白鹭,从今天起,就不要互相猜疑了。这是化用《孟子·告子下》"凡我同盟之人,既盟之后,言归于好"的会盟之辞,表示自己一心寄情山水。

〔五〕"白鹤"二句:是说请鸥鹭邀白鹤同来欢会。偕来,同来。

〔六〕"破青萍"三句:意思是作者站在满是青苔的湖岸,拨开萍藻看鱼。萍,浮萍。藻,水草。苍苔,青苔。

〔七〕"窥鱼"二句:是作者对自己说:你只知呆呆地临流观鱼,忘记了举杯喝酒。

〔八〕沼:池塘。丘:土丘。畴(chóu)昔:往昔。这三句意思是这里原是一片荒地,现在则风景优美宜人,人生一世有多少快乐和哀愁!以带湖今昔之不同,感慨人世的悲欢变化。

【说明】

这首词是作者罢官家居初期所作,其中备抒对带湖景物和隐居生活的喜悦心情。上阕写"盟鸥",鸥鸟翔舞云水,毫无尘心羁縻,邀白鹤同来,也取它志趣高洁,"既盟之后,来往莫相猜",表现了自己一心寄情山水,与外物无连的心迹。下阕写"观鱼",自己唯知出神地临流观鱼,而忘却了举杯饮酒,意在突出其闲适之乐,而笑其"痴计"。然后从新居今昔之不同,感叹"人世几欢哀"。"欢哀",复词偏义,结合作者的身世,取其"哀"。末句宕开哀思,到东岸植柳,使带湖更加优美,仍归结于咏歌隐居之乐。

清平乐　村居〔一〕

茅檐低小〔二〕,溪上青青草〔三〕。醉里吴音相媚好〔四〕,白发谁家翁媪〔五〕?　　大儿锄豆溪东,中儿正织鸡笼;最喜小儿无赖〔六〕,溪头卧剥莲蓬。

【注释】

〔一〕这首同是作者闲居带湖时所作。

〔二〕茅檐:茅屋。

〔三〕青青(jīng):同"菁菁",花叶茂盛的样子。

〔四〕吴音:泛指南方话。作者当时住在信州(今江西上饶)地区,旧属吴国。媚:柔媚,可喜。

〔五〕媪(ǎo):年老的妇女。这两句是说作者醉里忽闻吴音悦耳,但见一对白发翁媪在亲切交谈。

〔六〕无赖:本意为无聊,这里引申为顽皮,指不正经干活。

【说明】

这首词通过一个家庭,描写江南农村生活图景。老翁、老妇的互相取悦逗乐,儿子们各司其业,环境淳朴自然,人物生动形象,都借作者的听觉、视觉表现出来。倾注着作者对农民的亲切情感和对农村生活的喜悦爱好。语言通俗晓畅,清新自然。

破阵子　　为陈同甫赋壮词以寄之〔一〕

醉里挑灯看剑，梦回吹角连营〔二〕。八百里分麾下炙〔三〕，五十弦翻塞外声〔四〕。沙场秋点兵〔五〕。　　　马作的卢飞快〔六〕，弓如霹雳弦惊〔七〕。了却君王天下事〔八〕，赢得生前身后名〔九〕。可怜白发生〔一〇〕！

【注释】

〔一〕这首词大约作于作者闲居信州时。陈同甫：即陈亮，字同甫，南宋爱国诗人，作者的好友。

〔二〕梦回：梦醒。吹角连营：各个军营里接连不断地响起号角声。

〔三〕八百里：一种善跑的牛名。据《世说新语·汰侈》记载，晋王恺有牛名八百里骏。王济与王恺比射，以此牛为赌物。王济获胜，遂杀牛作炙。麾（huī）下：部下。炙（zhì）：烤肉。意思是将军以烤牛肉犒赏士兵。

〔四〕五十弦：指瑟，古瑟五十弦。《汉书·郊祀志》："泰帝使素女鼓五十弦。"翻：演奏。塞外声：边塞征战之声。

〔五〕沙场：战场。点兵：检阅军队。

〔六〕作：犹如，好像。的卢：一种烈性快马名。《相马经》："马白额入口至齿者，名曰榆雁，又名的卢。"《三国志·蜀书·先主传》注引《世语》记载刘备自樊城被追逼，骑的卢马"一跃三千"，过檀溪而脱险。

〔七〕霹雳：雷声，这里用来比喻射箭时弓弦的响声。《南史·曹景宗传》记载，曹景宗在乡里时"与年少辈数十骑，拓弓弦作霹雳声"。

〔八〕天下事:指收复中原。

〔九〕生前身后名:即美名长期流传。

〔一〇〕"可怜"句:可惜头发都白了,生平的理想不能实现,壮志空怀!

【说明】

这首词以杀敌报国志士的形象勉励陈亮,也抒发了作者自己的政治抱负。词的头两句写夜晚和破晓的军旅生活,烘托出战斗前的气氛。"八百里分麾下炙"三句写沙场练兵,显示出临阵前的威壮军容。"马作的卢飞快"两句写投入战斗,横戈铁马驰骋疆场。"了却君王天下事"两句梦想破敌成功,了却自己报国的心愿。末句写梦想落空,抒发了壮志难酬的愤慨。这首词依照词谱应在"沙场秋点兵"断为上阙,但依照文意,则前九句应为一意,末句"可怜白发生"独为一意。前九句都托为梦想,最后一句表述的才是现实情况。前九句尽情的、淋漓酣畅的描写,更加强表现了最后一句的失意情怀。这是这首词文笔纵横奇变所产生的艺术效果。

西江月　夜行黄沙道中〔一〕

明月别枝惊鹊〔二〕,清风半夜鸣蝉〔三〕。稻花香里说丰年,听取蛙声一片〔四〕。　　七八个星天外,两三点雨山前〔五〕。旧时茅店社林边〔六〕,路转溪桥忽见〔七〕。

【注释】

〔一〕这首词是作者闲居上饶时所作。黄沙:山岭名,在江西上饶西北,是灵山山脉的一支。

　　〔二〕"明月"句:意思是月光照在树上,惊起了睡在斜枝上的鸟鹊。别枝,另一枝。苏轼《次韵蒋颖叔》诗:"月明惊鹊未安枝。"这里化用其意。

　　〔三〕"清风"句:半夜里吹来清凉的风,蝉即随之鸣叫起来。

　　〔四〕"稻花"二句:古时认为蛙鸣是丰年的象征,因此想象稻花香里的蛙声是在说年成好。取,语助词,犹着、得,这里作"着"解。

　　〔五〕"七八"二句:卢延让《宿东林》诗:"两三条电欲为雨,七八个星犹在天。"(见《唐才子传》)这里化用其意,说明黎明时晨星早雨出现。

　　〔六〕茆:同"茅"。社:土地庙。古时自天子至庶民,都封土立社,以祈福报功,其祀神之所叫社。社林,土地庙附近的树林。

　　〔七〕见:通"现"。这两句是说过了溪桥,再转个弯,那熟识的茅店在土地庙的树林边忽然出现了。

【说明】

　　这首词是作者写夜游黄沙道中的见闻和感受。上阕写夜景,清风朗月,稻花飘香,而又鹊惊、蝉鸣、蛙叫,一种静中有动的境界,抒发了丰收在望的喜悦。下阕写雨,时移景迁,山雨欲来,急切寻觅避雨之处,心神恍惚,原来社林边有个茅店在何处? 路转溪桥,忽然发现了。惊喜之态,跃然纸上。这是画龙点睛之处,前六句全是写景,最后才落实到夜行之人。笔调灵活、轻快,表现了作者对山村景物的喜悦和爱好。

贺新郎〔一〕

　　邑中园亭〔二〕,仆皆为赋此词〔三〕。一日独坐停云〔四〕,水声山色,竞来相娱,意溪山欲援例者〔五〕,遂作数语,庶几仿佛渊明思亲友之意云〔六〕。

甚矣吾衰矣〔七〕。怅平生、交流零落,只今余几!白发空垂三千丈,一笑人间万事〔八〕。问何物能令公喜〔九〕?我见青山多妩媚,料青山见我应如是〔一〇〕。情与貌,略相似〔一一〕。

一尊搔首东窗里,想渊明停云诗就,此时风味〔一二〕。江左沉酣求名者,岂识浊醪妙理〔一三〕。回首叫,云飞风起〔一四〕。不恨古人吾不见,恨古人不见吾狂耳〔一五〕。知我者,二三子〔一六〕。

【注释】

〔一〕这首词大约是庆元年间,作者移居江西铅山时所作。

〔二〕邑:指铅山县邑。

〔三〕仆:自我谦称。此词:指【贺新郎】词调。

〔四〕停云:即停云堂,在铅山县东期思,是辛弃疾所建,周围遍种松竹,以陶渊明《停云》诗命名。

〔五〕意:料想。援例:依照前例,指以词赋邑中园亭。意思是大约溪山想援引前例也让我为它写一首【贺新郎】。

〔六〕庶几:差不多。渊明思亲友:陶渊明《停云》诗序:"停云,思亲友也。"是说他这首词也是模仿陶渊明《停云》之思亲友。

〔七〕"甚矣"句:是说自己衰老得很了。《论语·述而》:"子曰:甚矣吾衰也,久矣吾不复梦见周公。"这是孔子感叹自己的"道不行"。作者只引用了前一句,实际上也含有后一句的意思。

〔八〕"白发"二句:感慨年既老而一事无成,对待人间万事,唯以一笑了之。李白《秋浦歌》:"白发三千丈,缘愁似个长。"此化用其意。

〔九〕公：作者自称。

〔一○〕"我见"二句：《新唐书·魏徵传》记载唐太宗云："人言魏徵举动疏慢，我但见其妩媚耳。"意思是我看青山姿态美好可爱，想象青山也这样看我吧！这是以唐代名臣魏徵自比。妩媚，姿态可爱。

〔一一〕"情与貌"二句：是说人与青山的感情和面貌大致相似。

〔一二〕"一尊"三句：化用陶渊明《停云》诗："静寄东轩，春醪独抚。良朋悠邈，搔首延伫。"意思是自己在东窗对酒思友的情绪，想象与当年陶渊明写《停云》诗时相似。搔首，以手搔头，烦急的样子。

〔一三〕"江左"二句：苏轼《和陶渊明饮酒诗》："江左风流人，醉中亦求名。渊明独清真，谈笑得此生！"意思是当年江左名士，都以酗酒求名利，哪知道酒中的妙理！江左，江东，指东晋和宋、齐、梁、陈。浊醪（láo），浊酒。

〔一四〕云飞风起：刘邦《大风歌》："大风起兮云飞扬，威加海内兮归故乡。"这里借以描写自己叱咤风云的英雄气概。

〔一五〕"不恨"二句：是化用南朝张融的话："不恨我不见古人，所恨古人不见我。"（《南史·张融传》）意思是不恨自己未见到古人的风神，只恨古人未看到自己的狂放而已。

〔一六〕二三子：《论语》中孔子称自己的学生为"二三子"，后人用以取其志同道合之义。这里用来指少数几个知心朋友。

【说明】

这首词是承袭陶渊明《停云》诗的作意，抒写对亲友的怀念。上阕开头即自叹衰老，知交零落，所余不多。"白发空垂"，感伤有志难伸。人间万事又不能使自己开心，以一笑置之，只有青山和自己情貌相似，可作知己。足见眼前知己太少了。下阕以陶渊明自况，仰慕陶渊明的高风亮节，能真正领会酒的妙理，并指斥东晋时士人都争名求利,甚至饮酒都要做求名的打算。最后感叹当今既无知己,只好求之古人,见不到古人自己也无恨,所恨者古人看不到自己这种狂态。"知我者,二三子。"知己,何其少! 表现了作者在政治上被排挤后,学习陶渊明,友青山,伴秀水,叱咤风云,鄙视功名利禄和豪视一世的气概。

满江红〔一〕

倦客新丰〔二〕,貂裘敝〔三〕,征尘满目〔四〕。弹短铗,青蛇三尺,浩歌谁续〔五〕? 不念英雄江左老〔六〕,用之可以尊中国〔七〕。叹诗书万卷致君人,翻沉陆〔八〕。　　　休感慨,浇醽醁〔九〕。人易老,欢难足〔一○〕。有玉人怜我,为簪黄菊〔一一〕。且置请缨封万户〔一二〕,竟须卖剑酧黄犊〔一三〕。甚当年,寂寞贾长沙,伤时哭〔一四〕?

【注释】

〔一〕这首词写作年代不详,或谓是作者闲居上饶任祠官时所作。内容是自我抒怀。

〔二〕倦客新丰:用唐代马周事,《新唐书·马周传》记载马周失意时:"舍新丰逆旅,主人不之顾。周命酒一斗八升,悠然独酌。众异之。"倦客,倦于宦游的人。新丰,在长安东面,陕西临潼东。这里作者以马周自喻。

〔三〕貂裘敝:衣服破烂不堪。《战国策·秦策》:"苏秦说秦王,书十上而说不行,黑貂之裘敝,黄金百斤尽,资用乏绝,去秦而归。"

〔四〕征尘:旅途的尘土。

〔五〕"弹短铗"三句:《战国策·齐策》记载孟尝君的客人冯谖,最初不受孟尝君重用,自己弹剑铗而歌曰:"长铗归来乎,食无鱼",又曰:"出无车",又曰:"无以为家"。后为孟尝君的上客,屡献计谋,巩固了孟尝君在齐国的政治地位。铗、青蛇,都指剑。意思是手握三尺宝剑,弹着剑把,歌"长铗归来",这浩歌谁来续? 作者以冯谖不得志时弹剑长歌自喻。

〔六〕江左:这里指偏安江南地区。江左老,老死江南。句意是说未想到英雄老死江左。

〔七〕尊中国,树立中国的尊严。句意是说任用这些英雄可以使国家受到尊重。意即驱逐金人,恢复中原。

〔八〕诗书万卷致君人:化用杜甫《奉赠韦左丞丈二十二韵》:"读书破万卷,下笔如有神。……致君尧舜上,再使风俗淳。"致君人,辅佐君王。翻:反,反而。沉陆:即陆沉。《庄子·则阳》:"方且与世违,而心不屑与之俱,是陆沉者也。"郭象注:"人中隐者,譬无水而没也。"陆地无水而自沉,指隐居。这两句意思是叹息读书万卷能辅佐君王的人却不被重用,反而隐居市井。

〔九〕"休感慨"二句:是说不要再感慨,开怀畅饮吧! 醽醁(líng lù),美酒。浇醽醁,饮酒。

〔一〇〕"人易老"二句:是说人生易老,欢娱苦短。

〔一一〕玉人:美人,这里应指歌女。簪:犹插。苏轼【千秋岁·徐州重阳作】词云:"美人怜我老,玉手簪黄菊。"这里化用其意。

〔一二〕置:放下。请缨:《汉书·终军传》记载终军"自请愿受长缨,必羁南越王而致之阙下",后代因称请求杀敌为请缨。万户:指封食邑万户的侯爵。

〔一三〕卖剑酤黄犊:《汉书·龚遂传》记载,渤海郡饥,龚遂为太守,劝民卖刀剑买牛犊,从事农业生产。酤,同"酬",指酬付价钱。以上二句是说且罢请战立功、封侯万户的志愿,直须卖刀剑买黄牛,归耕田园。这里是作者愤慨无用武之地。

〔一四〕甚：为什么，何必像。贾长沙：汉代贾谊曾经做过长沙王太傅，世称贾长沙。伤时哭：贾谊在《陈政事疏》中说："臣窃惟事势，可为痛哭者一，可为流涕者二，可为长太息者六。"这三句意思是不必徒自悲伤，像贾谊那样痛哭，又有什么用呢？

【说明】

　　这首词是作者抒写其怀才不遇、壮志难酬的感慨。上阕先以马周、苏秦、冯谖三个人物失意落寞的遭际自比，然后直撼胸臆，抒发不平："不念英雄江左老，用之可以尊中国。"本可以辅佐君王以尊中国，但却被弃置了，岂不令人悲痛！下阕写在报国无路的情况下，便寄情诗酒，归隐田园。"甚当年，寂寞贾长沙，伤时哭"，何必像当年贾谊那样不甘寂寞，伤时而痛哭呢？表现了一种旷达精神。这种旷达精神，实质上是他的悲痛情绪发展到更深沉的表现。这首词在写作手法上几乎句句用典，借古人之酒杯，浇胸中之块垒；借思古之幽情，抒伤时之心怀。旋律悲壮，长歌当哭！

永遇乐　京口北固亭怀古〔一〕

　　千古江山，英雄无觅、孙仲谋处〔二〕。舞榭歌台，风流总被、雨打风吹去〔三〕。斜阳草树，寻常巷陌〔四〕，人道寄奴曾住〔五〕。想当年〔六〕，金戈铁马〔七〕，气吞万里如虎〔八〕。元嘉草草〔九〕，封狼居胥〔一〇〕，赢得仓皇北顾〔一一〕。四十三年〔一二〕，望中犹记，烽火扬州路〔一三〕。可堪回首，佛狸祠下〔一四〕，一片神鸦社鼓〔一五〕！凭谁问，廉颇老矣〔一六〕，尚能饭否？

【注释】

〔一〕这首词是宁宗开禧元年（1206）作者任京口太守时所作。京口：在今江苏省镇江市。吴孙权曾在此建都，后来迁都，改设此处为京口镇。北固亭：在镇江城北北固山上，下临长江，三面环水，地势险要。

〔二〕孙仲谋：即孙权，字仲谋。句意是说英雄孙仲谋已无处可寻。孙权始置京口镇，所以先从他说起。

〔三〕舞榭歌台：歌舞的台榭。榭（xiè），台上的屋子。风流：品格、仪表，这里指英雄事业的流风余韵。这两句是说当年的繁华和英雄事业都随着时光消逝了。

〔四〕寻常巷陌：普通的街巷。

〔五〕寄奴：南朝宋武帝刘裕的小名，他早年曾在京口起兵，讨伐桓玄的叛乱，终于推翻东晋，做了皇帝。

〔六〕想当年：想当年刘裕为恢复中原大举北伐的时候。

〔七〕金戈：用金属制的长枪。铁马：披着铁甲的战马。即兵强马壮。

〔八〕气吞万里：指刘裕统率军队驰骋于中原万里大地，先后灭南燕和后秦，光复洛阳、长安等地，气吞胡虏。

〔九〕元嘉：南朝宋文帝刘义隆（刘裕的儿子）的年号。草草：草率。

〔一〇〕狼居胥：山名，在今内蒙古自治区。封山，筑土为坛来祭山神，以纪念战功。《史记·霍去病传》记载，汉武帝曾派霍去病追击匈奴，追到狼居胥山，封山而还。《宋书·王玄谟传》："玄谟每陈北侵之策，上（南朝宋文帝）谓殷景仁曰：'闻玄谟陈说，使人有封狼居胥意。'"，这里是表示要北伐立功。

〔一一〕仓皇：仓促。仓皇北顾，指南朝宋元嘉年间，王玄谟率兵伐北魏，大败而归的事。《宋书·索虏传》记载，元嘉八年（431），宋文帝因滑台陷没,乃作诗曰:"惆怅惧迁逝,北顾涕交流。"以上三句是说,宋文帝草率经营就出师北伐,想把鲜卑赶到塞外以立大功,结果失败,只落得个仓皇北顾而已。

〔一二〕四十三年:作者于绍兴三十二年(1162)率众南归,到开禧元年(1205)做镇江知府写这首诗时,共四十三年。

〔一三〕"望中"二句:意思是向北远望,还记得扬州地区的战火。作者南归前,曾在这一带抗击金兵入侵。路,宋朝的行政区域名,扬州属淮南东路,扬州为其首府。

〔一四〕佛狸:北魏太武帝拓跋焘的小名。佛狸祠,北魏太武帝的庙,在扬州瓜步山上。

〔一五〕神鸦:即乌鸦,古代祭神,常把残余的祭品喂乌鸦,所以称这种吃祭品的乌鸦为神鸦。社鼓:祭神时打的鼓。以上三句是说,过去的事哪里忍心再想呢? 现在异族皇帝庙前,人们正在祭祀,鸦声和鼓声交织成一片,有谁还记得从前异族侵略的惨剧呢?

〔一六〕廉颇:战国时赵国的大将,被人陷害逃到魏国,在魏国住了很久。赵国屡次为秦兵所困,赵王想再起用廉颇,便派使者去探望廉颇的健康状况。"赵使者既见廉颇,廉颇为之一饭斗米,肉十斤,被甲上马,以示尚可用。"但使者受廉颇仇人的贿赂,回来对赵王说:"廉将军虽老,尚善饭;然与臣坐,顷之,三遗矢矣。"赵王认为廉颇不中用了,就不再请他回来(见《史记·廉颇蔺相如列传》),作者以廉颇自比,是说自己虽然老了,还不忘为国家效力,可是有谁记起我、重视我呢?

【说明】

这首词题目是"怀古",就着重追念与镇江有关的历史故事。上阕称颂两个人物,即孙权和刘裕。下阕论及三个人物,即刘义隆、拓跋焘和廉颇,通过这些人物寄托着作者对时事的评论和感慨。他称赞孙权,重在其创业;称赞刘裕,重在其北伐,孙权建都建业称帝,始于镇江设京口镇;刘裕建立宋朝,始于起兵京口北伐。这样英勇盖世的人物,声威勋业烜赫一时,而今天却冷寞如此!这是借历史抒发对时事的失望。又以宋文帝刘义隆草率出兵北伐而失败的教训,讽喻韩侂胄不可轻举妄动。这时自己在登临远望中,想起从前率领军队在扬州抗击金兵的战火,犹历历在目,43年过去了,可是自己收复中原的愿望,究竟怎样?"可堪回首!"感慨万端,没有想到"佛狸祠下,一片神鸦社鼓",人们竟忘了国耻,在那里欢会赛神。抚今追昔,怎不令人痛心疾首!结尾以廉颇自比,廉颇临老被疏,偶尔还有人前来问询,自己晚年受黜,却没有一个人理会。意在言外,连廉颇都不如!抒发了自己抗敌救国的壮志不得施展之慨。全词处处从登临的角度写,因此境界高远旷达,格调苍凉悲壮。

南乡子　登京口北固亭有怀〔一〕

何处望神州〔二〕?满眼风光北固楼〔三〕。千古兴亡多少事,悠悠,不尽长江滚滚流〔四〕。　　年少万兜鍪〔五〕,坐断东南战未休〔六〕。天下英雄谁敌手?曹刘〔七〕。生子当如孙仲谋〔八〕。

【注释】

〔一〕这首词与前一首【永遇乐】是同年、同地、并同为怀古之作。

〔二〕神州:本指全中国,这里指中原沦陷区。句意是望中原故国何在?

〔三〕北固楼:即北固亭。句意含有《世说新语·言语》所谓"风景不殊,正自有山河之异"的感叹。

〔四〕"千古"三句：意思是古往今来，不知经过多少朝代的兴亡，可是长江水永远是那样悠悠不尽、滚滚长流。悠悠，长远的样子。杜甫《登高》诗："无边落木萧萧下，不尽长江滚滚来。"

〔五〕年少：指孙权。他做吴主时才19岁。兜鍪（móu）：作战时抵御兵刃的帽子，古代叫胄，秦汉以来叫兜鍪，俗语叫盔，这里代指战士。句意是说孙权年轻时即统率了强大的军队。

〔六〕坐断：占据。句意是把守住东南地区，和敌人无休止地作战。

〔七〕曹刘：曹操、刘备。《三国志·蜀书·先主传》记载，曹操曾与刘备论天下英雄说："今天下英雄，惟使君（指刘备）与操耳。本初（指袁绍）之徒，不足数也。"

〔八〕"生子"句：用《三国志·吴书·吴主传》注引《吴历》原文，曹操与孙权对垒，"见舟船、器仗、军伍整肃，喟然叹曰：'生子当如孙仲谋，刘景升儿子（指刘琮）若豚犬（猪狗）耳。'"

【说明】

这首词是一篇登临怀古之作。上阕写对历史兴亡的感慨，作者登上高危的北固楼，面对着滚滚江水，不禁感慨系之："何处望神州？"中原故国望不见，岂不令人悲痛！然后慨叹"千古兴亡多少事"，历史的兴衰变化不断，犹如滚滚江水，一去不复返了。流露了对当时时代空虚的叹息。下阕写对孙权的追慕，孙权继承父兄之业，"坐断东南"，与曹、刘抗衡，赢得敌人的敬仰。作者歌颂孙权，因为他与不战而降的刘琮不同，而能抵抗并战胜侵略者，具有借古讽今的意思。通篇问答自如，清新明快，用事多而不艰涩，能化典故和古人成语为一体。

西江月 遣兴〔一〕

醉里且贪欢笑，要愁那得工夫〔二〕。近来始觉古人书，信着全无是处〔三〕。　昨夜松边醉倒，问松"我醉何如〔四〕"？只疑松动要来扶，以手推松曰："去！"

【注释】

〔一〕遣兴：抒发兴致。

〔二〕"醉里"二句：是说以酒浇愁，醉而忘忧。

〔三〕"近来"二句：语出《孟子·尽心下》："尽信书，则不如无书。"是说近来才领悟到不能完全相信古书。觉，领悟。

〔四〕何如：怎样。

【说明】

这首词是作者写其饮酒、读书生活，表现了一种旷达放逸的精神。上阕写在醉中贪欢笑，醉以忘忧，然后是读书有得，认识到当时社会现实与古书所说完全不合，古道不行，所以针砭现实。下阕具体写醉后情况，醉眼幻觉"松动"，疑心松树来扶，自己断然拒之。表现了独立不阿的倔强个性。此词采用散文句法，语言清新俏丽，形象生动传神！

陈　亮〔一〕

念奴娇　登多景楼〔二〕

危楼还望〔三〕，叹此意、今古几人曾会？鬼设神施〔四〕，浑认作、天限南疆北界〔五〕。一水横陈，连岗三面〔六〕，做出争雄势〔七〕。六朝何事〔八〕,只成门户私计〔九〕? 因笑王谢诸人,登高怀远,也学英雄涕〔一○〕。凭却江山,管不到、河洛腥膻无际〔一一〕。正好长驱,不须反顾,寻取中流誓〔一二〕。小儿破贼〔一三〕,势成宁问强对〔一四〕。

【注释】

〔一〕陈亮:生于宋高宗绍兴十三年(1143),卒于宋光宗绍熙五年(1194),字同甫,婺州永康(今属浙江)人。一生坚持抗金,反对和议,备受打击,不曾做过官。死前一年考取进士第一名,得任建康府签判,未及赴官而卒。他与辛弃疾友好,词风与辛弃疾相近,豪迈气格过之,然文采稍逊。有《龙川词》。

〔二〕多景楼:在江苏省镇江市北固山甘露寺内,在当时南宋的国界上,北临长江。

〔三〕危楼:高楼。还:通"环"。还望,四周眺望。

〔四〕鬼设神施:指多景楼构造之奇巧非人工所能为。

〔五〕"浑认作"句:都被认为是天然划分南北的疆界。浑,全。

〔六〕"一水"二句:指镇江北临长江,东、西、南三面为山冈环绕。

〔七〕"做出"句:形成进可以争雄中原的有利形势。

〔八〕六朝:指吴、东晋、宋、齐、梁、陈,都偏安江南,定都建康(今江苏南京),称六朝。何事:为什么。

〔九〕"只成"句:意思是为什么六朝统治者竟作出依靠长江天堑作为偏安的自私打算?

〔一○〕"因笑"三句:用新亭对泣的故事,借以嘲笑他们只会悲哀流涕,而无实际行动。《世说新语·言语》记载,过江诸人,谈到山河之异时,"皆相视流泪"。唯王导说:"当共勠力王室,克复神州。"王、谢,南朝最显赫的两姓贵族,这里泛指南朝贵族。

〔一〕凭却:任凭。河洛:黄河、洛水,代指中原地区。腥膻:牛羊的
气味。这两句意思是任凭江山都成为敌占区,充满了腥膻之气而不管。

〔二〕长驱:进攻。反顾:游移不决。中流誓:《晋书·祖逖传》记
载,祖逖统兵北伐,渡征时击楫而誓曰:"祖逖不能清中原而复济者,
有如大江。"这里是表示要学祖逖北伐,进军中原。

〔三〕小儿破贼:《世说新语·雅量》记载,淝水之战大捷,谢安正
与客围棋,得驿书,把书放在床上,了无喜色。客问之,徐徐答道:"小
儿辈遂已破贼。"当时统率东晋军队和秦兵作战的是谢安的弟弟谢
石、侄儿谢玄,所以称为"小儿辈"。

〔四〕宁问:何必问。强对:劲敌。句意是破贼之势已成,应当进
攻,何必怕它是强敌呢?

【说明】

这首词通过登览怀古,表现了作者反对划江自守,要求北伐的愿
望。所谓天然疆界,南北分治,都是荒谬之论。认为江南已形成有利
于争雄中原的形势,六朝统治集团划江自守,都是出于自私的考虑。
嘲笑东晋士大夫徒自悲哀流涕无所作为,任凭江山被敌人蹂躏。而坚
决要求南宋统治集团恢复中原,因为当前是"正好长驱"北伐的胜利
前景,不要再游移不决,要像祖逖那样中流誓师,义无反顾。表现了一
种坚决、豪迈的北伐抗敌精神。

水调歌头　　送章德茂大卿使虏〔一〕

不见南师久〔二〕,谩说北群空〔三〕。当场只手,毕竟还我万
夫雄〔四〕。自笑堂堂汉使,得似洋洋河水,依旧只流东〔五〕。
且复穹庐拜,会向藁街逢〔六〕。　　　尧之都,舜之壤,禹之

封〔七〕。于中应有,一个半个耻臣戎〔八〕。万里腥膻如许〔九〕,千古英灵安在〔一〇〕,磅礴几时通〔一一〕?胡运何须问〔一二〕,赫日自当中〔一三〕。

【注释】

〔一〕章德茂:即章森,字德茂,曾为侍郎。大卿:唐宋时对各寺卿的称呼。据《宋史·孝宗纪》:淳熙十一年(1184)八月庚申,遣章森使金贺正旦。这首词即此时所作。陈亮是章森的好友,因此以对敌不可妥协、宋朝终必胜利勉励之。

〔二〕南师:南方的军队。句意是长久不见南师北伐。

〔三〕谩说:休说。北群空:指没有良马,以喻没有人才。韩愈《送温处士赴河阳军序》:"伯乐一过冀北之野,而马群遂空。"这是对金人说不要以为我们宋朝没有人才。

〔四〕"当场"二句:当场大事,只手可了,毕竟我还是万夫之雄。我,指章德茂。这是赞扬章德茂的外交才能和魄力。

〔五〕"自笑"三句:是说堂堂汉使要像黄河水永远不变东流的方向。勉励章德茂不辱使命。自笑,自喜。洋洋,水盛大的样子。《诗经·卫风·硕人》:"河水洋洋。"

〔六〕"且复"二句:意思是现在暂且忍耐一下向金廷朝拜,将来总有一天他们会到我们的京城来朝拜。穹庐,毡帐篷,俗称蒙古包。会,一定。藁街,汉代长安城内的一条街,是外国使臣居住的地区。

〔七〕"尧之都"三句:是说中原地区是尧、舜、禹的故土。壤,土地。封,疆域。

〔八〕"于中"二句:是说其中一定会有一个半个以臣服异族为耻的志士。一个半个,不是说特别少,而是保证有的意思.

〔九〕万里腥膻:指金人占领地区的广阔。如许:如此。

〔一〇〕"千古"句:是说千古以来保卫祖国的英灵在哪里?

〔一一〕磅礴:气势广大的意思。几时通:是说千古以来的英灵所发挥的浩然之气,几时才有人能和他们的精神相通呢?

〔一二〕胡运:胡人的命运。句意是金人的命运不用问,快完结了。

〔一三〕赫日:火红的太阳。赫,火红、光明的样子。句意是南宋的国势正如红日中天。

【说明】

这首词表现了作者对章德茂出使金国的期望,并抒发了自己反对和议与抗敌必胜的信心。作者写此词时,距离孝宗初年张浚北伐失败,订立屈辱的"隆兴和议"已二十多年了,恢复中原的大计已束之高阁。作者在其《上孝宗皇帝第一书》中沉痛地说:"南师之不出,于今几年矣! 河洛腥膻,而天地之正气郁而不得泄。"即此词首二句所咏。很久不见南师北伐了,并非南方没有人才,像章德茂那样能独当一面,不愧是杰出的英雄。目前暂且忍耐向金廷朝拜,将来一定会将敌国的首领掳到我们京城来。中原自古以来就是文明之邦,其"千古英灵"的浩然正气何时才能压倒邪气而通于天地之间呢? 意即驱逐金人,恢复中原。最后以"胡运何须问,赫日自当中"抒发民族自豪感和必胜的信心。这首词章法井然而又一气贯注,以形象化的语言讴歌了民族精神。

刘　过〔一〕

贺新郎〔二〕

弹铗西来路,记匆匆,经行数日,几番风雨〔三〕。梦里寻秋秋不见,秋在平芜远渚〔四〕。想雁信、家山何处〔五〕?万里西风吹客鬓,把菱花、自笑人憔悴〔六〕。留不住,少年去! 男儿事业无凭据〔七〕,记当年、击筑悲歌〔八〕,酒酣箕踞〔九〕。腰下光铓三尺剑,时解挑灯夜语〔一〇〕。更忍对、灯花弹泪〔一一〕,唤起杜陵风雨手〔一二〕,写江东渭北相思句〔一三〕。歌此恨,慰羁旅〔一四〕。

【注释】

〔一〕刘过:生于宋高宗绍兴二十四年(1154),卒于宋宁宗开禧二年(1206),字改之,号龙洲道人,吉州太和(今江西泰和)人。宋光宗时曾上书宰相,提出恢复中原的方略,未被采用,后来即浪迹江湖。辛弃疾帅浙东时,他为幕宾,是辛弃疾的座上客。晚年住在昆山(今属江苏),他的词属于辛弃疾的豪放派。有《龙洲词》。

〔二〕这首词是写其浪迹江湖怀才不遇的愤慨。

〔三〕铗:剑把。弹铗,战国时,冯谖为孟尝君门客,因为未受孟尝君重视,遂弹剑把而歌,要求改善对自己的待遇。这里是自嘲食客生活。匆匆:急遽的样子。这三句意思是为投靠人而奔走旅途,冲风冒雨。

〔四〕芜:丛生的草。渚(zhǔ):水中小块陆地。句意是因为经行川陆,才领略到秋色,这秋色在草野、沙洲中已经呈现出来。

〔五〕"想雁信"句:意思是希望鸿雁传书,可是家乡遥远,音书全无。

〔六〕菱花:镜子。古人用铜镜,背面雕有菱花,故名。把菱花,拿镜子自照。这两句意思是异地万里飘流,堪笑容颜憔悴,年已衰老。

〔七〕"男儿"句:是说自己身为男子汉,在事业上却无所建树。无凭据:犹没有把握。

〔八〕击筑悲歌:战国时,荆轲刺秦王,燕太子丹与宾客送行,高渐离击筑,荆轲和而歌(《史记·刺客列传》)。这里作者以抗秦的英雄荆轲、高渐离自比。筑,古乐器。

〔九〕箕踞:古人席地而坐,两膝微屈,形状如箕,因称箕踞。《世说新语·简傲》:"晋文王功德盛大,坐席严敬,拟于王者。唯阮籍在坐,箕踞啸歌,酣放自若。"这里是作者开怀畅饮,不拘礼法地蹲在坐席上,表现了一种豪气。

〔一〇〕"腰下"二句:是说夜里时常解下宝剑,挑灯看剑,和它说话。铓(máng),刃端。

〔一一〕更忍:怎忍。

〔一二〕杜陵:即杜甫,杜甫祖籍是长安东南的杜陵,自称杜陵布衣。风雨手:即作诗的能手。杜甫《寄李十二白二十韵》诗:"笔落惊风雨,诗成泣鬼神。"

〔一三〕江东渭北:杜甫《春日怀李白》诗:"渭北春天树,江东日暮云。何时一樽酒,重与细论文?"即所谓"相思句"。

〔一四〕此恨:指"事业无凭据"之恨。羇旅:同"羁旅",在异乡作客。这里指客居的苦闷。

【说明】

这首词是作者抒发其才能不得施展的愤慨,上阕写他长期飘泊江湖的凄切心情和对年老而无所建树的感叹。下阕写自己"事业无凭据"。"记当年"三字,贯以下七句,描述了当年的豪气,而今天的处境,又怎能对灯弹泪呢?唯有作词以抒发自己的苦闷和悲愤了。这首词词风自由奔放,体制有似于散文,不受格律的制约,正体现了辛派词的特点。

西江月　贺词〔一〕

堂上谋臣尊俎,边头将士干戈〔二〕。天时地利与人和〔三〕,
燕可伐欤?曰:可〔四〕。　　今日楼台鼎鼐〔五〕,明年带砺
山河〔六〕。大家齐唱《大风歌》〔七〕,不日四方来贺。

【注释】

〔一〕这首词是为祝贺韩侂胄生日而作,时间当在嘉泰四年
(1204)韩侂胄议定伐金之后。

〔二〕堂上:指韩侂胄办公的厅堂。尊俎:同“樽俎”,盛酒食的
器具。刘向《新序》:“夫不出于尊俎之间,而知千里之外,其晏子
之谓也。”这两句意思是朝堂有善筹划的谋臣,边防有英勇的
战士。

〔三〕“天时”句:《孟子·公孙丑下》:“天时不如地利,地利不如
人和。”这句是说南宋已经具备天时、地利、人和的胜利条件。

〔四〕“燕可伐”句:《孟子·公孙丑下》:“沈同以其私问曰:‘燕可
伐欤?’孟子曰:‘可。’”这里借指伐金。

〔五〕楼台:指台省、相府。鼎鼐(nài):大鼎为鼐,古时把宰相
治理国家比作以鼎鼐调和五味,因以鼎鼐喻相位。这里用来称韩
侂胄。

〔六〕带砺山河:《史记·高祖功臣侯年表序》记载封爵之誓词云:
“使河如带,泰山若厉。国以永宁,爰及苗裔。”带,衣带。厉,通“砺”,
磨石。意思是黄河不会狭如衣带,泰山不会小如磨石,封国也不会灭
绝。这是祝颂韩侂胄今日身居高位,明年战胜敌寇,晋封更高的爵位,
并泽及子孙。

〔七〕《大风歌》：胜利的凯歌。《史记·高祖本纪》记载，刘邦得天下，回归故乡，自作歌曰："大风起兮云飞扬，威加海内兮归故乡，安得猛士兮守四方！"

【说明】

这首词是向韩侂胄祝寿之作。韩侂胄是南宋当政的重臣。他议定伐金的主张，受到爱国人士的普遍拥护。作者借祝寿，以自问自答的方式，肯定伐金的主张可行，并预祝北伐胜利。

姜　夔〔一〕

扬州慢

淳熙丙申至日〔二〕，予过维扬〔三〕。夜雪初霁〔四〕，荠麦弥望〔五〕。入其城则四顾萧条，寒水自碧。暮色渐起，戍角悲吟〔六〕。予怀怆然〔七〕，感慨今昔，因自度此曲〔八〕，千岩老人以为有《黍离》之悲也〔九〕。

淮左名都〔一〇〕，竹西佳处〔一一〕，解鞍少驻初程〔一二〕。过春风十里，尽荠麦青青〔一三〕。自胡马窥江去后〔一四〕，废池乔木，犹厌言兵〔一五〕。渐黄昏，清角吹寒〔一六〕，都在空城〔一七〕。

杜郎俊赏，算而今、重到须惊〔一八〕。纵豆蔻词工，青楼梦好，难赋深情〔一九〕。二十四桥仍在〔二〇〕，波心荡、冷月无声。念桥边红药，年年知为谁生〔二一〕。

【注释】

〔一〕姜夔:约生于宋高宗绍兴二十五年(1155),卒于宋宁宗嘉定二年(1209),字尧章,号白石道人,饶州鄱阳(今属江西)人。早年孤贫,流寓于湖南、湖北的汉阳、长沙一带,后来家居浙江吴兴,漫游于太湖流域。他生当秦桧当权时期,所以终生隐居,未做过官。他是南宋格律词派的创始人,在音乐方面很有造诣,善于整理旧曲,自度新曲。他的作品得到范成大、杨万里和辛弃疾的激赏。南宋末张炎以"清空"二字概括他的词风,极为允当。有《白石道人诗集》《白石道人歌曲》。

〔二〕淳熙丙申:宋孝宗淳熙三年(1176)。至日:冬至日。

〔三〕维扬:即扬州,今江苏省扬州市。

〔四〕霁:雨、雪停止,天放晴。

〔五〕荠麦:荠菜和麦子。荠,一种野菜,味甘可食。弥:满。望:视野。弥望,即满眼。

〔六〕戍角:戍守军所吹的号角。

〔七〕予:我。怆然:悲伤。

〔八〕自度此曲:自己创制【扬州慢】这一曲调。

〔九〕千岩老人:南宋著名诗人萧德藻的别号,作者的叔岳父。《黍离》之悲:国家衰亡的悲叹。此用《诗经·王风·黍离》"彼黍离离"写周大夫见到故都荒败而悲哀之意。

〔一〇〕淮左:古代的方位以东为左,宋置淮南东路和淮南西路,扬州属东路,故称淮左。

〔一一〕竹西:即竹西亭,在扬州城北五里。杜牧《题扬州禅智寺》:"谁知竹西路,歌吹是扬州。"这里代指扬州。

〔一二〕解鞍少驻:解下马鞍,停留休息。初程:行程的最初阶段。

〔一三〕"过春风"二句:是说经过以前的繁华街道,现在都是青青荞麦。杜牧《赠别》诗:"春风十里扬州路。"此用其意。

〔一四〕"自胡马"句:指金兵于宋高宗建炎三年(1129)和绍兴三十一年(1161)两次南侵,窥伺欲渡长江,扬州遭到惨重的破坏。

〔一五〕"废池"二句:是说战乱后剩下的只有废池和老树,至今人们谈起敌人的入侵战争,仍然厌恶与痛恨。

〔一六〕清角吹寒:凄清的号角吹来寒意。

〔一七〕空城:指劫后的扬州。

〔一八〕杜郎:杜牧。俊赏:卓越的赏鉴。算:计算,有估计的意思。句意是估计今天杜牧再来扬州,看到城市遭到破坏的景象,也必然会感到惊讶。

〔一九〕豆蔻词工:杜牧《赠别》:"娉娉袅袅十三余,豆蔻梢头二月初。"青楼梦好:杜牧《遣怀》:"十年一觉扬州梦,赢得青楼薄倖名。"这三句意思是杜牧虽有写"豆蔻"和"青楼梦"的才华,也难以表达我此时悲怆的深情。

〔二〇〕二十四桥:杜牧《寄扬州韩绰判官》:"二十四桥明月夜,玉人何处教吹箫。"二十四桥故址在扬州西郊,相传古代有二十四个美人在这里吹箫,故名。

〔二一〕红药:芍药。扬州芍药自宋即出名,号称天下奇花。相传开明桥(二十四桥之一)附近春天芍药花市极盛。为谁生:无人欣赏,自生自灭。

【说明】

作者写这首词时距离金兵南侵到扬州已经40多年了。南宋统治者仍苟且偷安,不图恢复。作者目睹扬州残破的景象尚存,遂作词以寄慨。词的上阕写过扬州时的见闻。开篇三句写过扬州,"解鞍少驻",点题。次两句写扬州荒芜的景象,"尽荠麦青青",所以寓黍离之悲。"自胡马窥江"以下三句,写金兵的侵扰给人民造成灾害的深重。末三句用"清角"、"空城"描写扬州黄昏时的萧条凄切。下阕写自己的感触,先以杜牧当年的繁盛情况和今天的荒凉相比,极见其变化之大,所谓"重到须惊"! 进而想到纵有杜牧的赋豆蔻的才华和意趣,也难写尽自己此时此际的复杂心境。"二十四桥仍在",但已无当年的繁华了。桥边的芍药也无人去欣赏,任凭它自生自灭。极写被兵灾后的冷落,以寄托自己故国之思、黍离之悲也。词的音节和谐优美,语言富有文采,感情深沉细腻,是作者的代表作。

点绛唇　丁未冬过吴松作〔一〕

燕雁无心,太湖西畔随云去〔二〕。数峰清苦,商略黄昏雨〔三〕。　　第四桥边〔四〕,拟共天随住〔五〕。今何许〔六〕?凭阑怀古,残柳参差舞〔七〕。

【注释】

〔一〕丁未:宋孝宗淳熙十四年(1187)。吴松:即今吴淞江,是太湖的支流,经吴江、苏州等地到上海与黄浦江合流。这首词是作者于淳熙十四年自湖州去苏州,路经吴淞江时所作。

〔二〕"燕雁"二句:鸟无心而随云飞去,是仰慕其飞翔自由。无心,无成心,出于自然。

〔三〕清苦:形容山峰的凄清、冷落。商略;准备,酝酿。这两句意思是凄清冷落的山峰正在酝酿着下雨。

〔四〕第四桥:即甘泉桥,在吴江城外,以泉水品质评为第四,故名(见《苏州府志》)。

〔五〕天随:唐代诗人陆龟蒙号天随子,居淞江甫里,常乘舟浪迹江湖间。作者自比陆龟蒙。

〔六〕今何许：如今在哪里？

〔七〕参差(cēn cī)：长短不齐的样子。意思是天随子的旧居已不存在,所余唯有残柳在参差飘荡。

【说明】

这首词是作者经过吴松时怀念陆龟蒙所作,是一篇吊古伤今之作。上阕全是写景,仰望天空燕雁随云飞翔,清瘦的山峰正酝酿黄昏雨,以寓自己对自由生活的向往。下阕是抒情,自己有意在第四桥边与陆龟蒙同住,但"今何许？凭阑怀古,残柳参差舞"。吊古伤今,感伤自已欲学陆龟蒙隐居之愿难遂之慨。全词表现了作者厌倦世情,追求超脱的精神状态。

踏莎行

自沔东来〔一〕,丁未元日至金陵,江上感梦而作。

燕燕轻盈,莺莺娇软〔二〕,分明又向华胥见〔三〕。夜长争得薄情知〔四〕？春初早被相思染〔五〕。　　别后书辞,别时针线〔六〕,离魂暗逐郎行远〔七〕。淮南皓月冷千山〔八〕,冥冥归去无人管〔九〕。

【注释】

〔一〕沔：即沔州,今湖北汉阳,作者早年流寓于此。丁未元日：宋孝宗淳熙十四年(1187)元旦。十三年(1186)冬,作者自沔州东行,次年元旦到金陵,梦见合肥所遇情人,梦醒后作这首词。

〔二〕燕、莺:借喻情人。轻盈:比喻情人的体态。娇软:比喻情人的声音。

〔三〕华胥:指梦。《列子·黄帝》记载,黄帝曾梦游华胥国,后来因称梦为华胥。句意是梦中重见情人。

〔四〕"夜长"句:是说自己多情长夜难眠,薄情人怎么会知道。争得,怎得。

〔五〕"春初"句:春天是容易怀人的季节,现在才是春初,自己即被相思感染。

〔六〕"别后"二句:写分别时和分别后的情意。书辞,书信。

〔七〕"离魂"句:是说尽管情郎走得很远,她的魂灵总是暗中追逐着。

〔八〕淮南:指合肥,宋代属淮南路。

〔九〕冥冥:暗中,指夜里。无人管:指魂灵自由,不受任何约束。句意是说自己的魂灵也将自由地回到合肥情人的身边。

【说明】

这首词是作者抒写其对在合肥相遇的情人的怀念,表现了对情人的深切情思。因相思情真而入梦,梦醒后,回味离别时和离别后情人对自己情意之深,以及魂牵梦萦的景象。最后自己的魂魄也回到情人身边。这种由梦境进展到离魂和魂魄相追逐的描写手法和境界,正表现了作者相思之苦和情感之深。词的格调清幽峭拔,末二句"淮南皓月冷千山,冥冥归去无人管",正体现张炎所谓"清空"的特点。

暗　香

辛亥之冬〔一〕,予载雪诣石湖〔二〕。止既月,授简索句〔三〕,且征新声〔四〕。作此两曲。石湖把玩不已,使工妓隶习之〔五〕,音节谐婉,乃名之曰《暗香》、《疏影》〔六〕。

旧时月色,算几番照我,梅边吹笛?唤起玉人,不管清寒与攀摘〔七〕。何逊而今渐老,都忘却春风词笔〔八〕。但怪得、竹外疏花,香冷入瑶席〔九〕。　　江国〔一〇〕,正寂寂,叹寄与路遥〔一一〕,夜雪初积。翠尊易泣,红萼无言耿相忆〔一二〕。长记曾携手处,千树压、西湖寒碧〔一三〕。又片片吹尽也,几时见得〔一四〕?

【注释】

〔一〕辛亥:宋光宗绍熙二年(1191)。

〔二〕诣:往,到。石湖:在苏州西南,诗人范成大晚年居住在此,自号石湖居士。

〔三〕简:书写用的竹板,此处代指纸。

〔四〕征新声:征求新的词调。

〔五〕工妓:乐工、歌妓。隶习:学习。

〔六〕《暗香》《疏影》:曲名出自林逋《梅花》诗:"疏影横斜水清浅,暗香浮动月黄昏。"

〔七〕玉人:即美人。与攀摘:和美人攀摘梅花。贺铸【浣溪纱】词:"玉人和月摘梅花。"这两句是说从前和美人不顾清寒攀摘梅花。

〔八〕何逊:南朝梁诗人,在扬州作《咏早梅》诗,因此杜甫《和裴迪登蜀州东亭送客逢早梅相忆见寄》诗有"东阁官梅动诗兴,还如何逊在扬州"之句。这里作者以何逊自比,是说自己逐渐衰老,对于一向所喜爱的梅花都忘却为它歌咏了。

〔九〕"但怪得"二句:意思是竹林外几枝稀疏的梅花,其香气透入座席,引起作者的诧异和幽思。瑶席:精美的座席。

〔一○〕江国:江乡。

〔一一〕寄与路遥:指折梅寄赠路远不可能。这里暗用陆凯自江南寄梅花给在长安的范晔,并赠诗云:"折梅逢驿使,寄与陇头人。江南无所有,聊赠一枝春。"(见《荆州记》)感慨与相思之人相隔遥远,无法寄梅问讯。

〔一二〕翠尊:绿色的酒杯,指酒。红萼:红花,指红梅。耿相忆:诚信不忘。这两句意思是饮绿酒赏红梅,不禁为之悲泣,无言可说,都不能忘情于玉人。

〔一三〕"千树压"句:宋时杭州西湖上的孤山梅花成林,故云"千树"。这句是写红梅与碧水相映成趣的景象。

〔一四〕"又片片"二句:是说梅花被风片片吹尽,再见不到了。

【说明】

　　这首词与《疏影》都是咏梅之作,但两篇的题旨不尽相同。这首词是借咏梅抒发作者对旧时情人的思念。词的开篇是回忆往事,当年在月光下于梅边吹笛,和情人冒着风寒去攀摘梅花,兴会何其高! 然后是感慨目前,自己逐渐衰老,都忘却了作歌咏梅。当竹林外早梅的冷香透入座席时,才蓦然觉察到梅花已经开放了。这种惊疑的神情,也含寓着对情人的爱悦。下阕即写对情人的思念。在寂寞中想折梅相寄,但路远、雪积不能如愿,徒增叹惋。眼前的绿酒、红梅,更加深了自己的思念。最后又转入回忆:"长记曾携手处,千树压、西湖寒碧。又片片吹尽也,几时见得?"当年携手同游于西湖边赏梅的情景犹历历在目,什么时候才能重温这场旧梦呢? 自己是何逊渐老,玉人又怎样呢? 表现了对情人深沉的思念。通篇感叹旧情难续,千回百转,极尽曲折往复之致。咏梅而不黏滞于梅,自立新意,真为绝唱。

刘克庄^{〔一〕}

军中乐^{〔二〕}

行营面面设刁斗^{〔三〕}，帐门深深万人守。将军贵重不据鞍，
夜夜发兵防隘口^{〔四〕}。自言虏畏不敢犯^{〔五〕}，射麋捕鹿来行
酒^{〔六〕}。更阑酒醒山月落^{〔七〕}，彩缣百段支女乐^{〔八〕}。谁知
营中血战人^{〔九〕}，无钱得合金疮药^{〔一〇〕}！

【注释】

〔一〕刘克庄：生于宋孝宗淳熙十四年（1187），卒于宋度宗咸淳五
年（1269），字潜夫，号后村，莆田（今属福建）人。出身世家，以荫补
官。宋理宗赏识他"文名久著，史学尤精"，特赐同进士出身。他关心
国事，直言敢谏，在朝廷内激烈的党争中，屡进屡退，曾官至中书舍人、
兵部侍郎。他是江湖派最著名的诗人，也是南宋后期辛派的重要词
人。其诗词的主要内容是抒写对国家命运的关怀和揭露统治阶级的
内部矛盾。风格自由奔放，尤其是他的词作。有《后村先生大全集》
《后村长短句》。

〔二〕辛弃疾《美芹十论·屯田第六》云："营幕之间，饱暖有不
充，而主将歌舞无休时，锋镝之下，肝脑不敢保，而主将雍容于帐中。"
（辛启泰辑《稼轩集钞存》卷一）可与本诗所咏相印证。

〔三〕刁斗：一种铜制军用的锅，白天用它做饭，夜间用它巡守打

更。设刁斗,即设立巡守警戒的人。

〔四〕隘(ài)口:险要之处。

〔五〕虏:对敌人的称呼。

〔六〕麋(mí):麋鹿,似鹿比鹿大。

〔七〕阑:尽、晚。更阑,更深夜尽。

〔八〕彩缣(jiān):彩色细绢。支:支付,这里是赏赐的意思。女乐:歌伎舞女。

〔九〕血战人:指浴血战斗的士兵。

〔一〇〕合:配制。金疮药:医治刀伤的药。句意是说士兵无钱配药治疗创伤。

【说明】

这首诗题《军中乐》,主要是揭露军中将帅日夜寻欢作乐无休止的腐朽生活,所谓"将军贵重"者,即在于此,信笔直书,却寄予辛辣的讽刺。末尾结出"血战人"的悲惨遭际,与军中将帅的生活形成鲜明的对比,更增强了诗歌的批判力。唐人高适《燕歌行》的名句:"战士军前半死生,美人帐下犹歌舞。"有助于加深对这首诗内容的理解。

贺新郎　　送陈真州子华〔一〕

北望神州路〔二〕,试平章、这场公事〔三〕,怎生分付〔四〕?记得太行山百万,曾入宗爷驾驭〔五〕。今把作、握蛇骑虎〔六〕。君去京东豪杰喜〔七〕,想投戈、下拜真吾父〔八〕。谈笑里,定齐鲁〔九〕。　　　两河萧瑟惟狐兔〔一〇〕,问当年、祖生去后,有人来否〔一一〕?多少新亭挥泪客,谁梦中原块土〔一二〕?算事业、须由人做。应笑书生心胆怯^{〔一三〕}，向车中、闭置如新妇^{〔一四〕}。空目送，塞鸿去^{〔一五〕}。

【注释】

〔一〕陈真州子华：即陈韡，字子华，有将帅才，朝廷曾命他知真州。别本题作"送陈子华赴真州"，可见这首词是在他初赴任时所作，可能是在嘉定十五年（1222）淮西告捷后不久。真州，今江苏省仪征市，在长江北岸，是当时的国防重镇。

〔二〕神州：本指全中国，这里指中原沦陷区。《世说新语·言语》引王导语："当共戮力王室，克复神州。"

〔三〕平章：评论。公事：指组织军队抗击金人的事。

〔四〕分付：安排，发落。

〔五〕太行山百万：指北宋朝廷倾覆后集结在今河北、山西地区的义军。宗爷：指当时抗敌将领宗泽。宗泽有文才武略，徽、钦二帝被掳，他以副元帅从磁州入援，屡战屡胜，徙任开封知府，进东京留守，人呼宗爷爷。义军杨进、王善等先后率众数十万来归。驾驭：统率。

〔六〕把作：当作。握蛇骑虎：喻危险。句意是说朝廷中当权派对待义军的态度好像手握着蛇驾驭着虎，完全不信任他们。

〔七〕京东：宋时的京东路包括今河南开封、商丘一带及山东黄河以南、江苏铜山以北地区。京东豪杰，指京东路的义军将士。

〔八〕"想投戈"句：据《宋史·岳飞传》记载，张用在江西作乱，岳飞以书晓谕利害，他得书说："真吾父也。"句意是说陈子华将受到众豪杰的爱戴。

〔九〕齐鲁：春秋时山东分齐、鲁，宋时属京东路。陈子华曾提出平定山东的策略，这里是预言他会轻而易举地收复山东。

〔一〇〕两河：指河北东路和河北西路，即今河北和黄河以北的河南地区。狐兔:借指金人。

〔一〕祖生:即祖逖,晋元帝时,他统兵北伐,渡江时击楫誓曰:"不清中原而复济者,有如此江。"遂破石勒,收复黄河以南地区(见《晋书·祖逖传》)。这里借指南宋初在中原抗金的名将宗泽、岳飞诸人。这两句是说南宋好久无人去恢复中原了。

〔二〕新亭挥泪:东晋初年,过江诸人周颛等常在新亭游宴,念及北方沦陷,相视流涕(见《世说新语·言语》)。新亭:在南京附近。谁梦:谁思量。这两句是说当时士大夫只会感伤落泪,谁都没有收复中原的壮志。

〔三〕书生:作者自称。

〔四〕"向车中"句:梁曹景宗性急躁,不能沉默,曾和他亲近的人说:"今来扬州作贵人,动转不得。路行开车慢,小人辄言不可。闭置车中三日如新妇。"这是作者自嘲,不像陈子华那样勇于到前方任职。

〔五〕目送塞鸿:用嵇康《兄秀才公穆入军赠诗十九首》诗"目送归鸿"句意,表示惜别。

【说明】

这首词是作者送友人陈子华赴江北前线之作。作品开篇便提出神州陆沉,"这场公事,怎生分付"? 然后是对陈子华的勉励,希望他能联络两河豪杰,共同抗金,建立如宗泽那样的军威和祖逖那样的事业,"算事业、须由人做",要坚信成功在人,不能像书生那样如车中闭置之新妇。这一方面以豪情壮志鼓励陈子华;另一方面是叹息自己的才能不得发挥。作品"平章"天下大事,发议论,采用典故,组成画面,形象生动。

文天祥〔一〕

指南录后序〔二〕

　　德祐二年正月十九日〔三〕,予除右丞相兼枢密使〔四〕,都督诸路军马〔五〕。时北兵已迫修门外〔六〕,战、守、迁皆不及施〔七〕,缙绅、大夫、士萃于左丞相府〔八〕,莫知计所出。会使辙交驰〔九〕,北邀当国者相见〔一〇〕,众谓予一行,为可以纾祸〔一一〕。国事至此,予不得爱身,意北亦尚可以口舌动也〔一二〕。初,奉使往来无留北者〔一三〕,予更欲一觇北〔一四〕,归而求救国之策。于是辞相印不拜〔一五〕,翌日〔一六〕,以资政殿学士行〔一七〕。

　　初至北营,抗辞慷慨,上下颇惊动,北亦未敢遽轻吾国〔一八〕。不幸吕师孟构恶于前〔一九〕,贾余庆献谄于后〔二〇〕,予羁縻不得还〔二一〕,国事遂不可收拾。予自度不得脱〔二二〕,则直前诟虏帅失信〔二三〕,数吕师孟叔侄为逆〔二四〕,但欲求死〔二五〕,不复顾利害。北虽貌敬〔二六〕,实则愤怒,二贵酋名曰馆伴〔二七〕,夜则以兵围所寓舍,而予不得归矣。

　　未几〔二八〕,贾余庆等以祈请使诣北〔二九〕,北驱予并往,而不在使者之目〔三〇〕,予分当引决〔三一〕,然而隐忍以行,昔人云"将以有为也"〔三二〕。至京口〔三三〕，得间〔三四〕，奔真州〔三五〕，即具以北虚实告东西二阃〔三六〕，约以连兵大举，中兴机会，庶几在此〔三七〕。留二日，维扬帅下逐客之令〔三八〕，不得已，变姓名，诡踪迹〔三九〕，草行露宿，日与北骑相出没于长淮间〔四〇〕，穷饿无聊〔四一〕，追购又急〔四二〕，天高地迥，号呼靡及〔四三〕。已而得舟〔四四〕，避渚洲〔四五〕，出北海〔四六〕，然后渡扬子江〔四七〕，入苏州洋〔四八〕，展转四明、天台以至于永嘉〔四九〕。

呜呼！予之及于死者〔五〇〕，不知其几矣〔五一〕：诋大酋〔五二〕，当死；骂逆贼〔五三〕，当死；与贵酋处二十日争曲直〔五四〕，屡当死；去京口挟匕首以备不测，几自到死〔五五〕；经北舰十余里为巡船所物色〔五六〕，几从鱼腹死〔五七〕；真州逐之城门外〔五八〕，几彷徨死〔五九〕；如扬州〔六〇〕，过瓜洲扬子桥〔六一〕，竟使遇哨〔六二〕，无不死；扬州城下，进退不由〔六三〕，殆例送死〔六四〕；坐桂公塘土围中〔六五〕，骑数千过其门，几落贼手死；贾家庄几为巡徼所陵迫死〔六六〕；夜趋高邮〔六七〕，迷失道，几陷死；质明〔六八〕，避哨竹林中，逻者数十骑〔六九〕，几无所逃死；至高邮，制府檄下〔七〇〕，几以捕系死〔七一〕；行城子河〔七二〕，出入乱尸中，舟与哨相后先，几邂逅死〔七三〕；至海陵〔七四〕，如高沙〔七五〕，常恐无辜死〔七六〕；道海安、如皋〔七七〕，凡三百里，北与寇往来其间，无日而非可死〔七八〕；至通州〔七九〕，几以不纳死〔八〇〕；以小舟涉鲸波〔八一〕，出无可奈何，而死固付之度外矣〔八二〕。呜呼！死生昼夜事也，死而死矣〔八三〕，而境界危恶，层见错出〔八四〕，非人世所堪，痛定思痛,痛何如哉^[八五]!

予在患难中,间以诗记所遭^[八六],今存其本^[八七],不忍废道中^[八八],手自抄录。使北营、留北关外^[八九],为一卷;发北关外,历吴门、毗陵^[九○],渡瓜洲,复还京口^[九一],为一卷;脱京口,趋真州、扬州、高邮、泰州、通州,为一卷;自海道至永嘉、来三山^[九二],为一卷。将藏之于家,使来者读之^[九三],悲予志焉^[九四]。

呜呼!予之生也幸^[九五],而幸生也何所为^[九六]?求乎为臣^[九七],主辱臣死有余僇^[九八];所求乎为子,以父母之遗体行殆^[九九],而死有余责^[一○○]。将请罪于君,君不许;请罪于母,母不许;请罪于先人之墓。生无以救国难^[一○一],死犹为厉鬼以击贼^[一○二],义也。赖天之灵,宗庙之福,修我戈矛^[一○三],从王于师,以为前驱^[一○四],雪九庙之耻^[一○五],复高祖之业^[一○六]所谓"誓不与贼俱生",所谓"鞠躬尽力,死而后已"^[一○七],亦义也。嗟夫,若予者,将无往而不得死所矣^[一○八]。向也使予委骨于草莽^[一○九],予虽浩然无所愧怍^[一一○],然微以自文于君亲^[一一一],君亲其谓予何^[一一二]?诚不自意返吾衣冠^[一一三],重见日月^[一一四],使旦夕得正丘首,复何憾哉^[一一五],复何憾哉!是年夏五月^[一一六],改元景炎^[一一七],庐陵文天祥自序其诗,名曰《指南录》。

【注释】

〔一〕文天祥:生于宋理宗端平三年(1236),卒于元世祖至元十九年十二月初九日(1283年1月9日),字履善,又字宋瑞,号文山,吉州庐陵(今江西吉安)人,是南宋末著名的民族英雄、诗人。宋理宗时中进士第一,官至江西安抚使。宋恭宗德祐元年(1275),元军渡江南下,他奉诏起兵保卫临安。次年被任为右丞相兼枢密使,出使元营议和,因坚决抗争被扣留。后逃归到福州,拥立益王赵昰,以图复兴。他总督各路军马,抵御元兵,转战于赣、闽、岭南一带。终因独立难支兵败被俘,被押至大都(元朝京城,今北京),囚禁4年。经受蒙古统治者的各种折磨和百端诱降,他大义凛然,宁死不屈,从容就义。他的诗歌、散文的基本内容是记述与敌人的艰苦斗争,主要精神是表现坚贞的民族气节、昂扬斗志和中国必胜的信念,风格慷慨沉郁。有《文山先生全集》。

〔二〕《指南录》是文天祥的诗集名,内容主要是抒写自元兵攻临安,他奉命到敌营谈判,被扣留,后又逃出,转战东南一带的抗敌生活。诗集取名于他的《渡扬子江》诗句"臣心一片磁针石,不指南方不肯休"的意思。诗集卷首已有"自序",所以这篇称"后序",主要记述他出使敌营谈判,逃归时历尽千难万险的经过,表现了百折不挠的坚强意志和始终不渝的民族气节。

〔三〕德祐:宋恭帝赵㬎的年号。德祐二年,即公元1276年。这年恭帝为元军所房,文天祥等在福州立赵昰为帝,是为端宗,改元景炎。

〔四〕予:我。除:被授官。右丞相:南宋置左、右丞相,右丞相为上,是最高行政长官。枢密使:掌管国家军事的长官。

〔五〕都督:全面监管。诸路:各路。这里的"路"是行政区划。

〔六〕北兵:即元兵。迫:逼近。修门:国都的城门。《指南录·自序》:"时北兵驻高亭山,距修门三十里。"

〔七〕战、守、迁:指迎战、守城、迁都。不及施:来不及措办、施行。

〔八〕缙绅、大夫、士:指各类官员。萃(cuì):会集。左丞相:当时的左丞相是吴坚。

〔九〕会:适逢。辙:车辙。使辙交驰,指宋、元双方使者的车马往来奔驰。

〔一〇〕北:指元军。本篇中除"北关外"的"北"字之外,都指元军一方。当国者:指南宋当政的人。

〔一一〕纾(shū):解除。纾祸,解除祸患。

〔一二〕以口舌动:可以用言语来说服。

〔一三〕无留北者:没有被元军扣留的。

〔一四〕"予更"句:是说我更想窥视一下元营的情况。觇(chān),窥视。

〔一五〕辞相印:推辞丞相之印。不拜:不接受任命。

〔一六〕翌(yì)日:第二天。

〔一七〕资政殿学士:官名,是宋朝优遇宰相罢官后的荣誉官衔。句意是以资政殿学士的身份前往。

〔一八〕"初至"四句:据《续资治通鉴·宋纪一八二》记载,文天祥要求元军撤退,"巴延(即伯颜)语渐不逊。天祥曰:'我南朝状元宰相,但欠一死报国,刀锯鼎镬非所惧也。'巴延辞屈,诸将相顾动色。"抗辞,正言,直言。遽,立即。

〔一九〕吕师孟:襄阳守将吕文焕的侄子,当时为兵部尚书。吕文焕叛宋,引兵南下,他做元军的内应。文天祥曾上书请斩吕师孟以振士气。构恶:对元人说文天祥的坏话。

〔二〇〕贾余庆:文天祥辞相后贾余庆继任右丞相,1276年与文天祥同时出使元营,到元营后,便与左丞相吴坚等向元上了降表,并向元丞相伯颜献策把文天祥带到北方囚禁起来。献谄:谄媚讨好。

〔二一〕羁縻:扣留。

〔二二〕自度(duó):自己忖度、估量。

〔二三〕直前:径直向前。诟:责骂。虏帅:指元军统帅伯颜。

〔二四〕数(shǔ):责数,列举罪状一件一件地指责。逆:叛逆。《续资治通鉴·元一》记载:"天祥并斥文焕及其侄师孟,父子兄弟受国厚恩,不能以死报国,乃合族为逆。"

〔二五〕但:只。

〔二六〕貌敬:表面上尊敬。

〔二七〕二贵酋:指元军的两员将领,即万户忙古歹、招讨使唆都。馆伴:在宾馆陪伴、接待外国使臣的人。

〔二八〕未几:不久。

〔二九〕祈请使:奉表请降的使节。德祐二年二月初六日,宋恭帝命贾余庆、吴坚等为祈请使,赴大都请降。诣(yì):到。

〔三〇〕目:列。

〔三一〕分(fèn)当引决:理应自杀。

〔三二〕昔人云:韩愈《张中丞传后叙》记载,张巡与其部将南霁云被俘,将降,张巡激励南霁云说:"不可为不义屈。"云笑曰:"欲将以有为也。公有言,云敢不死!"句意是说暂时隐忍不死,准备乘机有所作为。

〔三三〕京口:今江苏省镇江市。

〔三四〕得间(jiàn):得到机会。

〔三五〕真州:今江苏省仪征市。

〔三六〕东西二阃:指淮东制置使李庭芝、淮西制置使夏贵。阃(kǔn),城门。因为守边如守门,所以用"二阃"代表两个守边的将领。句意是即完全把元营的虚实情况告诉淮东、淮西两个制置使。

〔三七〕"约以"三句:真州守将苗再成向文天祥陈述破敌计划,文天祥很高兴,认为这是中兴的时机,便写信给李庭芝、夏贵,约他们一齐动手。庶几,或者可能,表希望之词。

〔三八〕维扬:扬州。维扬帅,指李庭芝。李庭芝误信情报,怀疑文天祥是元军派来的奸细,令苗再成杀他。苗再成不忍,遂把他放走。

〔三九〕诡踪迹:使行踪诡秘。

〔四〇〕北骑:元人的骑兵。长淮:指长江、淮河下游地区。当时淮南东路许多地方为元军所占据,所以这样说。

〔四一〕无聊:无聊赖,无托身之处。

〔四二〕追购:悬赏追捕。

〔四三〕“天高”二句:意思是天地辽阔,叫天天不应,叫地地不灵,无处藏身。迥(jiǒng),远。靡,无。

〔四四〕已而:随后。自此以下七句叙述自己逃回的路线。

〔四五〕避渚洲:避开长江中的沙洲(因沙洲被元军占领)。

〔四六〕北海:指淮海.在长江口之北。

〔四七〕扬子江:长江自扬州以下旧称扬子江。

〔四八〕苏州洋:上海附近的海域。

〔四九〕四明:今浙江省宁波市。天台:今浙江省天台县。永嘉:今浙江省温州市。

〔五〇〕及于死:到达死的边缘。

〔五一〕不知其几:不知道有多少次。

〔五二〕诋(dǐ):辱骂。诋大酋,指痛斥元军统帅伯颜,即上文“诟虏帅失信”的事。

〔五三〕骂逆贼:即上文“数吕师孟叔侄为逆”的事。

〔五四〕争曲直:争论是非曲直。

〔五五〕“去京口”二句:据《指南录·候船难》记载:“予先遣二校坐舟中,密约待予甘露寺下。及至,船不知所在。意窘甚,交谓船已失约,奈何! 予携匕首,不忍自残,甚不得已,有投水耳。”后幸得船,方免一死。刭(jǐng),用刀割脖子。几自刭,几乎自杀。

〔五六〕"经北舰"句:是说文天祥自京口乘船逃往真州路上,从江岸元军船边经过,被元军巡船发现,认为是"歹船",由于潮退,巡船搁浅,才未追上。物色,搜察。

〔五七〕从鱼腹死:指投水,葬身鱼腹死。

〔五八〕"真州"句:即上文维扬帅下令逐客事。逐之,驱逐我们。彷徨:游移不决,不知向何处去。如:往。瓜洲:在扬州南长江边。扬子桥:在扬州南十五里处。竟使:倘使。遇哨:遇到敌人的哨兵。

〔六三〕不由:不能自主。进退不由,即进退无路。

〔六四〕殆例送死:几乎等于是照例送死。

〔六五〕桂公塘:扬州城西的小山丘。土围:指山丘上只剩下四壁的破民房。文天祥离开扬州西行,遇见元军骑兵,便入土围中躲避起来,幸而风雨大作,元军径去,未被发现。

〔六六〕贾家庄:在扬州城北门外,巡徼(jiào):指宋朝的巡逻兵。陵迫:欺侮压迫。

〔六七〕趋:快步走。高邮:今江苏省高邮市。

〔六八〕质明:黎明。

〔六九〕逻者:指元军的巡逻兵。

〔七〇〕制府:制置使的官署。当时李庭芝是淮东路制置使。檄(xí):命令。

〔七一〕以:因为。捕系:捕捉,拘囚。

〔七二〕城子河:在高邮东南。

〔七三〕舟与哨:指自己乘的船与元军的哨兵。文天祥经过城子河的前一天,宋军与元军在这里作战,宋军胜利,元兵积尸遍野,水中流尸无数。文天祥到这里,元军又来过,与元军险些相遇。邂逅:不期而遇。

〔七四〕海陵:今江苏省泰州市。

〔七五〕高沙:在高邮西南。

〔七六〕无辜死:无罪死。

〔七七〕道:路过。海安:今江苏省海安县。如皋(gāo):今苏省如皋市。

〔七八〕"无日"句:没有一天不可以死。

〔七九〕通州:今江苏省南通市。

〔八〇〕几以:几乎因为。不纳死:不被接纳而死。文天祥到通州,通州守军不许他进城,后来得知元军正在追捕他,才接他进城。

〔八一〕鲸波:指海中的巨浪。涉鲸波,渡海。

〔八二〕付之度外:把死置之度外,不去考虑。

〔八三〕死而死矣:死就死罢了。

〔八四〕层见错出:一次接一次地交错出现。见,义同"现"。

〔八五〕"痛定"二句:语出韩愈《与李翱书》:"如痛定之人,思当痛之时,不知何能自处也。"意思是痛苦之后,再追想当时的痛苦,会更感悲痛。

〔八六〕"间以"句:抽空余时间用诗记录自己所遭遇的一切。

〔八七〕本:底稿。

〔八八〕废:毁弃。

〔八九〕留:拘留。北关外:指临安城北的皋亭山,当时为元军驻地。

〔九〇〕吴门:今江苏省苏州市。毗(pí)陵:今江苏省常州市。

〔九一〕复还京口:文天祥早年曾游历过京口,所以这里说"复还"。

〔九二〕三山:今福建省福州市。当时端宗即位于福州,曾召文天祥。

〔九三〕来者:后来的人。

〔九四〕悲予志：悲悯我的心志；

〔九五〕"予之生"句：我能够生存下来是侥幸的。

〔九六〕何所为：求的是什么呢？

〔九七〕求乎为臣：要求做臣子的。

〔九八〕"主辱"句：使国君受到污辱，做臣子的即使效命而死，也有余罪，因为未能使国君免于受辱。僇（lù），同"戮"，罪。

〔九九〕"以父母"句：语出《大戴礼记·曾子大孝》："不敢以先父母之遗体行殆也。"行殆（dài），去冒险。意思是以父母的遗体（指自身）践危险之地。

〔一〇〇〕"而死"句：死了仍然有罪责。

〔一〇一〕"生无以"句：活着没有办法解救国家于危难。

〔一〇二〕厉鬼：恶鬼。

〔一〇三〕修我戈矛：修治武器。语出《诗经·秦风·无衣》："王于兴师，修我戈矛，与子同仇。"

〔一〇四〕以为前驱：做王师的先锋。语出《诗经·卫风·伯兮》："伯也执殳，为王前驱。"

〔一〇五〕九庙：皇帝家庙里供九代祖先，所以称"九庙"。九庙之耻，指皇帝列祖列宗的耻辱。

〔一〇六〕高祖：这里指宋朝开国之君宋太祖赵匡胤。

〔一〇七〕"所谓"二句：诸葛亮《后出师表》："先帝虑汉贼不两立，王业不偏安，故托臣以讨贼也。臣鞠躬尽瘁，死而后已。"鞠躬，恭敬谨慎。已，停止。

〔一〇八〕"将无往"句：任何地方都可能是我死的合适处所。

〔一〇九〕"向也"句：当初假使我的尸骨抛弃在荒草旷野之中。

〔一一〇〕浩然：光明正大。无所愧怍（zuò）：没有什么愧怍的地方。

〔一一一〕"然微以"句：但在国君和父母面前无法文饰自己的过

失。微以,无以。文,文饰。

〔一二〕"君亲"句:国君和父母将会怎样责备我呵。

〔一三〕不自意:自己没有料到。衣冠:指官僚服装。返吾衣冠,指回朝任职。

〔一四〕日月:比喻皇帝。重见日月,即重见皇帝。德祐二年五月,宋端宗即位于福州,任命文天祥为右丞相、枢密使。

〔一五〕正丘首:《礼记·檀弓上》:"古之人有言曰:狐死正丘首,仁也。"是说狐狸死时,头一定指向自己的窟穴,表示依恋故土。这两句是说假使自己旦夕之间能死在故国(宋朝),那还有什么可遗憾的呢?

〔一六〕夏五月:夏历五月。

〔一七〕改元:改变年号。景炎:宋端宗年号。

【说明】

　　这篇文章是作者记述自己作为宋朝使者到元营谈判,痛斥敌人和汉奸,被拘留,历尽千难万险逃归的经过。作者冒万死一生的危险南归时,南宋朝廷已奉表请降,幼主、太后六宫都被元军押送北方。但他仍然坚持反抗蒙古统治者的正义斗争,不屈不挠,表现了大义凛然的民族气节和视死如归的英雄气概。文章的前三段是自叙出使元营的始末,文字简明扼要,其不畏强敌、舍身报国的精神,历历可见。第四段列举18种逃亡过程中几乎死亡的险境,说明出生入死的情况,直抒胸臆,沉痛悲壮,令人感同身受。第五段说明诗集的内容和编次。最后一段是感叹自己忧患余生,仍心存报国的宏愿,要效法诸葛亮"鞠躬尽力,死而后已",并表示"使旦夕得正丘首,复何憾哉,复何憾哉!"只要身死能促进国家中兴,还有什么可遗憾的呢? 表现了民族英雄的浩然正气,高风亮节。文章气势激昂慷慨,感情饱满奔放.句式或长或短,短句急促有力,长句磊落跌宕,长短交错。形成了势如破竹、凌厉奋进的笔势。文如其人,亦足以流传千古。

过零丁洋〔一〕

辛苦遭逢起一经〔二〕,干戈寥落四周星〔三〕。山河破碎风飘絮,身世浮沉雨打萍〔四〕。惶恐滩头说惶恐〔五〕,零丁洋里叹零丁〔六〕。人生自古谁无死,留取丹心照汗青〔七〕。

【注释】

〔一〕南宋帝赵昺祥兴元年(1278)十月,文天祥在五坡岭(今广东省海丰县北)被元军所俘,元军统帅张弘范挟持文天祥追击在崖山(在今广东省江门市新会区南海中)的宋帝赵昺。这首诗就是他经过零丁洋时写的。第二年张弘范又一再强迫他招降在海上坚守崖山的张世杰,他便将这首诗给张弘范看,张弘范见其辞义坚决,只好作罢。零丁洋:广东省中山市南有零丁山,山下的海面即零丁洋。

〔二〕遭逢:遭遇朝廷的起用。起一经:古代科举常考试士子所习的某一种经书。这句是概述他以一经应举,被朝廷起用,历尽千辛万苦。

〔三〕"干戈"句:寥落:荒凉冷落,指抗击元军的战斗稀疏。周星:地球12个月绕太阳1周,称为周星,即1年。四周星,即4年。蒙古统帅伯颜自1275年南侵,攻下襄阳,又往东进犯。南宋统治者下诏各路出兵"勤王",文天祥在江西组织了两万义兵向杭州进发,到这时,即1278年兵败被俘,前后共4年。

〔四〕"山河"二句:是说国家的残破、自己的遭遇,都难于挽救。

〔五〕惶恐滩:江西省赣州市北章水、贡水合流到万安县赣江中有十八滩,惶恐滩是其之一。文天祥在江西吉水附近的空坑被元军打败,退往福建汀州(今福建长汀),曾经过惶恐滩。

　　〔六〕零丁:孤苦。叹零丁,慨叹身陷敌中,孤掌难鸣。

　　〔七〕汗青:古代用竹简写书,青竹易坏,故用火烤干,烤时竹上滴汁似汗,因称"汗青"。书籍记载,可以长久流传,所以后人用"汗青"代称历史。

【说明】

　　这首诗是作者对逼迫他招降坚持抗敌的张世杰的汉奸张弘范的回答,表现了他宁死不屈的民族气节和大义凛然的高尚精神。诗的首联追述往事,以科第起家,四年间历尽艰辛。次联贴切比喻国家和个人的境遇都处在危急时刻,将国家的命运和个人的使命联系在一起。第三联回忆以前所遭受的挫折,慨叹当前处境的艰难。末联直抒胸怀,表现了要为国捐躯的豪情壮志。气势磅礴,声调铿锵,对仗工整巧妙,比喻贴切自然,是经久传诵的名篇。

金陵驿〔一〕(二首选一)

草合离宫转夕晖〔二〕,孤云飘泊复何依〔三〕。山河风景原无异〔四〕,城郭人民半已非〔五〕。满地芦花和我老〔六〕,旧家燕子傍谁飞〔七〕?从今别却江南路,化作啼鹃带血归〔八〕。

【注释】

　　〔一〕这首诗是祥兴二年(1279),作者被押赴燕京途经金陵时所作。

　　〔二〕草合:草木已长满。离宫:天子出巡时居住之处。金陵是宋

朝的陪都,所以称离宫。晖:阳光。句意是离宫荒芜,夕阳西下,一片
荒凉景象。

　　〔三〕孤云:借以自喻,用孤云无依抒发自己飘零之感。

　　〔四〕"山河"句:用《世说新语·言语》周顗所谓"风景不殊,正自
有山河之异"之意。

　　〔五〕"城郭"句:据《搜神后记》:"丁令威……学道于灵虚山,后
化鹤归辽……徘徊空中而言曰:'有鸟有鸟丁令威,去家千里今始归。
城郭如故人民非,何不学仙冢累累?'遂高上冲天。"这里化用其意,意
思是金陵遭遇战乱,人民死亡过半。

　　〔六〕"满地"句:作者引芦花为同调,芦花开花已到晚秋,景象萧
瑟,亦犹自己晚境萧条。刘禹锡《西塞山怀古》:"金陵王气黯然
收……故垒萧萧芦荻秋。"这里化用其意。

　　〔七〕"旧家"句:是说房屋都毁于战火,燕归难觅旧家,无所凭依。
刘禹锡《乌衣巷》:"旧时王谢堂前燕,飞入寻常百姓家。"此化用其意
而有所变化。

　　〔八〕"从今"二句:作者被俘北去,江南的路程到金陵而尽。自度
北去必死,死后魂灵也不忘抗击敌人。啼鹃带血,周末蜀王杜宇,号望
帝,传说他死后魂魄化为啼血的杜鹃。

【说明】

　　这首诗是作者抒发他对国家残破之痛和自己漂泊之慨。首联将
金陵的荒芜和自己身世之凄凉一并提出,是全诗吟咏的出发点。次联
感叹山河依旧而人民全非,岂不令人伤心落泪?第三联引芦花、燕子
为同调,以喻自己晚境萧条,无所依归。最后一联:"从今别却江南
路,化作啼鹃带血归。"自度北去将殉国,魂魄仍将归来继续抗击敌
人,最能显现作者宁死不屈的精神境界。

谢　翱[一]

书文山卷后[二]

魂飞万里程[三]，天地隔幽明[四]。死不从公死，生如无此生。丹心浑未化，碧血已先成[五]。无处堪挥泪[六]，吾今变姓名[七]。

【注释】

〔一〕谢翱：生于宋理宗淳祐九年（1249），卒于元成宗元贞元年（1295），字皋羽，号晞发子，长溪（今福建霞浦）人。文天祥抗元至福建，他曾参与其抗元队伍，任谘议参军。文天祥兵败被俘，他改姓逃亡，隐身于民间。文天祥牺牲后，他到严子陵钓台哭祭，曾写了《登西台恸哭记》。他的涛歌多写亡国之恨，诗风受韩愈、孟郊的影响较深。有《晞发集》。

〔二〕文山：文天祥号文山。这首诗题于文天祥文集之后，故云"书文山卷后"。

〔三〕魂：指作者的灵魂。文天祥于元世祖至元十九年就义于元大都（今北京），他听到这一消息后，魂飞万里，要去与文天祥相会。

〔四〕幽明：指冥间和阳世，即死与生。句意是说死与生犹如天地相隔，永远不能相会了。

〔五〕丹心：即忠心。浑未化：全然没有变化。碧血：《庄子·外物》："故伍员流于江，苌弘死于蜀，藏其血，三年化而为碧。"碧是青玉石,后代常指忠臣志士为正义事业牺牲而流的血。已先成:已先成为事实。这两句是说,你的忠心完全没有改变,你的一腔热血已先洒尽了。

〔六〕"无处"句:无处可痛哭你。南宋亡后,在元人残酷的统治下,不能公开悼念,故有此隐痛。

〔七〕变姓名:作者曾积极参加过抗元的斗争,是忠于南宋的遗民,亡国后为避免遭受迫害,并坚守自己的节操,曾先后用过皋父、皋羽、晞发子、晞发道人等名字。

【说明】

这是一篇血泪之作。文天祥英勇就义了,作为他的僚属并出于对他高尚民族气节的仰慕,作者想望自己魂飞万里能与之相会,但是幽明相隔已不可能了。因而叹恨自己不能从文而死,生又有什么意义呢?"丹心浑未化,碧血已先成",是回应文天祥的誓言:"人生自古谁无死,留取丹心照汗青。"丹心未变,而碧血先成,对文天祥的壮烈牺牲给以崇高的评价。最后抒发无处哭祭之痛和隐姓埋名的苦衷。

过杭州故宫(二首选一)

紫云楼阁讌流霞〔二〕,今日凄凉佛子家〔三〕。残照下山花雾散〔四〕,万年枝上挂袈裟〔五〕。

【注释】

〔一〕这首诗是宋亡之后,作者经过旧都故宫,有感而作。

〔二〕紫云楼阁:紫云缭绕的楼阁。讌:同"宴",宴会,会饮。流霞:神话中的仙酒。

〔三〕佛子:受戒的佛教徒。佛子家,即庙宇。

〔四〕花雾散:花落似雾般纷纷飘散。沈约《会圃临春风》诗:"落花雾似雾。"此化用其意。

〔五〕万年枝:即冬青树,宫中所植。谢朓《直中书省》诗:"风动万年枝,日华承露掌。"袈裟:僧衣。

【说明】

这首诗是写宋亡之后,故宫荒芜,昔日帝王设筵之紫云楼阁,今天却成为僧众栖止的庙宇,宫中的冬青树悬挂着僧衣,一片凄切荒凉的景象。抒发了作者对江山易主的哀伤。

附　晋诗选注

傅　玄

　　傅玄（217—278），字休奕，北地泥阳（今甘肃宁县东南）人。幼年孤贫，博学能文，勤于著述。司马炎作晋王时，命他作常侍。司马炎篡位后，又命他作谏官。后来迁侍中，转司隶校尉。历史记载他任职期间，"性刚劲亮直"，使奸佞慑伏。

　　他精通音乐，诗歌以乐府见长，其中不少是继承了汉乐府的传统，反映了一定的社会现实。现存诗六十余首，著有《傅子》内外篇。

豫章行苦相篇

苦相身为女〔一〕，卑陋难再陈〔二〕。男儿当门户〔三〕，堕地自生神〔四〕。雄心志四海〔五〕，万里望风尘〔六〕。女育无欣爱〔七〕，不为家所珍〔八〕。长大逃深室〔九〕，藏头羞见人。垂泪适他乡〔一〇〕，忽如雨绝云〔一一〕。低头和颜色，素齿结朱唇。跪拜无复数，婢妾如严宾〔一二〕。情合同云汉，葵藿仰阳春〔一三〕。心乖甚水火〔一四〕，百恶集其身〔一五〕。玉颜随年变，丈夫多好新〔一六〕。昔为形与影，今为胡与秦〔一七〕。胡秦时相见，一绝逾参辰〔一八〕。

【说明】

　　《豫章行》，古乐府曲调名，属《相和歌·清调曲》，古辞今天还保存。这是依照旧题写作的新诗,诗题是"苦相篇",犹如曹操之《短歌行》有《对酒》篇、《步出夏门行》有《碣石》篇一样。内容是揭露了封建社会重男轻女的不平等现象,表现了作者对女子不幸遭遇的深切同情,对把她们这种遭遇归之于命苦的说法表示不满。

【注释】

〔一〕苦相:犹苦命。古代迷信,认为貌相苦,命运便苦。

〔二〕卑陋:卑贱。难再陈:没法再陈述了。

〔三〕男儿:宋刻本《玉台新咏》作"儿男",今从《艺文类聚》改。当门户:应门户,即当家。

〔四〕堕地:指生下来。自生神:天然地便有神气。

〔五〕四海:犹天下。志四海:志在天下。

〔六〕风尘:指寇警而言,戎马所至,风起尘扬。望风尘:想望平定寇警。以上四句写男儿之受重视。

〔七〕育:初生。欣爱:喜爱。

〔八〕珍:珍惜。

〔九〕逃:躲避、隐藏,或作"避"。这句和下句是说女子长大之后躲藏在屋子里害羞怕见人。

〔一〇〕适:出嫁。

〔一一〕雨绝云:雨落下来,便和云断绝了关系。用来比喻女子出嫁和家人离别。

〔一二〕无复数:数不过来。严宾:庄严的宾客。这两句是说对公婆丈夫等的跪拜没有数,对婢妾也要如同庄严的客人那样敬重。

〔一三〕云汉:天河。同云汉:象牛郎织女之会于云汉。葵:向日葵。藿:一种野菜。仰阳春:仰恃春天的太阳。这两句是说丈夫和自己感情投合的时候象牛郎织女会于银河,自己仰赖丈夫的爱情象葵藿仰赖春天的阳光。

〔一四〕乖:戾。心乖:指感情不合。甚水火:甚于水火之不相容。

〔一五〕其身:指女子自身。这句是说男子指斥女子没有一点好处。

〔一六〕好新:喜新厌旧,指再娶妻子。

〔一七〕胡与秦:犹外国与中国。古时中原地区的人称北方和西方的外族人为胡,西域人称中国人为秦。用来比喻相离很远。

〔一八〕时相见:有时相见。逾:超过。参辰:两个星名。辰星在东方,参星在西方,出没互不相见。这两句是说即使是胡秦,还有相见之时,而自己被丈夫弃绝之后,便如参辰,永不相见了。

张 华

张华(232—300),字茂先,范阳方城(今河北固安县南)人。少年时即好文史,博览群书。晋武帝时因伐吴有功被封为侯,历任要职。后来因为不参加赵王司马伦和孙秀的篡夺活动被他们杀害。他博闻强记,著有《博物志》十卷。他的诗今天保存的三十余首,内容比较单调,形式讲究辞藻华美,格调平缓少变化。总的成就不高。今传《张司空集》一卷。

情 诗

游目四野外〔一〕,逍遥独延伫〔二〕。兰蕙缘清渠〔三〕,繁华荫

绿渚〔四〕。佳人不在兹〔五〕,取此欲谁与〔六〕? 巢居知风寒,
穴处识阴雨〔七〕。不曾远离别,安知慕俦侣〔八〕?

【说明】

张华《情诗》共五首,都是夫妻赠答之词,表现夫妻离别后的思
念心情。这一首是原诗的第五首,乃男赠女。其中以采取兰蕙无人
共赏表露自己的思慕,以鸟虫之巢居穴处能预知风雨来说明未经离
别的人,不能了解自己此时此刻的痛苦。心理描写极其细致。

【注释】

〔一〕游目:任情浏览。

〔二〕逍遥:自在。延伫:久立。

〔三〕蕙:即零陵香,暮春开花。缘:沿。缘清渠:兰蕙沿着清溪
生长。

〔四〕繁华:众多的兰蕙花。渚:小洲。荫绿渚:众多的兰蕙花荫
覆着绿洲。

〔五〕佳人:指怀念的妻子。

〔六〕取此:采兰蕙花。谁与:赠谁。古时有采兰蕙以赠情人的
习惯。

〔七〕巢居:指鸟。穴处:指虫类。传说蝼蚁穴处能先知阴雨。这
两句是说鸟虫能预知风寒阴雨,是由于它们久处巢穴的习性使然。所
以喻人。

〔八〕俦侣:伴侣。这两句是说不曾经历夫妻离别之苦的人,怎能
体会思念伴侣的心情?

陆　机

　　陆机(261—303)字士衡,吴郡(今江苏苏州)人。出身于东吴
的大世族地主家庭,祖父陆逊是吴国的丞相,父陆抗是吴国大司
马。吴亡之后,他与弟弟陆云到洛阳,以文章为当时士大夫所推
重。晋惠帝太安二年(三○三),成都王司马颖和河间王司马颙起
兵讨伐长沙王司马乂,任命他为后将军、河北大都督。战败,在军
中遇害,年四十三。

　　陆机的诗名重当时。现存的共一○四首,入洛之前,多抒发国
破家亡之慨,入洛之后,多叙述人生离合之情。但总的倾向是内容
空泛,感情贫乏。他的乐府、拟古诸诗,多规仿前人体格,词句工
丽,间用排偶,实开宋、齐以后形式主义的诗风。他的赋和文,多抒
发自己的感触和体会,但内容仍不够深厚。有《陆士衡集》,又近
人郝立权撰有《陆士衡诗注》。

赴洛道中作

远游越山川,山川修且广。振策陟崇丘[一],案辔遵平
莽[二]。夕息抱影寐[三],朝徂衔思往[四]。顿辔倚嵩岩[五],
侧听悲风响。清露坠素辉,明月一何朗[六]。抚几不能
寐[七],振衣独长想[八]。

【说明】

《赴洛道中作》共二首,这是第二首。《晋书·陆机传》说:"太康末,与弟云俱入洛。"这两首诗是他在太康末年赴洛阳途中所作。此诗的内容是描写他旅途中所见的景物和自己哀伤的心情。语言雕琢工丽,象"抱影"、"衔思"等,可谓极尽锤炼之能事。这正是他的诗歌的特点。

【注释】

〔一〕策:古时的马鞭,头上有刺。振策:挥鞭。陟(zhì):登高。崇丘:高山。这句是说鞭马登上高山。

〔二〕案:同按。按辔:手抚御马的缰绳,任马慢步行走。遵:循。平莽:草原。这句是说按辔让马循平原慢行。

〔三〕夕息:夜晚休息。抱影:形影相吊。说明孤独。

〔四〕徂(cú):往。朝徂:早晨出发。衔思:含悲。说明凄楚。

〔五〕顿:舍、止。顿辔:停马。嵩:高。这句和下句是说驻马倚着高岩,听见悲风声从旁边传来。

〔六〕素辉:洁白的光辉。一何朗:多么明朗。这两句是说白光闪烁的清露下滴,皓月极为明朗。

〔七〕几:小桌子。古人放在座旁,疲倦时可供倚靠。这句说面对此情此景抚几不能入睡。

〔八〕振衣:抖动衣服以去灰尘。这里指穿衣。这句是说重新穿衣而起,独自长想。

拟明月何皎皎

安寝北堂上〔一〕,明月入我牖〔二〕。照之有余晖,揽之不盈手〔三〕。凉风绕曲房〔四〕,寒蝉鸣高柳。踟蹰感节物,我行永已久〔五〕。游宦会无成〔六〕,离思难常守〔七〕。

【说明】

　　陆机《拟古》十二首,都是摹拟《古诗十九首》而作。这是其中的第六首,拟《古诗十九首》的最末一首"明月何皎皎"。其内容是写一个女子看见月光而思念丈夫,因季节的变化而感到独抱离别之恨,痛苦无穷。

【注释】

　　〔一〕寝:卧。北堂:向北的正室。

　　〔二〕牖:窗。

　　〔三〕照之:指月光照到窗户。揽:采。盈:满。这两句是说月亮照到窗户之中光晖有余,用手揽之则不盈把。以喻丈夫空有其名而不得见。

　　〔四〕凉风:指北风。《尔雅》:"北风谓之凉风。"曲房:有曲廊的屋子。指思妇所居。凉风、寒蝉:写秋天的季候。

　　〔五〕踟蹰:即踟躇,徘徊的样子。我行:应是离开我而行。这两句是说由于季节的变化,而引起自己满心踟躇地怀念久行不归的丈夫。

　　〔六〕游宦:远游仕宦。会:当。无成:不能成名。这句是说丈夫远游仕宦不会成功。

　　〔七〕离思:离别的愁思。这句是说自己怀此离别之思难以长守。

猛虎行

渴不饮盗泉水〔一〕,热不息恶木阴〔二〕。恶木岂无枝?志士多苦心〔三〕。整驾肃时命〔四〕,杖策将远寻〔五〕。饥食猛虎窟,寒栖野雀林〔六〕。日归功未建,时往岁载阴〔七〕。崇云临岸骇〔八〕,鸣条随风吟〔九〕。静言幽谷底〔一〇〕,长啸高山岑〔一一〕。急弦无懦响,亮节难为音〔一二〕。人生诚未易,曷云开此衿〔一三〕?眷我耿介怀〔一四〕,俯仰愧古今。

【说明】

猛虎行,古乐府调名,属《相和歌·平调曲》,古辞今天保存。这首诗是抒发自己正直独立的怀抱不得实现的感慨。自己本来是很慎于出处的,但由于时命却不能选择,结果是功不成名不就,深负平生之志。

【注释】

〔一〕盗泉:水名,在今山东泗水县东北。据《尸子》记载,孔子经过盗泉,虽然口渴也不饮盗泉的水,因为厌恶盗泉的名字。

〔二〕恶木:坏的树木。李善注引《管子》说,怀耿介之心的志士,不在恶木之枝下乘凉。

〔三〕志士:守操行的人。多苦心:指不饮盗泉、不阴恶木。

〔四〕肃:敬。时命:时君之命。这句是说整顿车驾,敬从君命。

〔五〕策:马鞭。这句是说将要执鞭远行。

〔六〕这两句是说在猛虎窟里食,在野雀林里宿。《猛虎行》古辞:"饥不从猛虎食,暮不从野雀栖。"这里反用其意,意思是饥不择食,寒不择衣。

〔七〕日归:日屡西归。岁阴:岁暮。载:则。这两句是说时光一天天过去,功名仍未建立。

〔八〕崇:高的样子。骇:起。这句是说崇云从高岸而起。

〔九〕鸣条:由风吹而响的枝条。这句是说枝条随风吹而吟。以上两句写岁暮景色。

〔一〇〕言:语助词。幽谷:深谷。这句是说经深谷而静思。

〔一一〕岑:山小而高。这句是说登高山而长啸。

〔一二〕急弦:上得很紧的弦。懦响:缓弱之音。亮:信。亮节:贞信之节。这两句是说弦急则调高,犹如怀贞信之节的人言必慷慨,而这却是人主不喜欢的,所以为难。

〔一三〕衿:也作襟。这句和上句是说世途艰难,为什么开此行役之心?

〔一四〕眷:顾。耿:光。介:大。耿介怀:坚正独立的抱负,即上文的志士之苦心。这句和下句是说怀着正直独立的抱负而不得施展,所以深愧于古今之人。

左　思

左思(250?—305?),字太冲,齐国临淄(今山东淄博市临淄城北)人。他父亲左熹曾做过太原相、弋阳太守、殿中侍御史等官。他幼年天资迟钝,学书学琴都不成。但他很用功,能文章,辞藻壮丽。他貌寝口讷,不好交游,仕进不得意,唯以著作为事。曾以十年的时间写成《三都赋》,轰动当时,都下竞相传写,洛阳为之纸贵。

左思的功业心很强,但当时士族门阀制度已经形成,仕进的门径被士族所把持,出身寒微的人只能耻居下位。他的才能、抱负不得施展,便发而为诗。所以揭露寒门出身的知识分子和士族门阀之间的矛盾,抒写自己功业未遂的情怀和对士族权贵的蔑视,就构成了他的诗的主题。他的诗意气豪迈,语言简劲,绝少雕琢。今天保存的很少,只有《文选》和《玉台新咏》所收的部分诗赋,其中诗十四首,以《咏史》和《娇女》最有名。

咏　史（八首）

弱冠弄柔翰〔一〕,卓荦观群书〔二〕。著论准《过秦》,作赋拟《子虚》〔三〕。边城苦鸣镝〔四〕,羽檄飞京都〔五〕。虽非甲胄士〔六〕,畴昔览穰苴〔七〕。长啸激清风,志若无东吴〔八〕。铅刀贵一割〔九〕,梦想骋良图〔一〇〕。左眄澄江湘,右盼定羌胡〔一一〕。功成不受爵,长揖归田庐〔一二〕。

【说明】

　　左思《咏史》共八首,它不象一般咏史诗之专咏古人、古事,而是借咏古人、古事以抒写自己的怀抱,犹如阮籍的《咏怀》、陶渊明的《饮酒》,是抒情、述志之作。这一首从“左眄澄江湘”看,应是晋武帝咸宁六年（二八〇）平吴以前所作。它是《咏史》的总序。一方面叙述自己文学才能的卓异,一方面抒写自己深通兵略,有志于保卫边疆,为国立功,功成身退,不受赏赐。

【注释】

　　〔一〕弱冠:古代的男子二十岁行冠礼,表示成人,但体犹未壮,所以叫“弱冠”。柔翰:毛笔。这句是说二十岁就擅长写文章。

　　〔二〕荦:同跞。卓跞:才能卓越。这句是说博览群书,才能卓异。

〔三〕过秦：即《过秦论》，汉贾谊所作。子虚：即《子虚赋》，汉司
马相如所作。准、拟：以为法则。这两句是说写论文以《过秦论》为准
则，作赋以《子虚赋》为典范。

〔四〕鸣镝(dí)：响箭，本是匈奴所制造，古时发射它作为战斗的
信号。这句是说边疆苦于敌人的侵犯。

〔五〕檄(xí)：檄文，用来征召的文书，写在一尺二寸长的木简上，
上插羽毛，以示紧急，所以叫"羽檄"。这句是说告急的文书驰传到
京师。

〔六〕胄：头盔。甲胄士：战士。这句是说自己虽不是战士。

〔七〕畴昔：往时。穰苴(ráng jū)：春秋时齐国人，善治军。齐景
公因为他抵抗燕、晋有功，尊为大司马，所以叫"司马穰苴"，曾著《兵
法》若干卷。这句是说从前也读过司马穰苴兵法。

〔八〕这两句是说放声长啸，其声激扬着清风，心中没有把东吴放
在眼里。

〔九〕铅刀一割：用汉班超上疏中的成语。李善注引《东观汉记》：
"班超上疏曰：臣乘圣汉威神，冀效铅刀一割之用。"铅质的刀迟钝，一
割之后再难使用。用来比喻自己才能低劣。这句是说自己的才能虽
然如铅刀那样迟钝，但仍有一割之用。

〔一〇〕骋：施。良图：好的计划。这句是说还希望施展一下自己
的抱负。

〔一一〕眄(miǎn)：看。澄：清。江湘：长江、湘水，是东吴所在，地
处东南，所以说"左眄"。羌胡：即少数民族的羌族，在甘肃、青海一
带，地在西北，所以说"右盼"。

〔一二〕爵：禄位。田庐：家园。这两句是说要学习鲁仲连那样，为
平原君却秦兵，功成身退。

其二

郁郁涧底松〔一〕，离离山上苗〔二〕，以彼径寸茎〔三〕，荫此百尺条〔四〕。世胄蹑高位〔五〕，英俊沉下僚〔六〕。地势使之然，由来非一朝〔七〕。金张藉旧业，七叶珥汉貂〔八〕。冯公岂不伟，白首不见招〔九〕。

【说明】

　　这首诗反映了曹丕颁行九品中正制之后，所形成的"上品无寒门，下品无世族"的不平等现象，揭露了这种为巩固士族门阀利益的制度的阶级本质，抒发了自己的愤慨和不平。

【注释】

　　〔一〕郁郁：严密浓绿的样子。涧：两山之间。涧底松：比喻才高位卑的寒士。

　　〔二〕离离：下垂的样子。苗：初生的草木。山上苗：山上小树。

　　〔三〕彼：指山上苗。径：直径。径寸：直径一寸。径寸茎：即一寸粗的茎。

　　〔四〕荫：遮蔽。此：指涧底松。条：树枝，这里指树木。

　　〔五〕胄：后人。世胄：世家子弟。蹑（niè）：履、登。

　　〔六〕下僚：下级官员，即属员。沉下僚：沉没于下级的官职。

　　〔七〕这两句是说这种情况恰如涧底松和山上苗一样，是地势造成的，其所从来久矣。

　　〔八〕金：指汉金日磾，他家自汉武帝到汉平帝，七代为内侍。（见《汉书·金日磾传》）张：指汉张汤，他家自汉宣帝以后，有十余人为侍中、中常侍。《汉书·张汤传赞》云："功臣之世,唯有金氏、张氏亲近贵宠,比于外戚。"七叶:七代。珥(ěr):插。珥汉貂:汉代侍中、中常侍的帽子上,皆插貂尾。这两句是说金张两家的子弟凭借祖先的世业,七代做汉朝的贵官。

〔九〕冯公:指汉冯唐,他曾指责汉文帝不会用人,年老了还做中郎署长的小官。伟:奇。招:招见。不见招:不被进用。这两句是说冯唐难道不奇伟,年老了还不被重用。以上四句引证史实说明"世胄蹑高位,英俊沉下僚"的情况,是由来已久。

其三

吾希段干木〔一〕,偃息藩魏君〔二〕。吾慕鲁仲连〔三〕,谈笑却秦军〔四〕。当世贵不羁,遭难能解纷〔五〕。功成耻受赏,高节卓不群〔六〕。临组不肯绁〔七〕,对珪宁肯分〔八〕?连玺耀前庭,比之犹浮云〔九〕。

【说明】

这首诗是歌颂段干木和鲁仲连那种有功于国,而不受爵禄的高尚节操。作者一则把这两个历史人物作为自己行为的准则,一则是用以批判那些尸位素餐,一心希望高官厚禄的官僚们。歌颂古人,目的在于讽今。

【注释】

〔一〕希:向慕。段干木:战国魏人,隐居穷巷,不愿做官,是当时的贤者,魏文侯对他很恭敬。

〔二〕偃息:退隐而高卧。藩魏君:保卫魏国国君。据《吕氏春秋·期贤》篇记载,秦国兴兵要攻打魏国,司马唐谏秦国君说:段干木是位贤人,魏国以礼待他,天下没有不知道的,不可以加兵。秦国君以为然,终于不敢攻打。

〔三〕慕:仰慕。鲁仲连:战国齐人,好奇伟俶傥之策,而不肯做官。(见《史记·鲁仲连列传》)

〔四〕却秦军:退秦军,据《史记·鲁仲连列传》记载,秦使白起围赵,赵国正计划尊秦为帝,以求罢兵。当时鲁仲连正在赵国,说服了赵人,放弃了这个计划。秦军知道后,退兵五十里。鲁仲连退秦军是用舌辩,所以说"谈笑"。

〔五〕不羁:不受笼络。贵不羁:以不被笼络为高贵。遭难:遇到患难。解纷:解除纷扰。据《史记·鲁仲连列传》记载,鲁仲连却秦军之后,平原君要给他高封厚赏,他再三辞让说:"所贵于天下之士者,为人排患释难解纷乱而无取也。即有取者,是商贾之事也,而连不忍为也。"这两句是说世上所贵者是那些能为人排难解纷的不羁之士。

〔六〕卓:高的样子。高节:高尚的节操。《史记·鲁仲连列传》说他"好持高节"。

〔七〕组:丝织的绶带。古代做官的人用来系印玺以结在腰间。缧(xiè):系。不肯缧:不肯结挂印玺。

〔八〕珪:瑞玉板,上圆下方。古代诸侯,不同的爵位,分颁不同的珪。分:指分别颁发。宁肯分:指不接受官爵。

〔九〕连玺:成串的印。耀前庭:光照前庭。比之浮云:把高官厚禄看作象浮云一样轻。

其四

济济京城内,赫赫王侯居〔一〕。冠盖荫四术〔二〕,朱轮竟长衢〔三〕。朝集金张馆,暮宿许史庐〔四〕。南邻击钟磬,北里吹笙竽〔五〕。寂寂扬子宅〔六〕,门无卿相舆〔七〕。寥寥空宇中,所讲在玄虚〔八〕。言论准宣尼,辞赋拟相如〔九〕,悠悠百世后,英名擅八区〔一〇〕。

【说明】

这首诗是赞扬扬雄穷困著书的生活,而以王侯贵族的荒淫奢侈生活作对比。一半写王侯贵族享尽当世的荣华富贵,死后与草木同腐;一半写扬雄受尽人生的艰苦困难,死后却流芳百世。作者以扬雄自比,也以扬雄自慰。

【注释】

〔一〕济济:美盛的样子。京城:指长安。赫赫:显盛的样子。这两句是说长安城内王侯的住宅很多,而且富丽堂皇。

〔二〕冠盖:冠冕和车盖,指贵人的穿戴和车乘。术:道路。荫四术:遮蔽了要道。这句是说冠盖如云。

〔三〕朱轮:用朱色涂的车轮。汉代列侯和二千石以上的官得乘朱轮。竟:终。衢:四通的道路。这句是说朱轮来往不绝。

〔四〕金张:指金日磾和张安世,都是汉宣帝时的大官僚。见前第二首注。许史:指许广汉和史高,都是汉宣帝时的外戚。宣帝许皇后父许广汉被封为平恩侯,广汉的两个弟弟也被封侯。宣帝祖母史良娣的侄史高等三人都被封侯。(见《汉书·外戚列传》)这两句是说豪贵之家,日夕相聚,奔走应酬。

〔五〕南邻、北里:都指金张许史之家。击钟磬、吹笙竽:描写他们朝欢暮乐。

〔六〕寂寂:无人声。扬子:指扬雄。扬雄宅在成都少城西南角,一名草玄堂。

〔七〕舆:车。无卿相舆:不与卿相来往。

〔八〕寥寥:幽深,寂静。空宇中:空廓的屋子里。玄虚:玄远虚无之理。指扬雄著《太玄经》。这两句是说扬雄深居简出,作《太玄经》十卷,讲论虚无玄妙的道理。

〔九〕宣尼:指孔子,汉平帝时追谥孔子为"褒城宣尼公"。相如:指汉司马相如。准、拟:以为法则、标准。这两句是说扬雄仿《论语》著《法言》十三卷,拟司马相如《子虚》《上林》而作赋。

〔一〇〕悠悠:长久。擅:专、据有。八区:八方之域。这两句是说扬雄的英名百代之后流传天下。

其五

皓天舒白日〔一〕,灵景耀神州〔二〕。列宅紫宫里,飞宇若云浮〔三〕。峨峨高门内〔四〕,蔼蔼皆王侯〔五〕。自非攀龙客〔六〕,何为欻来游〔七〕?被褐出阊阖〔八〕,高步追许由〔九〕。振衣千仞冈,濯足万里流〔一〇〕。

【说明】

这首诗是抒发自己和那些攀龙附凤者不同的出尘高蹈的思想。其中关于京都宫室的壮丽、侯门的豪华的描写,都是用来反衬自己胸襟的高洁。

【注释】

〔一〕皓:明。舒:行、、

〔二〕灵景:日光。神州:赤县神州的简称,指中国。

〔三〕紫宫:原是星垣名,即紫微宫,这里借喻皇都。飞宇:房屋的飞檐。这两句是说京城里王侯的第宅飞檐如浮云。

〔四〕峨峨:高峻的样子。

〔五〕蔼蔼:盛多的样子。

〔六〕攀龙客:追随王侯以求仕进的人。这句是说自己并非攀龙附凤之人。

〔七〕何为:为什么。欻(xū):忽。这句是说为什么忽然到这里来了呢?

〔八〕被褐:穿着布衣。闺阖:宫门。

〔九〕高步:犹高蹈,指隐居。许由:传说尧时隐士。尧要把天下让给他,他不肯接受,便逃到箕山之下,隐居躬耕。

〔一〇〕仞:度名,七尺为一仞。濯足:洗脚,指去世俗之污垢。这两句是说在高山上抖衣,在长河里洗脚。

其六

荆轲饮燕市,酒酣气益震。哀歌和渐离,谓若傍无人〔一〕。虽无壮士节〔二〕,与世亦殊伦〔三〕。高眄邈四海,豪右何足陈〔四〕? 贵者虽自贵,视之若埃尘。贱者虽自贱,重之若千钧〔五〕。

【说明】

这首诗是歌颂荆轲那种睥睨四海、蔑视权贵的精神,说明荆轲虽然刺秦王未成功,但他的行为和那些只贪图爵禄的贵人比,却如千钧和尘埃那样轻重悬殊。歌颂荆轲,借以表示对权贵的蔑视。

【注释】

〔一〕荆轲:战国齐人,好读书击剑,为燕太子丹刺秦王,失败被杀。燕市:燕国的都市。酒酣:酒喝得痛快,兴致正浓。震:威。渐离:高渐离,燕人,善击筑。谓:以为。据《史记·刺客列传》记载,荆轲在燕国时,和燕国的狗屠及会击筑的高渐离是好朋友,经常一起在市中喝酒,酒喝得痛快时,高渐离击筑,荆轲哀歌相和,已而二人对泣,旁若无人。

〔二〕节:操守。无壮士节:指刺秦王未成功。

〔三〕伦:辈。与世殊伦:与社会上一般人不同。

〔四〕邈:小。四海:犹天下。豪右:世家大族。古时以右为上,所以称世家大族为右族。陈:陈述。这两句是说荆轲不把天下四海放在眼里,对那些豪右更不必说了。

〔五〕贵者:指豪右。自贵:自以为贵。贱者,指荆轲。自贱:自以为贱。钧:量名,三十斤为一钧。这四句是说贵者象尘埃一样轻,贱者象千钧一样重。

其七

主父宦不达,骨肉还相薄〔一〕。买臣困采樵,伉俪不安宅〔二〕。陈平无产业,归来翳负郭〔三〕。长卿还成都,壁立何寥廓〔四〕。四贤岂不伟,遗烈光篇籍〔五〕。当其未遇时,忧在填沟壑〔六〕。英雄有屯邅,由来自古昔〔七〕。何世无奇才,遗之在草泽〔八〕。

【说明】

这首诗是感叹西汉主父偃等四人的穷困坎坷,进而说明古往今来被埋没的人才很多。是咏史,更是伤今。是由于作者自己被遗弃而发泄愤慨和不平。

【注释】

〔一〕主父:复姓,这里指主父偃,西汉时纵横家。宦不达:仕途坎坷。据《史记·主父偃传》记载,主父偃曾游学四十余年,也没有做官的机会,以至穷困于燕、赵。骨肉:指父母兄弟。薄:轻鄙。骨肉相薄:据《史记·主父偃传》记载,主父偃没有能做官,他父母不把他当儿子看待,兄弟也鄙弃他。这两句是说主父偃由于未做高官,而受父母兄弟的轻蔑。

〔二〕买臣:即朱买臣,汉武帝时人。樵:柴。伉俪(kàng lì):配偶,夫妻。据《汉书·朱买臣传》记载,朱买臣未做官时,家里很穷,以打柴维持生计,但好读书,一边担柴,一边诵书,他的妻子引以为耻,遂改嫁而去。这两句是说朱买臣穷困之时,他的妻子也要离开他。

〔三〕陈平:汉高祖的功臣。据《史记·陈丞相世家》记载,他少年时家里很穷,喜好读书,住的地方是背着城郭的偏僻小巷,用席做门。翳:蔽。负:背。郭:外城。翳负郭:以背靠城郭的破房子蔽身。

〔四〕长卿:即司马相如,字长卿,成都人。据《史记·司马相如列传》记载,司马相如游临邛(今四川邛崃县),在富人卓王孙家喝酒,卓氏女文君见了,心悦而好之,夜间私奔相如。相如和她同归成都,家中空无所有。壁立:即家里只有四壁。寥廓:空洞。

〔五〕四贤:指以上列举的四人。遗烈:遗业。光篇籍:光照史册。这两句是说他们四个人的业绩流传后世,光照史册,岂不伟大!

〔六〕未遇时:穷困的时期。沟壑:溪谷。忧填沟壑:有身死沟壑的忧虑。这两句是说当他们穷困的时期,却有饿死填沟壑的可能。

〔七〕屯邅(zhūn zhān):处境艰难。这句和下句是说英雄的处境艰难,不是今天才有,而是自古就如此。

〔八〕草泽:犹草野,指穷乡僻巷。这句和上句是说哪个时代没有奇才? 不过是被遗弃在草野中罢了。

其八

习习笼中鸟,举翮触四隅^{〔一〕}。落落穷巷士,抱影守空庐^{〔二〕}。出门无通路,枳棘塞中涂^{〔三〕}。计策弃不收^{〔四〕},块若枯池鱼^{〔五〕}。外望无寸禄,内顾无斗储^{〔六〕}。亲戚还相蔑,朋友日夜疏^{〔七〕}。苏秦北游说^{〔八〕},李斯西上书^{〔九〕}。俯仰生荣华,咄嗟后雕枯^{〔一〇〕}。饮河期满腹,贵足不愿余^{〔一一〕}。巢林栖一枝^{〔一二〕},可为达士模^{〔一三〕}。

【说明】

　　这首诗可能是作者有感于魏晋之交,士大夫阶层的倏起倏落、乍荣乍枯的境遇,而抒发自己隐逸的情感。贫士的生活虽然穷困,但苏秦、李斯那种际遇也不值得羡慕,自处之道,应该是安贫乐道,做个旷达之士。

【注释】

　　〔一〕习习:屡飞的样子。翮(hé):鸟羽的茎。四隅:四角。这两句是说笼中鸟举翼就碰到笼子的四角,不能起飞。用来比喻穷巷之士。

　　〔二〕落落:和人疏远难合。穷巷士:居住在僻巷的贫士。抱影:形影相吊。守空庐:守着空房子。这两句是说与人寡合之贫贱士,住在穷巷空室之中,对影独守。

〔三〕枳(zhǐ)棘:两种带刺的树。涂:犹途。枳棘塞涂:比喻仕途艰难。

〔四〕这句是说计策不被采用。

〔五〕块:独处的样子。枯池鱼:枯涸了的池中之鱼。这句是说自己块然独处象池水干枯了的鱼一样。

〔六〕寸禄:微薄的俸禄。斗储:一斗粮的蓄积。这两句是形容家境的穷困。

〔七〕蔑:蔑视。疏:疏远。这两句是说受到亲戚的竞相蔑视和朋友们的一天天疏远。

〔八〕苏秦:战国时洛阳人,据《史记·苏秦列传》记载,他先游说秦惠王未被用,后又游说燕、赵等六国,联合抗秦,佩六国相印。后在齐国遇刺身死。燕、赵等国皆在北或东,这里概言之为“北游说”。

〔九〕李斯:战国时楚上蔡人,据《史记·李斯列传》记载,李斯西入秦说秦王,得为客卿。后来秦国的大臣建议秦王应逐一切客卿,李斯上书申辩,秦王遂罢逐客的命令。即所谓“西上书”。秦统一之后,以李斯为丞相。秦二世时被杀。

〔一〇〕俯仰:低头仰头。俯仰之间:形容时间很短。咄、嗟:都是忧叹之辞。这里也是形容时间短促,犹呼吸之间。雕枯:凋零枯萎。指苏秦、李斯的被杀害。这两句是说苏秦、李斯的尊荣和杀身都在刹那之间。

〔一一〕“饮河”二句:用《庄子·逍遥游》中的典故:“偃鼠饮河,不过满腹。”偃鼠,即田鼠。这两句说偃鼠喝河里的水,不过期望装满肚皮,贵在知足不愿有剩余。

〔一二〕巢林栖一枝:也用《庄子·逍遥游》中的典故:“鹪鹩巢于深林,不过一枝。”鹪鹩,是一种小鸟。这句是说鹪鹩在树林里作巢,不过占一个树枝。

〔一三〕达士:旷达之士。模:榜样。这句是说旷达的人应该学习偃鼠、鹪鹩那样知足安分。

招　隐

杖策招隐士〔一〕,荒涂横古今〔二〕。岩穴无结构〔三〕,丘中有鸣琴。白云停阴冈,丹葩曜阳林〔四〕。石泉漱琼瑶,纤鳞或浮沉〔五〕。非必丝与竹〔六〕,山水有清音。何事待啸歌?灌木自悲吟〔七〕。秋菊兼糇粮,幽兰间重襟〔八〕。踌躇足力烦〔九〕,聊欲投吾簪〔一〇〕。

【说明】

《招隐》共二首,这里选其一。《楚辞》中有淮南小山《招隐士》,是召致山谷中的潜伏之士。本篇与《招隐士》的命意不同,而是寻访隐士的生活。写作者入山寻访隐士,发现山中幽静自然的境界,无限仰慕,便决心弃官归隐,表现了一种与世俗决绝的思想。

【注释】

〔一〕策:细的树枝。招:寻。这句是说手持树枝去招寻隐士。

〔二〕荒涂:荒芜的道路。横:塞。横古今:从古至今被阻塞。这句是说道路荒芜,好象从古代到现在都没有通行过。

〔三〕岩穴:山洞。结构:指房屋建筑。这句和下句是说只有山洞没有房屋,山丘之中却有人弹琴。

〔四〕白云:《世说新语·任诞》篇注作“白雪”,可从。阴:山北为阴。冈：山脊。丹葩（pā）：红花。阳：山南为阳。阳林：山南的树林。这两句是说山北停白雪，山南曜丹葩。

〔五〕漱：激。琼瑶：美玉，这里指山石。纤鳞：小鱼。或浮沉：时沉时浮。这两句是说泉水激荡于山石之间，小鱼沉浮于溪水之中。

〔六〕丝：弦乐器。竹：管乐器。这句和下句是说不须管弦乐器，山水自有清妙的声音。

〔七〕啸歌：吟咏。灌木：丛生的树木。这两句是说何必歌唱，风吹灌木的声音自是一种悲戚的吟哦了。

〔八〕糇（hóu）：食。兼糇粮：兼作粮食。间：杂。间重襟：杂佩在衣襟上。这两句是说食物里兼有秋菊，衣襟上杂佩幽兰。

〔九〕踌躇：徘徊。烦：疲乏。这句是说在世途上徘徊，脚力疲乏。

〔一〇〕簪：古人用它连结冠和发。投簪：犹弃冠，指放弃官职。这句是说且弃官在此隐居吧！

杂　诗

秋风何冽冽〔一〕，白露为朝霜〔二〕。柔条旦夕劲，绿叶日夜黄〔三〕。明月出云崖，皦皦流素光〔四〕。披轩临前庭，嗷嗷晨雁翔〔五〕。高志局四海，块然守空堂〔六〕。壮齿不恒居，岁暮常慨慷〔七〕。

【说明】

这首诗李善注云："冲于时贾充征为记室，不就，因感人年老，故作此诗。"贾充是晋武帝时官僚，专以谄佞为事。左思是在时节变换、夜不成眠之时，感叹自己志不得中和老之将至。

【注释】

〔一〕冽冽:寒冷的样子。

〔二〕露为霜:露结为霜。

〔三〕柔条:柔弱的枝条。旦夕劲:一天天强劲。日夜黄:叶经霜而渐黄。这两句是到了秋天树枝日益强劲,绿叶也逐渐枯黄。

〔四〕崖:畔。云崖:云边。皦皦:白净的样子。流素光:月光。这两句是说月出云崖,放射出洁白的光辉。

〔五〕披轩:开窗。嗷嗷:众愁声。这两句是说开窗面对前庭,看到晨雁嗷嗷飞翔。

〔六〕高志:高尚的志向。局四海:四海虽大仍感到局促。块:独。这两句是说受四海局促,高志不能施展,只有独守空堂而已。

〔七〕齿:年。壮齿:少年,吕向注:"壮齿,谓少年也。言少年颜色不常居住,忽即衰老,故常为叹。"(《六臣注文选》)岁暮:即暮年。慨慷:叹声。这两句是说少壮之时不能长存,倏忽之间已经衰老,不胜感叹。

娇女诗

吾家有娇女〔一〕,皎皎颇白皙〔二〕。小字为纨素〔三〕,口齿自清历〔四〕。鬓发覆广额,双耳似连璧〔五〕。明朝弄梳台,黛眉类扫迹〔六〕。浓朱衍丹唇,黄吻澜漫赤〔七〕。娇语若连琐,忿速乃明懂〔八〕。握笔利彤管,篆刻未期益〔九〕。执书爱绨素,诵习矜所获〔一〇〕。其姊字惠芳〔一一〕,面目粲如画〔一二〕。轻妆喜楼边,临镜忘纺绩〔一三〕。举觯拟京兆,立的成复易〔一四〕。玩弄眉颊间,剧兼机杼役〔一五〕。从容好赵

舞,延袖象飞翮〔一六〕。上下弦柱际,文史辄卷襞〔一七〕。顾
眄屏风画,如见已指摘〔一八〕。丹青日尘暗,明义为隐
赜〔一九〕。驰骛翔园林,果下皆生摘〔二〇〕。红葩缀紫蒂,萍
实骤抵掷〔二一〕。贪华风雨中,眴忽数百适〔二二〕。务蹑霜雪
戏,重綦常累积〔二三〕。并心注肴馔,端坐理盘槅〔二四〕。翰
墨戢闲案,相与数离逖〔二五〕。动为垆钲屈,屣履任之
适〔二六〕。止为茶荈据,吹嘘对鼎𬭩〔二七〕。脂腻漫白袖,烟
熏染阿锡〔二八〕。衣被皆重池,难与沈水碧〔二九〕。任其孺子
意,羞受长者责〔三〇〕。瞥闻当与杖〔三一〕,掩泪俱向壁。

【说明】

这是左思的一首著名诗篇,描写了自己两个小女儿天真活泼、
顽皮娇憨的神态,生动逼真,声态并作,使两个幼儿的脾性跃然纸
上,极象一幅风俗画。这首诗给后来诗人的影响很大,像陶渊明的
《责子》诗,杜甫《北征》中关于女儿的吟咏,李商隐的《骄儿诗》等,
都是学习这首诗创作而成的。

【注释】

〔一〕娇女:据《左棻墓志》记载,左思有两个女儿,长名芳,次名
媛。这里的娇女,即左芳及左媛。

〔二〕皎皎:光彩的样子。白皙:面皮白净。

〔三〕小字:即乳名。左媛,字纨素。

〔四〕清历:清楚历落。

〔五〕广额:宽广的额头。晋时女子习尚广额、细眉。连璧:即双
璧,形容双耳的白润。这两句是说鬓发覆盖着广额,双耳像一对玉璧

那样圆润。

〔六〕明朝:犹清早。黛:画眉膏,墨绿色。类扫迹:象扫帚扫的似的。形容天真澜漫,随意涂抹。这两句是说自己早晨在梳妆台前画眉,把眉毛画得象扫帚扫的一样。

〔七〕浓朱:即口红。衍:染。丹唇:即朱唇。黄吻:即黄口,本指小孩,这里指小孩的嘴唇。吻:唇两边。澜漫:淋漓的样子。这两句是说嘴唇用口红涂抹得一片赤红。

〔八〕连琐:滔滔不绝。忿速:恼急。懂(huā):乖戾。明懂:明晰干脆。这两句是说撒娇时话语滔滔不绝,恼怒时便暴跳如雷。

〔九〕握笔:执笔。利:贪爱。彤管:红漆管的笔。古代史官所用。篆刻:指写字。益:进步。这两句是说纨素喜欢用好笔写字,但不能期望有所长进,因为她写字不过是游戏。

〔一○〕绨(tí):厚绢,所以作书套。素:白绢,所以书写。矜:自夸。这两句是说纨素是由于喜爱绨素才翻书,一有所得便向人夸耀。以上写纨素。

〔一一〕惠芳:左芳,字惠芳,是纨素之姊。(见《左棻墓志》)

〔一二〕暸:这是六朝人新制的俗字,美好的样子。暸如画:美如画。

〔一三〕轻妆:淡妆。纺绩:纺纱织布,绩麻为缕叫绩。这两句是说淡妆只喜欢临近楼边,光顾照镜子竟忘了纺绩。

〔一四〕觯(zhì):疑当作觚,是一种写字用的笔。京兆:指张敞。张敞在汉宣帝时做京兆尹,曾为妻画眉,长安中传张京兆眉忮。拟京兆:模仿张敞画眉。的:古时女子面额的装饰,用朱色点成。成复易:点额屡成屡改。这两句是说惠芳握笔模仿张敞的样子画眉,学着点的,点成了涂了重点。

〔一五〕颊:嘴巴。剧:疾速。兼:倍。机杼:纺织机。这两句是说化妆时的紧张情况,倍于纺绩工作。

〔一六〕赵舞:赵地风格的舞蹈。延袖:展袖。翮:鸟羽的茎,今所谓翎管。飞翮:飞翔的鸟翼。这两句是说她喜好舒缓的赵舞,展开两只长袖象飞翔的鸟翼。

〔一七〕柱:琴瑟上架弦的木柱。襞(bì):折叠。这两句是说她又喜好弦乐,当她松紧琴瑟弦轴的时候,便漫不经心地把文史书籍都卷折起来。

〔一八〕屏风画:屏风上的绘画。如见:仿佛看见,看得还不真切。指摘:指点批评。这两句是说对屏风上的绘画,还未看清楚就随便批评。

〔一九〕丹青:指屏风上的画。尘暗:为尘土所蒙蔽。明义:明显的意义。赜(zé):幽深难见。隐赜:隐晦。这两句是说屏风上的画,日久为灰尘所蔽,明显的意义已经隐晦难知了。以上写惠芳。

〔二〇〕骛:乱跑。果下:指果实下垂。这两句是说在园林中乱跑,把未成熟的果实都生摘下来。

〔二一〕红葩:红花。蒂(dì):花和枝茎相连的地方。萍实:是一种果实,据《孔子家语·致思》记载,楚昭王渡江,见江中有一物,大如斗,园而赤。昭王得到后,派人去问孔子,孔子说:"此萍实也,惟伯者为能获焉。"《家语》为魏时王肃所伪造,它所说的"萍实"和此诗所咏当为一物。骤:频繁。抵掷:投掷。这两句是说她们在萍实未成熟的时候,就连托摘下来,互相投掷玩耍。

〔二二〕华:即花,六朝以前无花字。贪华:喜爱花。眒(shèn)忽:左思《蜀都赋》:"鹰犬倏眒。"眒忽当即倏眒之意,疾速也。左思可能用的是当时的俗语。适:往。这两句是说她们因为喜爱园中的花,风雨中也跑去看几百次。

〔二三〕蹑:踏。重:复。綦(qí):鞋带。这两句是说她们一定要到外面去踏雪游戏,为了防止鞋子脱落,便把鞋上横七竖八地系了许多绦带。

〔二四〕并心:疑和偏心或褊心同义。《庄子·山木》:"方舟而济于河,有虚船来触舟,虽有偏心之人,不怒。"又《诗经·魏风·葛屦》:"维是褊心,是以为刺。"意思都是狭窄的心肠。肴馔:熟食的鱼肉叫肴,酒、牲、脯醢总名叫馔。楅:同核,是古人燕飨时放在笾里的桃梅之类的果品。这两句是说她们心肠狭窄地注视着肴馔,端坐在那里贪婪地吃盘中的果品。

〔二五〕戢(jí):收藏。闲:一作函,即书函(盒)。案:即书案(桌)。离逖:丢掉。这两句是说她们把笔墨放在匣子里、案头上,相互之间一丢开就是很多天不动用。

〔二六〕动:辄。钲(zhēng):《周礼·考工记》:"凫氏为钟鼓,上谓之钲。"注:"钟腰之上,居钟体之正处曰钲。"那末炉钲,当也指炉腰之正处。屈:挫。屣(xǐ 洗)履:拖着鞋。《后汉书·崔骃传》:"宪屣履迎门。"李贤注:"屣履,谓纳履曳之而行,言忽遽也。"这两句是说她们性急,鞋还未穿好,拖着就往外跑,不留神脚往往被炉钲碰破。

〔二七〕止为句:丁福保根据《太平御览》改为"心为荼荈剧"。按《太平御览》作"荼荈",可能即"荼菽"之别写。荼:苦菜。菽:豆类。这两种东西大概是古人所煮食的饮料。剧:急速。鼎:三足两耳烹饪之鑊器。䰞(lì 力):即鬲,空足的鼎,也是烹饪鑊器。这两句是说她们心中为煎汤不熟而着急,因此对着鼎䰞不停地吹。

〔二八〕阿锡:宋刻本《玉台新咏》作"阿緆",锡与緆古字通。司马相如《子虚赋》:"被阿緆。"李善注引张揖曰:"阿,细缯也;緆,细布也。"这里指惠芳、纨素所穿的衣服料子。这句和上句是说因为她们常在炉灶底下吹火,白袖被油点污了,阿緆被烟熏黑了。

〔二九〕衣被:衣服和被子。重地:质地很厚。水碧:可能是"碧水"

的倒文。这两句是说她们很淘气,为防止衣被破裂,所以用质地很厚的布做的,因此难于浸水洗濯。

〔三〇〕孺子:儿童的通称。长者:年长者。这两句是说因为对她们的孩子脾气放任惯了,大人稍加督责,她们就引以为耻辱。

〔三一〕瞥:见。当与杖:应当挨打。这句和下句是说她俩听见大人要打她们,便对着墙壁抹起眼泪来了。以上是纨素、惠芳合写。

潘　岳

潘岳(247—300),字安仁,荥阳中牟(今河南省中牟县东)人。少年时即有奇童之称,二十岁时才名已很卓著。他热心做官,但不得意。他品格卑污,晋惠帝时,和一些文人名士趋附权臣贾谧。赵王司马伦辅政时,他被赵王的亲信孙秀害死,成为西晋统治集团内部斗争的牺牲品。

他和陆机齐名,是当时士族门阀的代表作家,也是当时形式主义诗歌的代表人物。他的诗以写哀吊内容见长,代表作是《悼亡诗》三首。他又善长写"哀诔之文",象《怀旧赋》《寡妇赋》等,都以善叙哀情著称。今传《潘黄门集》一卷。

悼亡诗

荏苒冬春谢,寒暑忽流易〔一〕。之子归穷泉,重壤永幽隔〔二〕。私怀谁克从〔三〕?淹留亦何益〔四〕。僶俛恭朝命,回心反初役〔五〕。望庐思其人〔六〕,入室想所历〔七〕。帏屏无髣髴〔八〕，翰墨有余迹〔九〕。流芳未及歇〔一〇〕，遗挂犹在壁〔一一〕。怅恍如或存〔一二〕，回惶忡惊惕〔一三〕。如彼翰林鸟，双栖一朝只；如彼游川鱼，比目中路析〔一四〕。春风缘隟来，晨霤承檐滴〔一五〕。寝息何时忘〔一六〕，沉忧日盈积〔一七〕。庶几有时衰，庄缶犹可击〔一八〕。

【说明】

《悼亡诗》共三首，内容都是伤悼亡妻的。这是原诗的第一首，写妻子死后葬毕，自己将要赴任时的哀伤心情。人已经死了，但遗物还在，触目惊心，引起自己沉痛的哀思，情感真切动人。后人写"悼亡"诗，都受他的影响。

【注释】

〔一〕荏苒(rěn rǎn)：逐渐。谢：去。流易：消逝、变换。冬春寒暑节序变易，说明时间已过去一年。古代礼制，妻子死了，丈夫服丧一年。这首诗应作于其妻死后一周年。

〔二〕之子：那个人，指妻子。穷泉：深泉，指地下。重壤：层层土壤。永：长。幽隔：被幽冥之道阻隔。这两句是说妻子死了，埋在地下，永久和生人隔绝了。

〔三〕私怀：私心，指悼念亡妻的心情。克：能。从：随。谁克从：即克从谁，能跟谁说？

〔四〕淹留：久留，指滞留在家不赴任。亦何益：又有什么好处。

〔五〕黾勉(mǐn miǎn)：勉力。朝命：朝廷的命令。回心：转念。初役：原任官职。这两句是说勉力恭从朝廷的命令，扭转心意返回原来任所。

〔六〕庐：房屋。其人：那个人，指亡妻。

〔七〕室:里屋。历:经过。所历:指亡妻过去的生活。

〔八〕帏屏:帐帏和屏风。髣髴:在古代常指不真切,由此引申,又有形迹、痕迹之义。这在魏晋六朝时常见到。如傅玄《朝时篇·怨歌行》:"参辰辽且阔,形影无仿佛。""无仿佛"即无形迹。谢灵运《入华子冈是麻源第三谷》:"羽人绝仿佛,丹丘徒空筌。""绝仿佛"即绝形迹。《水经注·谷水》:"今也山则块阜独立,江无复仿佛矣。"这是说江已不再有形迹了。又《淄水》:"昔齐懿公游申池,邴歇、阎职二人,害公于竹中。今池无复仿佛,然水侧尚有小小竹木。"《悼亡诗》中"仿佛"与"余迹"互文,意思正相类,"无仿佛"即已无亡妻之形迹。无髣髴:帏屏之间连亡妻的仿佛形影也见不到。

〔九〕翰墨:笔墨。这句是说只有生前的墨迹尚存。

〔一○〕这句是说衣服上至今还散发着余香。

〔一一〕这句是说生平玩用之物还挂在壁上。

〔一二〕怅怳(huǎng):恍忽。如或存:好象还活着。

〔一三〕回惶:惶恐。忡(chōng):忧。惕:惧。这一句五个字,表现他怀念亡妻的四种情绪。

〔一四〕翰林:鸟栖之林,与下句"游川"相对。比目:鱼名,成双即行,单只不行。析,一本作拆,分开。这四句是说妻子死后自己的处境就象双栖鸟成了单只,比目鱼被分离开一样。

〔一五〕缘:循。隟:即隙字,门窗的缝。霤(liù):屋上流下来的水。承檐滴:顺着屋檐流。这两句是说春风循着门缝吹来,屋檐上的水早晨就开始往下滴沥。

〔一六〕寝息:睡觉休息。这句是说睡眠也不能忘怀。

〔一七〕盈积:众多的样子。这句是说忧伤越积越多。

〔一八〕庶几:但愿。表示希望。衰:减。庄:指庄周。缶:瓦盆,古时一种打击乐器。《庄子·至乐》:"庄子妻死,惠子吊之,庄子则方箕踞鼓盆而歌。”认为死亡是自然变化,何必悲伤!这两句是说但愿自己的哀伤有所减退,能象庄周那样达观才好。

张 协

张协(?—307),字景阳,安平(今河北省安平县)人。少有俊才,和张载齐名。在晋朝做了几任官,清简寡欲,见天下纷乱,即谢绝人事,屏居草泽,以吟咏自娱。他的诗情志高远,语言警拔,在西晋诗人中除左思之外,是成就最高的了。《杂诗》十首是他的代表作。今传《张景阳集》一卷。

杂 诗(选二首)

秋夜凉风起,清气荡暄浊〔一〕。蜻蛚吟阶下,飞蛾拂明烛〔二〕。君子从远役〔三〕,佳人守茕独〔四〕。离居几何时,钻燧忽改木〔五〕。房栊无行迹〔六〕,庭草萋以绿〔七〕。青苔依空墙〔八〕,蜘蛛网四屋〔九〕。感物多所怀〔一〇〕,沉忧结心曲〔一一〕。

【说明】

《杂诗》共十首,内容比较广泛。这里选两首。这一首写女子怀念丈夫。其特点是通过景物的变化,以抒发思妇深切怀念游子之情。感物伤怀,情景结合。这种手法对后来抒情诗的创作有一定影响。

【注释】

〔一〕荡:涤荡。喧(xuān):温暖。清气荡暄浊:清爽之气荡除地面的潮热霉烂的气味。

〔二〕蜻蛚(liè):虫名,蟋蟀之一种。飞蛾:虫名,见灯火即飞扑,俗称"灯蛾"。蜻蛚鸣,耳所闻;蛾拂烛,目所见。所以衬托思妇的情思。

〔三〕君子:指所思念的人。从远役:远出行役。

〔四〕佳人:诗人代思妇自称之词。茕(qióng)独:孤独。守茕独:独守空闺。

〔五〕离居:离别而居。几何时:多少时间。钻燧:钻木取火。改木:古时钻燧,季节变了,取火之木也要改换。忽改木:季节变换疾速。这两句是说和丈夫分别之后,季节数经改变,时间已经很久了。

〔六〕栊:舍。房栊:房舍。无行迹:没有丈夫的影迹。

〔七〕庭草:庭院的草。萋以绿:茂盛而且碧绿。

〔八〕依空墙:沿空墙而生。

〔九〕网四屋:在屋子四周结网。

〔一〇〕物:指上文所写景物。感物所怀:触目伤怀。

〔一一〕沉忧:深沉的忧思。心曲:心之深处,犹心窝。结心曲:心中忧思郁结。

其二

朝霞迎白日,丹气临汤谷〔一〕。翳翳结繁云〔二〕,森森散雨足〔三〕。轻风摧劲草〔四〕,凝霜竦高木〔五〕。密叶日夜疏,丛林森如束〔六〕。畴昔叹时迟,晚节悲年促〔七〕。岁暮怀百忧,将从季主卜〔八〕。

【说明】

　　这首诗是叹老伤时之作。前八句全是写景,后四句才抒情。写自己年老而一无所成,百忧交集,想找有识之士给指示一条正确的出路。

【注释】

　　〔一〕丹气:日光照射空中成红色。即上句的朝霞。汤谷:一本作旸谷,传说日从此出。这两句是说朝霞迎着太阳从汤谷出现。是将雨之兆。

　　〔二〕翳翳:多云转阴的样子。结繁云:众云集结。

　　〔三〕森森:雨脚密麻麻的样子。雨足:即雨点。

　　〔四〕摧:折。劲草:挺拔的草。

　　〔五〕竦(sǒng):惊动。高木:高树。

　　〔六〕疏:稀少。森:树枝众多的样子。束:一札。树叶稀少,枝条上指,好象许多札束。

　　〔七〕畴昔:从前。迟:缓慢。晚节:晚年。促:迫促,这两句是说年青时叹时光过得慢,年老了又悲伤岁月过得太快。

　　〔八〕岁暮:岁末。怀百忧:百忧交集于怀。季主:人名,姓司马,是汉朝初年长安的卖卜者,经常卜于长安东市。宋忠和贾谊游于市中,谒见司马季主,请卜卦。(见《史记·日者列传》)这两句是说岁暮多忧,希望季主给自己指出一条正确的生活之路。

刘　琨

　　刘琨(271—318),字越石,中山魏昌(今河北省无极县东北)人。他出身于大官僚家庭,少年时即以雄豪著名,好老庄之学。晋怀帝永嘉元年他出任并州刺史,愍帝建兴二年拜大将军,建兴三年又官至司空。曾多次和刘聪、石勒作战,失败后投奔幽州刺史段匹磾,谋划讨伐石勒共扶晋室,不料竟被段匹磾所杀,年四十八。他是一个贵族阶级的爱国者,他的理想是匡扶晋室。在外族入侵的情况下,辗转于北方抗敌。但由于他“素豪奢,嗜声色”,并且“善于怀抚,而短于控御”。(《晋书·刘琨传》)所以在功业上没有什么建树。现在仅存的三首诗:《扶风歌》《答卢谌》《重赠卢谌》都是在北方抗敌时写的。笔调清拔,风格悲壮,在晋诗中独具特色。

扶风歌

朝发广莫门〔一〕,暮宿丹水山〔二〕。左手弯繁弱,右手挥龙渊〔三〕。顾瞻望宫阙,俯仰御飞轩〔四〕。据鞍长叹息,泪下如流泉。系马长松下,发鞍高岳颠〔五〕。烈烈悲风起〔六〕,泠泠涧水流〔七〕。挥手长相谢,哽咽不能言〔八〕。浮云为我结,归鸟为我旋〔九〕。去家日已远,安知存与亡。慷慨穷林中〔一〇〕,抱膝独摧藏〔一一〕。麋鹿游我前,猿猴戏我侧。资粮既乏尽〔一二〕,薇蕨安可食〔一三〕。揽辔命徒侣,吟啸绝岩中〔一四〕。君子道微矣，夫子故有穷〔一五〕。惟昔李骞期，寄在匈奴庭〔一六〕。忠信反获罪，汉武不见明〔一七〕。我欲竟此曲〔一八〕，此曲悲且长。弃置勿重陈〔一九〕，重陈令心伤。

【说明】

《乐府诗集》录刘琨《扶风歌》九首，属《杂歌谣辞歌辞》。九首实际是一首诗的九解，《乐府》每四句一解。扶风，郡名，郡治在今陕西泾阳县。这首诗应作于永嘉元年（三〇七）任并州刺史时，他从洛阳赴晋阳的途中。诗的内容是写自己去晋阳途中的遭遇和见闻。其中表现了他对故国的怀恋，对艰苦程途的感叹，同时借李陵事件来表露对晋朝的耿耿忠心。悲歌慷慨，豪壮多气。

【注释】

〔一〕广莫门：晋都洛阳城北门。汉朝洛阳城北面有二门，一曰縠门，一曰夏门。魏晋之后改縠门为广莫门。

〔二〕丹水山：即丹朱岭，丹水发源处，在今山西高平县北。丹水由此东南流入晋城县界，又南入河南省，经沁阳县入沁水，是为大丹河。刘琨出任并州刺史，由洛阳出发，丹水为其必经之地。

〔三〕弯：拉弓。繁弱：古良弓名。龙渊：古宝剑名。这两句是说他戎装出发。

〔四〕顾瞻：回头看。御：驾。飞轩：奔驰如飞的车。这两句是说出广莫门时回望宫阙，便驾车飞驰而去。

〔五〕发鞍：即卸下马鞍。这句和上句是说在丹水山的长松下系马，在高山头卸下马鞍。

〔六〕烈烈：风的威力。

〔七〕泠泠：水声。

〔八〕谢:辞别。哽咽:悲泣至于声气结塞,这两句是说挥手与京城长辞,悲痛得说不出话来。

〔九〕结:集结。归鸟:一本作飞鸟。旋:盘旋。这两句是说,自己的悲痛以至于使浮云为之聚结,飞鸟为之盘旋。

〔一〇〕慷慨:指悲歌慷慨。

〔一一〕摧藏:即凄怆,伤心感叹的样子。

〔一二〕资:钱。

〔一三〕薇蕨:一种野菜,嫩时可以吃。安可食:怎么能吃呢?

〔一四〕揽辔:拉住马缰绳。徒侣:指随从。吟啸:即吟诗。绝岩:绝壁。这两句是说拉住马缰绳,命令随从启程,在悬崖绝壁的险径中歌唱。

〔一五〕微:衰微。夫子:指孔子。故:一本作固。《论语·卫灵公》记载,孔子在陈国绝了粮食,跟随的人都饿病了,子路很不高兴地见孔子说:君子也有穷得毫无办法的时候吗?孔子说:君子虽然穷,还是坚持着;若是小人,一到这时候便无所不为了。这两句是说君子之道衰微不行,象孔子那样都有穷困的时候。用来比喻自己的困厄。

〔一六〕李:指汉李陵。骞:与愆字通。愆期:错过期限。这里指李陵逾期未归汉朝。据《史记·李将军列传》记载,李陵于汉武帝天汉二年(前九九)率步卒五千人出征匈奴,匈奴用八万士兵围击李陵。由于敌我兵力相差悬殊,李陵战败,并终于投降了敌人。汉武帝因此把他全家都杀了。这两句是说李陵出征匈奴过期未回来,流落在匈奴那里了。

〔一七〕忠信:指李陵,司马迁在《报任安书》中说李陵"身虽陷败,彼观其意,且欲得其当而报于汉。"不见明:不被谅解。这两句是说忠信反而获罪,不被汉武帝谅解。当时刘琨领匈奴中郎将,故以李陵自喻,说明自己讨伐外族入侵者不见功效,区区孤忠,不见谅于朝廷。

〔一八〕竟:指奏完。此曲:指《扶风歌》。

〔一九〕弃置:放在一边。重陈:再次陈述。

重赠卢谌

握中有悬璧,本自荆山璆〔一〕。惟彼太公望,昔在渭滨叟〔二〕。邓生何感激,千里来相求〔三〕。白登幸曲逆〔四〕,鸿门赖留侯〔五〕。重耳任五贤〔六〕,小白相射钩〔七〕。苟能隆二伯,安问党与雠〔八〕?中夜抚枕叹,想与数子游〔九〕。吾衰久矣夫,何其不梦周〔一〇〕?谁云圣达节,知命故不忧〔一一〕?宣尼悲获麟,西狩泣孔丘〔一二〕。功业未及建,夕阳忽西流〔一三〕。时哉不我与,去乎若云浮〔一四〕。朱实陨劲风,繁英落素秋〔一五〕。狭路倾华盖,骇驷摧双辀〔一六〕。何意百炼钢,化为绕指柔〔一七〕!

【说明】

卢谌(chén),字子谅,范阳人。他是刘琨的僚属,曾做刘琨的主簿,转从事中郎,和刘琨常有诗歌赠答。题曰“重赠”,说明在此之前已有诗赠卢。诗的内容是抒发自已扶助晋室的怀抱和功业未成的感慨,同时也暗寓激励卢谌能追步先贤,匡扶国难的意思。

【注释】

〔一〕握:《晋书·刘琨传》作幄。悬璧:用悬黎制作的璧。悬黎,或作悬藜,也作县藜,一种美玉。荆山:在今湖北省南漳县西。楚国卞和曾在这里得到璞玉,被称为“和氏璧”。璆:美玉。这两句是说手中的悬璧是采自荆山的美玉制成的。用来比喻卢谌才质之美。

〔二〕惟:思。太公望:即姜尚,因其祖封于吕,也称吕尚。他年老隐于渭水之滨,周文王出猎遇见他,谈得很投契,大悦曰:"吾太公望子久矣。"因号"太公望"(见《史记·齐太公世家》)。在:《晋书·刘琨传》作"是"。这两句是说想那太公吕望从前是渭水边上一个老翁。

〔三〕邓生:即东汉邓禹。感激:感动奋发。千里相求:指邓禹自南阳到邺城投奔汉光武帝刘秀。据李善注引《东观汉记》说,邓禹,字仲华,南阳人。他曾从南阳出发北渡黄河,追到邺城,投奔刘秀。这两句是说邓禹何其奋发感激,不辞千里投奔汉光武刘秀。借喻卢谌前时来投奔自己。

〔四〕白登:山名,在山西大同市东。曲逆:指汉陈平,他曾被封曲逆侯。汉高祖刘邦曾被匈奴围困在白登山上,用陈平奇计,侥幸得以解围脱险。(见《史记·陈丞相世家》)所以说"幸曲逆"。

〔五〕鸿门:地名,在今陕西临潼县东。留侯:指汉张良,张良被封留侯。项羽在鸿门宴请刘邦,范增使项庄舞剑,图谋乘机杀刘邦,幸赖张良的计策,刘邦得以脱险。(见《史记·项羽本纪》)所以说"赖留侯"。

〔六〕重耳:春秋时晋文公名,晋献公之子。晋献公嬖骊姬,杀太子申生,重耳逃奔到狄,又周游数国,后来在秦穆公的帮助下,得以回晋,立为晋侯。他任用五个贤臣:狐偃、赵衰、颠颉、魏武子、司空季子,使自己成就霸业。

〔七〕小白:春秋时齐桓公名。射钩:指射钩者管仲。管仲初事齐公子纠,公子纠和小白争夺君位,管仲用箭射中小白的衣带钩,后来小白即君位,不记前仇,任管仲为相。相射钩:以射钩者为相。

〔八〕隆:兴盛。二伯:指重耳和小白两个霸主。党:指五贤,是重耳的旧属。仇:指管仲,是小白的仇人。这两句是说如果能够帮助二人成就霸业,何必管他是同党和仇敌呢?

〔九〕中夜:半夜。数子:指太公望以下至管仲诸人。这两句是说半夜抚枕长叹,想与太公望等人交游。借喻自己希望和卢谌合作,共同谋划复兴晋室。

〔一〇〕这两句是用《论语》中典故。《论语·述而》:“甚矣吾衰也,久矣,吾不复梦见周公。”孔子壮年常梦见周公,欲行周公之道,现在已好久不再梦见周公,可知是衰老甚矣。这里是自喻年老力衰,不能建立功业。

〔一一〕圣达节:用《左传》成公十五年中的成语。节:分。达节:犹知分。知命:用《周易·系辞传上》的成语:“乐天知命,故不忧。”这两句是说谁说孔子识分知命,没有忧愁呢?

〔一二〕宣尼:即孔子。汉平帝追谥孔子为褒成宣尼公。获麟:获得麒麟。狩:冬猎。西狩:在鲁国西面狩猎。涕孔丘:指孔子悲泣。《公羊传》记载,鲁哀公十四年在鲁国西面狩猎,获得麒麟,孔子听到这件事便“反袂拭面,涕泣沾袍”,悲伤麒麟出现的不是时候,并且感叹说,“吾道穷矣!”这两句是说孔子听到获麟而悲,得知西狩而泣,是具体写孔子的忧愁,借以抒发对自己遭遇的感慨。

〔一三〕夕阳西流:比喻自己年岁已老。

〔一四〕与:待。若云浮:形容时光流逝之快。这两句是说时光不等待我,象飞云一样流逝过去了。

〔一五〕朱实:红色的果实。陨:落。英:花。素秋:古代阴阳家以白色配秋天,故称素秋。这两句是说朱实繁花为素秋的劲风所摧落。比喻自己年老,功业未成的处境。

〔一六〕华盖:华美的车盖。驷:一车四马。辀(zhōu):车辕。这两句是说在狭路上惊动了马,翻了车子,把车辕摧折。比喻人生的艰难险阻。

〔一七〕这两句是说没有想到经过千锤百炼的钢,如今却变成能绕在手指上那样柔软。比喻自己经历破败之后,从坚钢变成柔弱。

郭 璞

郭璞(277—324),字景纯,河东闻喜(今山西闻喜县)人。他好经术,博学有高才,通古文奇字,长于阴阳历算卜筮之术。西晋流亡,他随晋室南渡,是南渡之际的重要作家。他的著作很多,曾注释过《尔雅》《方言》《穆天子传》《山海经》等书,辞赋是东晋之冠,诗留传下来二十二首。《游仙诗》十四首是他的代表作。这种《游仙诗》并非写想象中的神仙境界,而近似阮籍的《咏怀》。《诗品》所谓"乃是坎壈咏怀,非列仙之趣也"。他的《游仙诗》文采华茂,善于抒情,比当时"平淡寡味"的玄言诗在艺术上要高得多。有《郭弘农集》二卷。

游仙诗

京华游侠窟〔一〕,山林隐遁栖〔二〕。朱门何足荣〔三〕?未若托蓬莱〔四〕。临源挹清波,陵冈掇丹荑〔五〕。灵谿可潜盘,安事登云梯〔六〕。漆园有傲吏〔七〕,莱氏有逸妻〔八〕。进则保龙见,退为触蕃羝〔九〕。高蹈风尘外,长揖谢夷齐〔一〇〕。

【说明】

　　《游仙诗》共十四首,这里选一首。这一首名义是游仙,实际是咏隐逸,是用避世高蹈来否定仕宦求荣。在咏叹之中流露出愤世嫉俗之情。

【注释】

　　〔一〕京华:京师。游侠窟:游侠活动的处所。这句是说京城是游侠出没的地方。

　　〔二〕遁:退。隐遁:指隐居的人。栖:在山林居住。这句是说山林是隐者居住的处所。

　　〔三〕朱门:豪贵之家。何足荣:有什么值得荣耀的?

　　〔四〕未若:不如。蓬莱:海中仙山。托蓬莱:托身仙山,指归隐。

　　〔五〕源:水之源。挹:斟。冈:山。掇:拾。丹:指丹芝,又叫赤芝。荑:凡草之初生通名荑。丹荑:初生的赤芝。据《本草》,芝是灵草,吃了可以长寿。这两句是说渴了到水源挹饮清波,饿了登山采食灵芝。

　　〔六〕灵谿:水名。李善注引庾仲雍《荆州记》:“大城西九里有灵谿水。”潜盘:隐居盘桓。登云梯:指登仙。仙人升天因云而上,所以叫云梯。这两句是说灵溪完全可以隐居,何必升天求仙呢? 作者本来是借游仙来抒发隐逸的怀抱,所以这里说潜隐也就是游仙。

　　〔七〕漆园吏:指庄周。《史记·老庄申韩列传》:“庄子尝为漆园吏,楚威王闻庄周贤,使使厚币迎之,许以为相。周笑谓楚使者曰:子亟去,无污我。”即所谓“傲吏”。

　　〔八〕莱氏:指老莱子。《列女传》记载,老莱子逃世,耕于蒙山之阳。楚王坐着车至老莱之门,请他出来做官,他许诺。“妻曰:今先生食人酒肉,受人官禄,为人所制也。能免于患乎? 妾不能为人所制。投其畚而去。老莱乃随而隐。”即所谓“逸妻”。逸:节行高超。

〔九〕进:指仕进。保:保持。龙见:《周易》:"初九,潜龙勿用。"又《史记·老庄申韩列传》:"老子犹龙。"这句兼用二者的意思,只有潜龙才能表现出龙的品德。退:指避世。藩:篱笆。羝:壮羊。触藩羝:《周易》:"上六,羝羊触藩。"这两句是说只有安心作潜龙的人,在行动上才能保持作"见龙"的自由,否则只知仕进,结果必然象"羝羊触藩"那样,碰得头破血流。细审诗意,"进退"二字,应当上下互倒,因为作者原意是主张归隐而厌恶仕进。

〔一〇〕高蹈:远行。风尘:人间、尘世。谢:辞。夷齐:伯夷、叔齐。商朝孤竹君之子,曾互相推让王位,逃到西伯昌(周文王)那里,当武王伐纣时,又义不食周粟,逃到首阳山,采薇而食,结果饿死在山上。这两句是说辞别伯夷、叔齐而去,完全超乎尘世之外。意思是自己的隐逸更高于伯夷、叔齐。

陶渊明

陶渊明(365—427),一名潜,字元亮,浔阳柴桑(今江西九江市西南)人,是中国文学史上的大诗人。他出身于一个官僚家庭,曾祖陶侃做过大司马,祖父陶茂、父亲陶逸都做过太守、县令一类的官。外祖孟嘉做过征西大将军参军。不过到了他的时代,家境已经衰落,所以他一生过着穷困的生活。他处在一个晋、宋易代的时期,政治的黑暗,阶级斗争的尖锐,民族矛盾的激化,都深深地影响着他。他青年时期怀有大志,但是后来和黑暗现实一接触,便使这种思想发生了变化。中年时期为饥寒所迫,曾做过几任小官。晚年时期完全过着躬耕的生活。

陶渊明的作品,现存的有诗歌一百二十多首,散文六篇,辞赋两篇。其中成就高的是描写田园生活的诗歌,即所谓"田园诗"。这些诗歌反映了他鄙夷功名利禄的高远理想、志趣和守志不阿的耿介品格,反映了他对污浊现实的憎恶和对淳朴的农村生活的热爱。正象鲁迅所说:"可见他于世事也并没有遗忘和冷淡。"(《魏晋风度及文章与药及酒之关系》)他不但有"悠然见南山"的一面,还有"金刚怒目"式的一面。他歌咏了那些历史上和神话传说中失败而不屈的英雄,赞扬了那些壮烈牺牲的人物。当然,他的作品也明显流露了消极的乐天知命和人生无常的思想,也流露了一些颓废没落情绪。他的诗的风格平淡、自然,语言简洁、含蓄,浑厚而富有意境,在我国古代诗歌史上独具特色。

陶渊明作品的注本,今存较早的本子是宋刊巾箱本李公焕《笺注陶渊明集》。另外,有比较最通行的本子是陶澍集注《靖节先生集》。

乞 食

饥来驱我去,不知竟何之〔一〕！行行至斯里,叩门拙言辞〔二〕。主人解余意,遗赠岂虚来〔三〕？谈谐终日夕,觞至辄倾杯〔四〕;情欣新知欢,言咏遂赋诗〔五〕。感子漂母惠,愧我非韩才〔六〕;衔戢知何谢,冥报以相贻〔七〕。

【说明】

乞食,是向别人求贷,和乞丐讨饭不同。这首诗的写作年代,可以从《饮酒》诗中得到一点信息:"畴昔苦长饥,投来去学仕。将养不得节,冻馁固缠己。是时向立年,志意多所耻。""向立年"是追述他将三十岁时的情况,其饥饿穷困的程度和这首诗的内容相似。那末可以推测这首诗应是晋孝武帝十八年(三九三)所作,陶渊明二十九岁。

这首诗的内容是写他穷困之极,以至于向人求助。主人不但满足了他的期望,而且还留他喝酒。二人意气相投,欢谈终日。诗的中心在"愧我非韩才"一句,感慨自己不能象韩信那样辅佐刘邦平定天下,得遂其志,而是穷困潦倒志不得申,但他并不灰心,即使死后也要报答朋友"一饭之恩",甚至想到"结草"相报,足见他早年确曾经历过一段十分艰难的生活。

【注释】

〔一〕不知何之:行无定向。这句和上句是说为饥饿驱使,不知到何处去。

〔二〕行行:不停的走。里:村落。拙言辞:拙于言辞,羞口、说不出。这两句是说来到这个村落,敲开门却说不出话来。

〔三〕遗赠:赠送。岂虚来:难道能白来? 这句和上句是说主人了解我的意思是借贷,送给我东西,岂能让我白来?

〔四〕谈谐:言谈相投。终日夕:自晨至暮,一整天。觞至辄倾杯:每劝必饮。

〔五〕新知:新朋友。赋诗:指赋《乞食》诗。这两句是说得遇新朋友心情很高兴,言咏之间便赋成这首诗。

〔六〕漂母:漂洗东西的妇人。漂母惠:用汉韩信的典故。据《史记·淮阴侯列传》记载,韩信贫贱时,在城下钓鱼,饥饿不堪,漂母送给他饭吃,他很感激,对漂母说:"吾必有以重报母"。后来韩信当了楚王,果然赏赐漂母千金。韩才:韩信那样的才能。这两句是说感激你象漂母一样的恩惠,惭愧我的才能比不上韩信。

〔七〕衔戢:藏敛,指藏在心里。何谢:如何酬谢。冥报:在阴间报答。《左传·宣公》十五年记载,老人结草以报魏颗的传说,作者引此以表示对主人的深情厚谊。这两句是说这种恩惠记在心里,一生不忘,到死也要报答。

和郭主簿

蔼蔼堂前林,中夏贮清阴〔一〕。凯风因时来〔二〕,回飙开我襟〔三〕。息交游闲业,卧起弄书琴〔四〕。园蔬有余滋〔五〕,旧谷犹储今。营己良有极,过足非所钦〔六〕。春秫作美酒〔七〕,酒熟吾自斟。弱子戏我侧,学语未成音〔八〕。此事真复乐,聊用忘华簪〔九〕。遥遥望白云,怀古一何深〔一〇〕!

【说明】

　　《和郭主簿》共两首,这里选的是第一首。郭主簿的事迹不详。诗中说:“弱子戏我侧,学语未成音。”弱子,即幼子。陶渊明有五个儿子,即俨、俟、份、佚、佟。佟最小,乳名通子。他的《责子》诗云:“通子垂九龄,但觅梨与栗。”《责子》诗当作于他三十六、七岁时,当时通子将近九岁,而这首诗则说“学语未成音”,是两三岁的情况,相差六七年。由《责子》诗上推六七年,这首诗应是他三十岁时所作,即晋孝武帝太元十九年(三九四)。

　　诗的内容是直写胸怀。中心是反映了他“富贵非吾愿,帝乡不可期”(《归去来兮辞》)的思想,表现了他对仕途生活的冷漠和对淳朴的怀安止足生活的热爱。

【注释】

〔一〕蔼蔼:茂盛的样子。中夏:夏季之中。贮:藏、留。这两句是说当前树林茂盛,虽在仲夏,仍很阴凉。

〔二〕凯风:南风。因时来:应节吹来。

〔三〕回飙:回风。开我襟:翻开我的衣襟。

〔四〕息交:罢交往。游:驰心于其间。闲业:对正业而言,正业指儒家的《六经》等,闲业指诸子百家、"周王传"(《穆天子传》)、"山海图"(《山海经》)等。卧起:指夜间和白天。这两句是说停止了和朋友的交往,日夜驰心于读书弹琴的闲业之中。

〔五〕园蔬:园里的蔬菜。滋:滋味,《礼记·檀弓》:"必有草木之滋焉。"郑注:"增以香味。"余滋:余味无穷。《礼记·乐记》:"太羹玄酒,有遗味者矣。"余滋、遗味同义。这句和下句是说园里的蔬菜余味无穷,往年的粮食今天还储存着。

〔六〕营己:为自己生活谋划。极:止境。过足:超过需要。钦:羡慕。这两句是说自己需要的生活用品有限,过多的东西不是我所羡慕的。

〔七〕秫:黏稻。舂秫:捣黏稻,为了做酒。

〔八〕未成音:发不出完整的声音。

〔九〕真复乐:天真而且快乐。簪:古人用来插在冠和发上的饰物。华簪:华贵的发簪。这里指富贵。这两句是说这些事情天真而快乐,可以聊且忘掉富贵荣华。

〔一○〕这两句是说遥望白云,怀念古人高尚行迹的心情,不自觉地深重起来。

癸卯岁始春怀古田舍

先师有遗训:忧道不忧贫〔一〕。瞻望邈难逮,转欲志长

勤〔二〕。秉耒欢时务,解颜劝农人〔三〕。平畴交远风,良苗
亦怀新〔四〕。虽未量岁功,即事多所欣〔五〕。耕种有时息,
行者无问津〔六〕。日入相与归,壶浆劳近邻〔七〕。长吟掩柴
门,聊为陇亩民〔八〕。

【说明】

　　《癸卯岁始春怀古田舍》共二首,这里选的是第二首。"怀古
田舍"是在田舍里怀古。"癸卯岁"是晋安帝元兴二年(四〇三),
作者三十九岁。当时他正因为母死离职,在家守丧。

　　本题的第一首说:"在昔闻南亩,当年竟未践。"可见作者这一
年才躬耕的。这首诗即抒写了他初参加劳动时的喜悦心情,写他
怀念隐居力耕的长沮和桀溺,通过对他们的怀念流露了自己倦于
游宦之情。

【注释】

　　〔一〕先师:对孔子的尊称。遗训:留下的教诲。忧道不忧贫:这
是《论语·卫灵公》中孔子的话:"子曰:君子忧道不忧贫。"这两句是
说孔子有遗训:君子只忧愁治国之道不得行,不忧愁自己生活的贫困。

　　〔二〕瞻望:仰望。邈:遥远。逮:及。勤:劳。长勤:长期劳作。
这两句是说孔子的遗训可望而不可及,因此转而下决心长期耕作。借
以解除目前生活的贫困。

　　〔三〕秉:手持。耒(lěi):犁柄,这里泛指农具。时务:及时应做的
事,指农务。解颜:面呈笑容。劝:勉。这两句是说手拿农具高兴地去
干活,笑语勉励农民从事耕作。

　　〔四〕畴:田亩。平畴:平旷的田野。交:通。苗:指麦苗,是"始
春"的景象。怀新:指麦苗生意盎然。这两句是说平旷的田野有远风

吹过,美好的麦苗生意盎然。

〔五〕岁功:一年的农业收获。即事:指眼前的劳动和景物。这两句是说虽然还未预计到一年的收获如何,就是眼前这些情况便足够自己高兴的了。

〔六〕行者:行人。津:渡口。行者问津:用长沮、桀溺的事。《论语·微子》云:"长沮、桀溺耦而耕。孔子过之,使子路问津焉。"长沮、桀溺是古代的隐士。作者以沮、溺自比,意思是在耕作休息时,没有孔子那种有志于治理社会的人来问路。言外之意是今天没有"忧道不忧贫"的人。

〔七〕相与:结伴。劳:慰劳。这两句是说黄昏时和农民结伴而归,再提一壶酒浆去慰劳近邻。

〔八〕聊:且。陇亩民:田野之人。这句和上句是说吟咏着诗关上柴门,聊且做一个象长沮、桀溺那样的农民吧!

始作镇军参军经曲阿作

弱龄寄事外,委怀在琴书〔一〕。被褐欣自得,屡空常晏如〔二〕。时来苟冥会,宛辔憩通衢〔三〕。投策命晨装,暂与园田疏〔四〕。眇眇孤舟逝,绵绵归思纡〔五〕。我行岂不遥,登降千里余〔六〕。目倦川途异,心念山泽居〔七〕。望云惭高鸟,临水愧游鱼〔八〕。真想初在襟,谁谓形迹拘〔九〕。聊且凭化迁,终返班生庐〔一〇〕。

【说明】

始作,指初就军职。镇军参军,是镇军将军的参军。李善、马端临都认为镇军将军指刘裕(吴仁杰、陶澍、梁启超、古直都认为是刘牢之,可参考)。曲阿在今江苏丹阳县。晋安帝元兴三年(四〇四),刘裕行镇军将军,陶渊明做镇军参军,可能就在这一年。因此这首应即本年所作,陶渊明四十岁。

　　这首诗写他出仕与归隐的矛盾心情。但基调仍然是归隐,是对田园生活的怀念。诗中那种"望云惭高鸟,临水愧游鱼"的心情,和"聊且凭化迁,终返班生庐"的打算,正是第二年所写的《归去来兮辞》的主题。

【注释】

　　〔一〕弱:二十岁。弱龄:指年轻时。寄事外:托身于世事之外,指不做官。委:托。委怀:托心于、置心于。

　　〔二〕被:穿。褐:粗布衣,贫贱者所穿。屡空:指贫穷。晏如:安然,欢乐自得的样子。这两句是说自己虽然贫困,穿着粗布衣服,但却欣然自得。

　　〔三〕时:时运、时机。苟:如果。冥会:犹默契。宛:屈。辔:马缰绳,这里借指车马。宛辔:枉道。憩:止息。通衢:大道,这里借喻仕途。这两句是说如果遇上做官的机会,也只好委屈就任。

　　〔四〕策:简策,古代连编竹简成册以纪事叫简策,即今天的书籍。命晨装:令人备置清晨出发的行装。疏:远。这两句是说弃置笔墨整备晨装,要暂且离开田园去做官。

　　〔五〕眇眇:遥远的样子。绵绵:不绝的样子。纡:缠绕。这两句是说孤舟远逝而归思难绝。

　　〔六〕登:指登山。降:指临水。这句和上句是说我这次旅程难道不远吗?跋山涉水也有一千余里。

　　〔七〕目倦:眼睛疲倦。山泽居:园田旧居。这两句是说眼睛看腻了异乡的山川,心中仍怀念故乡的山泽。

〔八〕惭高鸟、愧游鱼:对鸟和鱼而惭愧。是感叹自己不如鸟鱼的自由。

〔九〕真想:淳真的思想,指爱好自然。初:原。襟:胸怀。形迹拘:被形迹所拘,指做官。这两句是说自己本来怀着一种淳真的思想,谁说能受仕途的拘束呢?

〔一○〕化迁:指时运自然。凭化迁:任凭时运自然的变化,即与时推移的意思。班生庐:汉班固在《幽通赋》中说,我父亲能保持一辈子洁身自好,而又留给我以崇高的典范,要我择仁者之里而居。这里指仁者、隐者居住的地方。这两句是说且任凭时运的变化吧,最后总要返回园田。

归园田居(五首)

少无适俗韵〔一〕,性本爱丘山。误落尘网中〔二〕,一去三十年〔三〕。羁鸟恋旧林,池鱼思故渊〔四〕。开荒南野际〔五〕,守拙归园田〔六〕。方宅十余亩〔七〕,草屋八九间。榆柳荫后檐〔八〕,桃李罗堂前〔九〕。暖暖远人村〔一○〕,依依墟里烟〔一一〕。狗吠深巷中,鸡鸣桑树颠〔一二〕。户庭无尘杂〔一三〕,虚室有余闲〔一四〕。久在樊笼里,复得返自然〔一五〕。

【说明】

《归园田居》共五首。吴仁杰《陶靖节先生年谱》认为,这组诗是陶渊明辞彭泽令之后所作,从下文"久在樊笼里"看,可能是对的。陶渊明辞彭泽令归园田在乙巳岁(四○五)十一月(见《归去来兮辞》序),这五首所咏是归田之乐趣,但榆柳成荫,桑麻已长,

并不是冬天的景色,应是归田后第二年所作,即晋安帝义熙二年
(四○六),陶渊明四十二岁。

这一首诗自述辞官归田是适合本性的,体会到摆脱官场的羁
绊在农村过着淳朴生活的乐趣。他所写的宁静和平的田园景物,
并不是久经战乱的柴桑农村的真实面貌,而是他当时心境的形象
反映。这种形象化的心境,正是他对朝市污浊、险恶环境的批判,
是他对"尘网"、"樊笼"厌恶的表现。

【注释】

〔一〕适俗:适应世俗。韵:情调、风度。

〔二〕尘网:指尘世,官府生活污浊而又拘束,犹如网罗。这里指
仕途。

〔三〕三十年:吴仁杰认为当作"十三年"。陶渊明自太元十八年
(三九三)初仕为江州祭酒,到义熙元年(四○五)辞彭泽令归田,恰好
是十三个年头。

〔四〕羁鸟:笼中之鸟。池鱼:池塘之鱼。鸟恋旧林、鱼思故渊,借
喻自己怀恋旧居。

〔五〕南野:一本作南亩。际:间。

〔六〕守拙:守正不阿。潘岳《闲居赋序》有"巧官"、"拙官"二词,
巧官即善于钻营,拙官即一些守正不阿的人。守拙的含义即守正
不阿。

〔七〕方:旁。这句是说住宅周围有土地十余亩。

〔八〕荫:荫蔽。

〔九〕罗:罗列。

〔一○〕暧暧:暗淡的样子。

〔一一〕依依:轻柔的样子。墟里:村落。

〔一二〕这两句全是化用汉乐府《鸡鸣》篇的"鸡鸣高树颠,犬吠深宫中"之意。

〔一三〕户庭:门庭。尘杂:尘俗杂事。

〔一四〕虚室:闲静的屋子。余闲:闲暇。

〔一五〕樊:栅栏。樊笼:蓄鸟工具,这里比喻仕途。返自然:指归耕园田。这两句是说自己象笼中的鸟一样,重返大自然,获得自由。

其二

野外罕人事〔一〕,穷巷寡轮鞅〔二〕。白日掩荆扉,虚室绝尘想〔三〕。时复墟曲中,披草共来往〔四〕。相见无杂言〔五〕,但道桑麻长。桑麻日已长,我土日已广〔六〕。常恐霜霰至,零落同草莽〔七〕。

【说明】

这一首写他在园田中深居简出,没有世俗的交往,而且屏弃一切尘俗的杂念,专心农事的生活,表现了他和农民往来过程中的淳朴感情。

【注释】

〔一〕野外:郊野。罕:少。人事:指和俗人结交往来的事。陶渊明诗里的"人事"、"人境"都有贬义,"人事"即"俗事","人境"即"尘世"。这句是说住在田野很少和世俗交往。

〔二〕穷巷:偏僻的里巷。鞅(yāng):马驾车时套在颈上的皮带。轮鞅:指车马。这句是说处于陋巷,车马稀少。

〔三〕白日:白天。荆扉:柴门。尘想:世俗的观念。这两句是说白天柴门紧闭,在幽静的屋子里屏绝一切尘俗的观念。

〔四〕时复:有时又。曲:隐僻的地方。墟曲:乡野。披:拨开。这两句是说有时拨开草莱去和村里人来往。

〔五〕杂言:尘杂之言,指仕宦求禄等言论。但道:只说。这句和下句是说和村里人见面时不谈官场的事,只谈论桑、麻生长的情况。

〔六〕这两句是说桑麻一天天在生长,我开垦的土地一天天广大。

〔七〕霰(xiàn):小雪粒。莽:草。这两句是说经常担心霜雪来临,使桑麻如同草莽一样凋零。其中也应该含有在屡经战乱的柴桑农村还可能有风险。

其三

种豆南山下〔一〕,草盛豆苗稀。晨兴理荒秽〔二〕,带月荷锄归〔三〕。道狭草木长〔四〕,夕露沾我衣。衣沾不足惜,但使愿无违〔五〕。

【说明】

这一首写他亲自参加劳动和对劳动的热爱。早出晚归地辛苦劳动,不但没有减少他对劳动的兴趣,而且加深了他对劳动的感情,坚定了他终生归耕的决心。

【注释】

〔一〕南山:指庐山。

〔二〕晨兴:早起。秽:杂草。理荒秽:除杂草。

〔三〕带:一本作戴。戴月:月夜走路。荷:扛。

〔四〕草木长:草木丛生。

〔五〕愿无违:不违背归耕田园的心愿。即《感士不遇赋》"怀正志道……洁己清操"一类的抱负。

其四

久去山泽游〔一〕,浪莽林野娱〔二〕。试携子侄辈,披榛步荒墟〔三〕。徘徊丘陇间,依依昔人居〔四〕。井灶有遗处,桑竹残朽株〔五〕。借问采薪者,此人皆焉如〔六〕?薪者向我言,死没无复余。一世异朝市〔七〕,此语真不虚。人生似幻化〔八〕,终当归空无。

【说明】

　　这一首是凭吊故墟,描写农村残破的景象,感慨人生无常。思想比较消极,是陶渊明经过一段宦途生活之后,对社会、人生的进一步认识。

【注释】

　　〔一〕去:离开。游:游宦。这句是说离开山泽而去做官已经很久了。

　　〔二〕浪莽:放荡、放旷。这句是说今天有广阔无边的林野乐趣。

　　〔三〕试:姑且。榛:丛生的草木。荒墟:废墟。这两句是说姑且携带子侄,拨开丛生的草木,漫步于废墟之中。

　　〔四〕丘陇:坟墓。依依:思念的意思。这两句是说在坟墓间徘徊,思念着从前人们的居处。

　　〔五〕这两句是说这里有井灶的遗迹,残留的桑竹枯枝。

〔六〕此人:此处之人,指曾在遗迹生活过的人。焉如:何处去。

〔七〕一世:三十年为一世。朝市:城市官吏聚居的地方。这种地方为众人所注视,现在却改变了,所以说"异朝市"。这句和下句是说"一世异朝市"这句话真不假。

〔八〕幻化:虚幻变化。这句和下句是说人生好象是变化的梦幻一样,最终当归于虚无。

其五

怅恨独策还,崎岖历榛曲〔一〕。山涧清且浅,可以濯我足〔二〕。漉我新熟酒,只鸡招近局〔三〕。日入室中暗〔四〕,荆薪代明烛。欢来苦夕短,已复至天旭〔五〕。

【说明】

这一首写自己淳朴的欣然自得的生活。用涧水濯足,洗去尘世的污垢,漉酒杀鸡以招致邻里同饮,荆薪代烛以足竟夕之欢娱。极力抒发自己恬淡自适的感情。

【注释】

〔一〕怅恨:失意的样子。策:指策杖、扶杖。还:指耕作完毕回家。曲:隐僻的道路。这两句是说怀着失意的心情独自扶杖经过草木丛生的崎岖隐僻的山路回家了。

〔二〕濯:洗。濯足:指去尘世的污垢。

〔三〕漉:滤、渗。新熟酒:新酿的酒。近局:近邻、邻居。这两句是说漉酒杀鸡,招呼近邻同饮。

〔四〕暗:昏暗。这句和下句是说日落屋里即昏暗,点一把荆柴代替蜡烛。

〔五〕天旭：天明。这句和上句是说欢娱之间天又亮了，深感夜晚时间之短促。

饮　酒　并序(选六首)

余闲居寡欢，兼比夜已长〔一〕，偶有名酒，无夕不饮。顾影独尽，忽焉复醉。既醉之后，辄题数句自娱，纸墨遂多，辞无诠次。聊命故人书之〔二〕，以为欢笑尔。

【说明】

《饮酒》共二十首，这里选六首。据序文"既醉之后，辄题数句自娱"，可见主要是一个时期醉后所作，因此总题为《饮酒》。其中第十六首云："行行向不惑，淹留遂无成。"不惑之年是四十，说明自己四十而无闻。又第十九首云"是时向立年"，"亭亭复一纪"，立年是三十，一纪是十二年，三十又十二年，正是四十岁有余。可以推断是陶渊明四十二岁所作，当时是晋安帝义熙二年(四〇六)，他辞彭泽令归田不久。汤汉认为是义熙十二、三年所作，不确切。这组诗的内容广泛，和阮籍的《咏怀》相似。萧统《陶渊明集序》云："有疑陶渊明之诗，篇篇有酒，吾观其意不在酒，亦寄酒为迹也。"《饮酒》诗就是这种"寄酒为迹"之作。

【注释】

〔一〕兼：并且。比：近来。

〔二〕诠次：排比先后。故人：旧交、老朋友。

其一

结庐在人境〔一〕,而无车马喧〔二〕。问君何能尔〔三〕? 心远地自偏。采菊东篱下,悠然见南山〔四〕。山气日夕佳,飞鸟相与还〔五〕。此中有真意〔六〕,欲辨已忘言。

【说明】

这一首是原诗的第五首,自叙安贫乐道悠然自得的心境。"心远"是一篇的关键,由于思想上远离了那些达官贵人的高车驷马的喧扰,其他方面也自然和他们划清了界限。"真意"指诗中之"山气日夕佳,飞鸟相与还。"即《归去来兮辞》中之"鸟倦飞而知还"之意,也即"迷途知返"的意思。

【注释】

〔一〕结庐:构筑屋子。人境:人间,人类居住的地方。

〔二〕无车马喧:没有车马的喧嚣声。

〔三〕君:作者自谓。尔:如此、这样。这句和下句设为问答之辞,说明心远离尘世,虽处喧嚣之境也如同居住在偏僻之地。

〔四〕悠然:自得的样子。南山:指庐山。

〔五〕日夕:傍晚。相与:相交,结伴。这两句是说傍晚山色秀丽,飞鸟结伴而还。

〔六〕此中:即此时此地的情和境,也即隐居生活。真意:人生的真正意义,即"迷途知返"。这句和下句是说此中含有人生的真义,想辨别出来,却忘了如何用语言表达。意思是既领会到此中的真意,不屑于说,也不必说。

其二

青松在东园，众草没其姿〔一〕。凝霜殄异类，卓然见高
枝〔二〕。连林人不觉〔三〕，独树众乃奇〔四〕。提壶挂寒柯〔五〕，
远望时复为〔六〕。吾生梦幻间，何事绁尘羁〔七〕。

【说明】

　　这一首是原诗的第八首。作者以青松自喻，借青松来表现自
己坚贞高洁的人格。这是陶渊明惯用的手法。左思《咏史》曾用
"涧底松"和"山上苗"对比，来揭露当时的士族门阀制度。这首诗
以"青松"和"众草"对比，显然也含有对士族门阀制度所造成的贤
愚倒置现象的揭露意义在。末两句作人生如梦之叹，感情未免
消极。

【注释】

　　〔一〕没其姿：掩没了青松的英姿。其：一本作奇。

　　〔二〕殄(tiǎn)：灭尽。异类：指众草。卓然：特立的样子。这两句
是说经霜之后，众草凋零，而青松的枝干却格外挺拔。

　　〔三〕连林：松树连成林。人不觉：不被人注意。

　　〔四〕独树：一株、独棵。众乃奇：众人认为奇特。奇：一本作知。

　　〔五〕寒柯：指松树枝。

　　〔六〕这是倒装句，应为"时复远望"，有时又远望。这句和上句极
力描写对松树的亲爱，近挂而又远望。

　　〔七〕何事：为什么。绁：系马的缰绳，引申为牵制。尘羁：犹尘
网。这句和上句是说人生如梦幻，富贵功名把人束缚够了，为什么还

要受它的羁绊?

其三

清晨闻叩门,倒裳往自开[一]。问子为谁与[二]?田父有好怀[三]。壶浆远见候,疑我与时乖[四]。"褴缕茅檐下,未足为高栖[五]。一世皆尚同,愿君汩其泥[六]。"深感父老言,禀气寡所谐[七]。纡辔诚可学,违己讵非迷[八]!且共欢此饮,吾驾不可回[九]。

【说明】

　　这一首是原诗的第九首,是为答复友人劝他做官而作。李公焕注引赵泉山云:"时辈多勉靖节以出仕,故作是篇。"作者采用《楚辞·渔父》中屈原和渔父问答的形式来反映自己拒绝仕宦的决心和坚贞不屈的意志,继承和发展了屈原不与世俗同流合污的高尚精神。

【注释】

　　〔一〕倒裳:颠衣倒裳。这句是说急忙迎客,来不及正着衣裳。

　　〔二〕子:指下句的田父,即农夫。与:通欤,语气词。

　　〔三〕好怀:好意。这句是说来访的是位好心肠的农夫。

　　〔四〕壶浆:用壶盛的酒。疑:怪。乖:背戾。这两句是说农夫提壶酒远道来问候,怪我和时世不合。

　　〔五〕褴缕:同蓝缕,衣衫破烂。高栖:指隐居。这两句是说穿着褴缕的衣衫住在茅屋之中,这不值得做为你的隐居之所。自此以下四句都是农夫劝说的话。

〔六〕尚同：以同于流俗为贵。一：一本作举。汩(gǔ)：同淈，搅混。汩其泥：《楚辞·渔父》云："世人皆浊，何不淈其泥而扬其波？"即与世俗同流合污的意思。这两句是说举世都以随波逐流为高尚，希望你也同流合污。

〔七〕禀气：天赋的气质。谐：合。寡所谐：难与世俗谐合。这句和上句是说深深感激您的好意，但是我本性就难和世俗苟合。自此以下是陶渊明回答农夫的话。

〔八〕纡：屈曲。辔：马缰绳和嚼子。纡辔：回车，指枉道事人。讵：岂。这两句是说回车改辙诚然可以学习，然而岂不是违反了自己的本意而走入迷途？

〔九〕共欢此饮：共同欢饮。驾：车驾，借指道路、方向。这两句是说且一同欢饮吧，我的车驾是不可回转的。即初衷不能改变。

其四

在昔曾远游，直至东海隅〔一〕。道路回且长，风波阻中涂〔二〕。此行谁使然〔三〕？似为饥所驱；倾身营一饱，少许便有余〔四〕。恐此非名计〔五〕，息驾归闲居〔六〕。

【说明】

这一首是原诗的第十首，写他为贫穷所迫而求仕的事。但当他做了镇军参军之后，随刘牢之东讨孙恩时，亲眼看见"牢之等纵军士暴掠，士民失望，郡县城中无复人迹"（见《资治通鉴》卷一百一十）的现象时，是不会赞成他们的凶暴行为的，同时他也不会不感到和人民所拥护的孙恩作战是心中不安的，所以他决心"息驾归闲居"了。

【注释】

〔一〕东海:指曲阿,即今天江苏丹阳县,晋时为南东海郡。隅:角,边。直至东海:作者在晋安帝隆安三年己亥(三九九),曾做刘牢之的参军,当刘牢之到曲阿一带镇压孙恩起义时,他大概是随行的。

〔二〕回且长:曲折而漫长。中涂:半路。这两句是说远游的道路曲折漫长,中途为风波所阻。

〔三〕此行:指随刘牢之东行,即做参军的官。

〔四〕倾身:倾全力,拚命。营一饱:求一顿饱饭。少许:一些。这两句是说拚着生命求一口饱饭,少许便足够了,何必冒这样大的风险呢?

〔五〕非名计:不是求功名的办法。

〔六〕息驾:停车。归闲居:归耕田园。

其五

少年罕人事,游好在六经〔一〕。行行向不惑,淹留遂无成〔二〕。竟抱固穷节,饥寒饱所更〔三〕。敝庐交悲风,荒草没前庭〔四〕。披褐守长夜,晨鸡不肯鸣〔五〕。孟公不在兹,终以翳吾情〔六〕。

【说明】

这一首是原诗的第十六首。叙述自己少怀壮志,认真学习,及老而一无所成,但仍坚守节操,以至于穷困潦倒,始终不变,此情此境却无人了解。中心在慨叹世无知己之人,反映了当时社会对自己的冷漠、无情!

【注释】

〔一〕人事:指与人交往。游好:玩好。六经:即《诗》《书》《易》《春秋》《礼》《乐》六部儒家经书。这里泛指古代的典籍。这两句是说自己少年时很少和人交游,志趣在研习古代的经籍。

〔二〕行行:不停地走。这里指光阴的流逝。向:接近。不惑:四十岁。《论语·为政》:"子曰:吾四十而不惑。"不惑就是志强学广,能明辨是非的意思。淹留:久留。这两句是说年近四十,而一事无成。

〔三〕抱:持。固穷:能安于穷困。《论语·卫灵公》:"子曰:君子固穷,小人穷斯滥矣。"君子穷且益坚,不象小人那样穷困之后便胡作非为。节:操守。更:经历。饱所更:备历饥寒之苦。这两句是说始终抱着"君子固穷"的操守,备历了各种饥寒之苦。

〔四〕敝庐:破房屋。前庭:屋阶前。这两句是说房屋破败,悲风交作,野草没庭。

〔五〕褐:粗布衣,贫贱者所穿。披褐:披衣。晨鸡不鸣:晨鸡不报晓。这两句是说披衣起来,坐守长夜,很难熬到天明。

〔六〕孟公:刘龚,字孟公,东汉人(见《后汉书·苏竟传》)。当时有文士张仲蔚,家里很穷,住的地方蓬蒿没人,时人都不注意,只有刘龚知道他(见《高士传》)。陶渊明《咏贫士》诗云:"仲蔚爱穷居,绕宅生蒿蓬。……举世无知者,止有一刘龚。"翳:掩蔽。作者以张仲蔚自比,认为没有象刘龚那样能了解自己的人,所以心中真情就始终不能表露了。

其六

羲农去我久,举世少复真〔一〕。汲汲鲁中叟,弥缝使其淳〔二〕。凤鸟虽不至,礼乐暂得新〔三〕。洙泗辍微响〔四〕,漂流逮狂秦〔五〕。诗书复何罪,一朝成灰尘〔六〕。区区诸老翁,为事诚殷勤〔七〕。如何绝世下,六籍无一亲〔八〕。终日驰车走,不见所问津〔九〕。若复不快饮,空负头上巾〔一〇〕。但恨多谬误〔一一〕,君当恕醉人。

【说明】

　　这一首是原诗的第二十首。内容是叙述自己希望当时污浊的社会能返朴还真,具体的办法即象孔子那样研习诗书礼乐;然而当时却没有一人过问这件事,自己感到十分痛心。他怀着以六经来弥补败坏的社会风尚的抱负,但是这抱负得不到实现,所以只有以饮酒遣悲而已。

【注释】

　　〔一〕羲农:即伏羲氏和神农氏,两个传说中的上古帝王。去我久:离开我们很远了。真:真淳质朴。这两句是说伏羲、神农时代距离我们已经很遥远了,那时淳真朴实的风尚在今天整个社会中都不见了。

　　〔二〕汲汲:不停息的样子。鲁中叟:指孔子,孔子是春秋时鲁人。弥缝:补合。这两句是说孔子孜孜不倦地弥补衰败的社会风尚,企图使之返朴还真。

　　〔三〕凤鸟:在封建时代认为是一种祥瑞的鸟,凤鸟出现象征着一个朝代即将兴盛。《论语·子罕》:"子曰:凤鸟不至,河不出图,吾已矣夫!"这是孔子认为自己生不逢盛世而发出的悲叹。礼乐得新:礼乐能够焕然一新。相传礼乐是西周初年周公制订的,到了春秋末叶,礼崩乐坏,经孔子编次、整理,诗礼得到订正,雅颂各得其所。(见《史记·孔子世家》)这两句是说孔子虽然没有生在盛世,在政治上无所建树,但礼乐经他整理之后,面目却为之一新。

〔四〕洙泗:即洙水和泗水,在今山东曲阜县北。辍:停止。微响:即精微要妙之言。孔子曾设教于洙、泗之间。孔子死而微言绝,七十子丧而大义乖。(见《汉书·艺文志》)这句是说孔子死后,在洙泗之间再听不到微言大义了。

〔五〕漂流:狂澜泛滥的意思。狂秦:狂暴的秦朝。这句是说洙泗二水不停地流着,时间很快就到了狂暴的秦朝。

〔六〕诗书:《诗经》和《尚书》。这里泛指儒家的一切经典。复何罪:又有什么罪? 诗书成灰尘,指秦始皇焚书的事。《史记·秦始皇本纪》记载,始皇采纳了李斯的意见,秦记以外的史书,博士所职掌之外的诗、书、百家语,全都烧毁。

〔七〕区区:犹拳拳,小心谨慎的样子。诸老翁:指济南伏生、淄川田生等人。汉朝建立后,秦朝的儒者伏生、田生等,都以八九十岁的高龄出来讲授六经。殷勤:真诚而周到。这两句是说伏生、田生诸老儒小心谨慎、真诚周到地传授六经。

〔八〕绝世:断绝传统。这里指汉朝之后,到了魏晋时代,文人多崇尚老、庄玄学,而废黜六经,儒学断绝。六籍:即六经。这两句是说为什么汉朝以后连一个亲近六经的人也没有呢?

〔九〕津:渡口。问津:用孔子问津于长沮、桀溺的事。据《论语·微子》记载,长沮、桀溺一同耕田,孔子从那儿经过,叫子路去问渡口。长沮说,是孔丘吗? 他该早就知道渡口在哪儿了。桀溺说,天下象洪水一样的坏东西到处都是,你们和谁去改革它呢? 孔子听后说,我们不可与鸟兽同群共处,若不同人群打交道,又同什么打交道呢? 如果天下太平,我就不会和你们一起来从事改革了。作者以长沮、桀溺自比,是说只见世人终日驰车奔走,并不见他们之中有象孔子那样有志于治世的人来问路。意思是没有人探求治世之道。

〔一〇〕空负:徒然辜负。头上巾:儒者头上罩的头巾。《宋书·隐逸传》记载,陶渊明"取头上葛巾漉酒,毕,还复著之。"这句和上句是说如果再不痛快地喝酒,便白白地辜负了头上的儒巾了。

〔一一〕但恨:只恨。谬误:指自己的言行谬误于《诗》《书》《礼》《乐》。这句和下句是说只恨自己的言行悖于儒家经典的很多,请你们宽恕我这个醉人吧!

庚戌岁九月中于西田获早稻

人生归有道,衣食固其端〔一〕。孰是都不营〔二〕,而以求自安?开春理常业,岁功聊可观〔三〕。晨出肆微勤,日入负耒还〔四〕。山中饶霜露,风气亦先寒〔五〕。田家岂不苦?弗获辞此难〔六〕。四体诚乃疲,庶无异患干〔七〕。盥濯息檐下,斗酒散襟颜〔八〕。遥遥沮溺心,千载乃相关〔九〕。但愿长如此,躬耕非所叹〔一〇〕。

【说明】

庚戌是晋安帝义熙六年(四一〇),当时陶渊明四十六岁,辞彭泽令归田后不久。西田,程穆衡认为即"西畴"(见《陶诗程传》),《归去来兮辞》云:"将有事于西畴。"大概在他所住的南村的西面。

这首诗是写他在收获早稻之后的喜悦心情,说明力田自给是合乎人生的大道的。作者写这首诗的这一年,卢循再次起兵反晋,在浔阳先后多次和晋朝官军发生激战,同时桓玄的余部桓谦等又在枝江一带起兵。虽然他们都被晋军打败了,但陶渊明的感觉是,无论谁成功,都会又出现一些党同伐异的现象,所以还是种地为好。"庶无异患干"正表现了他这时的痛切心情。

【注释】

〔一〕有道:有常理。固:本、原。端:始、首。这两句是说,人生总归有常道,而衣食是人类赖以生存的首要条件。

〔二〕孰:何。是:此,指衣食。营:经营。这句和下句是说何可衣食都不经营而还要想安乐呢?

〔三〕常业:日常事务,这里指农耕。岁功:一年的收成。聊:勉强。聊可观:勉强可观。这两句是说一开春就从事耕作,一年的收成勉强可观。

〔四〕肆:操作。肆微勤:微施勤劳。耒:耒耜,即农具。这两句是说早晨出去从事轻微的劳动,晚上扛着农具回来。

〔五〕饶:多。风气:气候。先寒:早寒,冷得早。

〔六〕弗:不。此难:这种艰难,指耕作。这句是说不能辞却这种艰难的劳动。

〔七〕四体:四肢。庶:幸。异患:想不到的祸患。干:犯。这两句是说身体诚然疲劳,但这样才有可能避免意外的祸患。

〔八〕盥(guàn):洗手。濯:洗。襟颜:胸襟和面颜。这两句是说劳动完了之后,在檐下洗濯休息,喝酒散心。

〔九〕沮溺:长沮、桀溺,孔子遇到的"耦而耕"的隐者。(见《论语·微子》)乃相关:乃相符合。这两句是说千年以前的隐者长沮、桀溺的心思,竟能和自己的怀抱相投合。

〔一○〕长如此:长期这样。躬耕:亲自耕作。这两句是说,但愿长期这样生活下去,并不为亲自耕作而叹息。

移　居(二首)

昔欲居南村,非为卜其宅〔一〕;闻多素心人,乐与数晨
夕〔二〕。怀此颇有年,今日从兹役〔三〕。敝庐何必广,取足
蔽床席〔四〕。邻曲时时来,抗言谈在昔〔五〕。奇文共欣赏,
疑义相与析〔六〕。

【说明】

　　关于陶渊明是从什么地方迁移到南村来的,各家说法有分歧。
据宋李公焕在他的《笺注陶渊明集》中之《戊申岁六月中遇火》诗
下注云:"按靖节旧宅居于柴桑县之柴桑里,至是属回禄之变(火
灾),越后年,徙居于南里之南村。"这可能是正确的。"戊申"是晋
安帝义熙四年(四〇八),"越后年"是义熙六年,应当就是这首诗
的写作年代,陶渊明四十六岁。

　　这首诗写他很早就想移居南村的理由,是向往那里有和自己
志趣相投的"素心人"。同时写他到南村之后,和邻里人们高谈阔
论,在辩难析理中探讨人生的哲理趣味。

【注释】

　　〔一〕南村:各家对"南村"的解释不同,丁福保认为在浔阳城(今
江西九江)下(见《陶渊明诗笺注》)。卜宅:占卜问宅之吉凶。这两句
是说从前想迁居南村,并不是因为那里的宅地好。

　　〔二〕素心人:心地朴素的人。李公焕注云:"指颜延年、殷景仁、
庞通之辈。"通,名遵,即《怨诗楚调示庞主簿邓治中》之庞主簿。数:
屡。晨夕:朝夕相见。这两句是说听说南村有很多朴素的人,自己乐

意和他们朝夕共处。

〔三〕怀此：抱着移居南村这个愿望。颇有年：已经有很多年了。兹役：这种活动，指移居。从兹役：顺从心愿。这两句是说多年来怀有移居南村的心愿，今天终于实现了。

〔四〕敝庐：破旧的房屋。何必广：何须求宽大。蔽床席：遮蔽床和席子。取足床席：能够放一张床一条席子就可取了。

〔五〕邻曲：邻居，指颜延之、殷景仁、庞通等，即所谓"素心人"。据他的《与殷晋安别》诗云："去岁家南里，薄作少时邻。"可见殷景仁当时曾是他的邻居。抗：同亢，高的意思。抗言：高谈阔论或高尚其志的言论。谈在昔：谈论古事。这两句是说邻居经常来访，来后便高谈阔论往事。

〔六〕析：剖析文义。魏晋人喜欢辩难析理，如《晋春秋》记载："谢安优游山水，以敷文析理自娱。"陶渊明也不免有这种爱好。所谓析义，主要是一种哲学理趣，与一般分析句子的含义不同。这句和上句是说共同欣赏奇文，一起剖析疑难文义的理趣。

其二

春秋多佳日，登高赋新诗〔一〕。过门更相呼，有酒斟酌之〔二〕。农务各自归，闲暇辄相思〔三〕。相思则披衣，言笑无厌时〔四〕。此理将不胜？无为忽去兹〔五〕。衣食当须纪〔六〕，力耕不吾欺。

【说明】

这首诗写移居南村后，农闲时和邻人相招饮酒，谈笑不知疲倦的情景。同时表现了他对这种生活情趣的无限爱悦和留恋。

【注释】

〔一〕这两句是说春秋多晴朗天气,恰好登高赋诗。

〔二〕斟:盛酒于勺。酌:盛酒于觞。斟酌:倒酒而饮,劝人饮酒的意思。这句和上句是说邻人间互相招呼饮酒。

〔三〕农务:农活儿。相思:互相怀念。这两句是说有农活儿时各自回去耕作,有余暇时便彼此想念。

〔四〕披衣:披上衣服,指去找人谈心。

〔五〕此理:指与邻里过从畅谈欢饮之乐。将:岂。将不胜:岂不美。兹:这些,指上句"此理"。这两句是说,这种邻里之间过从之乐岂不比什么都美?不要忽然抛弃这种做法。

〔六〕纪:经营。这句和下句语意一转,认为与友人谈心固然好,但必须经营衣食,只有努力耕作才能供给衣食,力耕不会欺骗我们。

和刘柴桑

山泽久见招,胡事乃踌躇〔一〕?直为亲旧故,未忍言索居〔二〕。良辰入奇怀,挈杖还西庐〔三〕。荒涂无归人,时时见废墟〔四〕;茅茨已就治,新畴复应畲〔五〕。谷风转凄薄,春醪解饥劬〔六〕;弱女虽非男〔七〕,慰情良胜无。栖栖世中事,岁月共相疏〔八〕;耕织称其用,过此奚所须〔九〕。去去百年外,身名同翳如〔一〇〕。

【说明】

刘柴桑即刘遗民,字仲思,入宋后不仕,所以人称之为遗民,曾作过柴桑令。萧统《陶渊明传》云:"时周续之入庐山,事释慧远,彭城刘遗民亦遁迹庐山,渊明又不应征命,谓之浔阳三隐。"慧远卒于义熙十二年,庐山白莲社结于义熙十年,刘遗民是白莲社十八贤之一,他和陶渊明的酬答诗,当在慧远结社期中。这首诗应作于吾安帝义熙十年(四一四),陶渊明五十岁。

陶渊明有《和刘柴桑》、《酬刘柴桑》诗二首。这一首虽说是"和刘柴桑",但通篇是自叙,写自己归田之后,耕织自足,饮酒慰怀,与世事日渐疏远,不愿参加白莲社。末两句表现了他颓废消极的思想。

【注释】

〔一〕久见招:久被山泽所招。可能刘遗民在赠他的诗中曾招他隐居庐山。胡事:为什么?这两句是说刘遗民很早就招唤我归隐庐山,我为什么踌躇不前呢?

〔二〕直为:只为、但为。亲旧:亲属朋友。索居:独居,这里指归隐。这两句是说只因为舍不得亲友,所以不肯隐居庐山。

〔三〕良辰:好天气。奇怀:美怀、高怀。良辰入奇怀:即"怀良辰以孤往"(《归去来兮辞》)的意思。挈杖:持杖。西庐:即《移居》诗中之南村。这两句是说自己盼望个好天气,拿着手杖回到西庐。

〔四〕荒涂:被野草埋没了的道路。废墟:被毁坏了的住处。这两句写战乱后农村荒芜的景况。

〔五〕茅茨:以茅草盖房屋。治:理。新畴:新田。畬(yú 余):第三年理新田叫畬。陶渊明徙居南村之后,已经两年丰收了,今年再收获一次,又应当理新田了。这两句是说茅屋已经修缮好了,又应当去治理新田。

〔六〕谷风:东风。凄薄:寒凉。春醪(láo):春酒。劬(qú 渠):劳苦。这两句是说东风寒凉,可以用春酒解乏。

〔七〕弱女:用来比喻薄酒。这句和下句是说这种酒虽然不是美酿,用它解饥乏则胜于无。

〔八〕栖栖:不安的样子。共相疏:我与世事互相遗弃。这两句是说随着岁月的推移,世事与我相疏,我也与世事相疏。

〔九〕称其用:和自己食用相当,即够用。过此:越过自己的食用。奚所须:还要它做什么? 这两句是说能耕织自足就行了,此外就无所求了。

〔一〇〕百年:犹一生。翳:泯灭不存。如:虚词,无义。这两句是说百年之后,身与名一齐泯灭,何况其他身外之物乎!

杂　诗(选四首)

人生无根蒂,飘如陌上尘〔一〕。分散逐风转,此已非常身〔二〕。落地为兄弟〔三〕,何必骨肉亲? 得欢当作乐,斗酒聚比邻〔四〕。盛年不重来〔五〕,一日难再晨。及时当勉励〔六〕,岁月不待人。

【说明】

《杂诗》共十二首,其第六首云:“奈何五十年,忽已亲此事。”可知是他五十岁,即晋安帝义熙十年(四一四)所作。当然十二首未必作于同时,但大部分应作于这时的前后,因为那种“求我盛年欢,一毫无复意”的情绪在《杂诗》大多数篇章中都有,显然是同一时期的思想心情。这里选四首,这是原诗的第一首。

这首诗表现了作者人生无常应及时行乐的思想。其中提出了人与人之间的关系要和睦相亲,得欢作乐,斗酒相聚的生活愿望,这是他对当时社会中尔虞我诈、追名逐利的恶劣风习十分厌倦的情绪的反映。

【注释】

〔一〕蒂(dì帝)：蒂的异体字，瓜当、果鼻、花与枝茎相连处都叫蒂。陌：东西的路，这里泛指路。这两句是说人生在世没有根蒂，飘泊如路上的尘土。

〔二〕此：指此身。非常身：不是经久不变的身，即不再是盛年壮年之身。这句和上句是说生命随风飘转，此身历尽了艰难，已经不是原来的样子了。

〔三〕落地：刚生下来。这句和下句是说，何必亲生的同胞弟兄才能相亲呢？意思是世人都应当视同兄弟。

〔四〕斗：酒器。比邻：近邻。这句和上句是说遇到高兴的事就应当作乐，有酒就要邀请近邻共饮。

〔五〕盛年：壮年。

〔六〕及时：趁盛年之时。这句和下句是说应当趁年富力强之时勉励自己，光阴流逝，并不等待人。

其二

白日沦西阿〔一〕，素月出东岭〔二〕。遥遥万里辉，荡荡空中景〔三〕。风来入房户〔四〕，夜中枕席冷。气变悟时易，不眠知夕永〔五〕。欲言无予和〔六〕，挥杯劝孤影。日月掷人去，有志不获骋〔七〕。念此怀悲凄，终晓不能静〔八〕。

【说明】

这一首是原诗的第二首，写他因季节的变更，引起光阴已逝、壮志未酬的悲哀。在月光之下，秋风之中，自己的处境极其孤独冷漠。

【注释】

〔一〕沦：沈。阿：山岭。西阿：西山。

〔二〕素月：白月。

〔三〕万里辉：指月光。荡荡：广阔的样子。景：同影，指月轮。这两句是说万里光辉，高空清影。

〔四〕房户：房门。这句和下句是说风吹入户，枕席生凉。

〔五〕时易：季节变化。夕永：夜长。这两句是说气候变化了，因此领悟到季节也变了，睡不着觉，才了解到夜是如此之长。

〔六〕无予和：没有人和我对答。这句和下句是说想倾吐隐衷，却无人和我谈论，只能举杯对着只身孤影饮酒。

〔七〕日月：光阴。骋：伸、展。这两句是说光阴弃人而去，我虽有志向，却得不到申展。

〔八〕此：指有志不得申展这件事。终晓：彻夜，直到天明。这两句是说想起这件事满怀悲凄，心里通宵不能平静。

其三

忆我少壮时，无乐自欣豫〔一〕。猛志逸四海，骞翮思远翥〔二〕。荏苒岁月颓，此心稍已去〔三〕。值欢无复娱，每每多忧虑〔四〕。气力渐衰损，转觉日不如〔五〕，壑舟无须臾〔六〕，引我不得住。前涂当几许，未知止泊处〔七〕。古人惜寸阴〔八〕，念此使人惧。

【说明】

　　这一首是原诗的第五首,是回忆他少壮时的雄心壮志,慨叹目前的日渐衰老,写出了少壮时和年老后的两种绝然不同的心境。他感慨余生无几,前途渺茫,但对壮志未酬是不甘心的:"古人惜寸阴,念此使人惧。"表现了要努力奋发的精神。

【注释】

　　〔一〕欣豫:欢乐。这句是说没有快乐的事,心情也是欢快的。

　　〔二〕猛志:壮志。逸:超越。四海:犹天下。骞:飞举的样子。翮:羽翼。骞翮:振翅高飞。翥(zhù):飞翔。这两句是说有超越四海的壮志,期望展翅高飞。

　　〔三〕荏苒:逐渐地。颓:逝。此心:指志四海、思远翥。这两句是说随着年岁的衰老,这种少壮时的豪气已经逐渐消逝了。

　　〔四〕值欢:遇到欢乐的事。无复娱:也不再欢乐。每每:常常。这两句写出老年的心境与少壮时"无乐自欣豫"不同。

　　〔五〕衰损:衰退。日不如:一日不如一日。

　　〔六〕壑:山沟。壑舟:《庄子·大宗师》云:"夫藏舟于壑,藏山于泽,谓之固矣。然而夜半有力者负之而走。"这里借喻自然运转变化的道理。须臾:片刻。这句和下句是说自然运转变化像《庄子》中的"壑舟"一样,即使想办法要留住它,也片刻留不住,使自己逐渐衰老下去。

　　〔七〕前涂:犹前途,这里指未来的时光。几许:几多、多少。止泊处:船停泊的地方,这里指人生的归宿。这两句是说不知我未来还有多少时光,也不知何处是我的归宿。

　　〔八〕惜寸阴:珍惜每一寸光阴。这句和下句是说古人珍惜每一寸光阴,想到自己一生虚度了大半岁月的可怕。

其四

代耕本非望,所业在田桑〔一〕。躬亲未曾替,寒馁常糟
糠〔二〕。岂期过满腹,但愿饱粳粮〔三〕。御冬足大布,粗絺
已应阳〔四〕。正尔不能得〔五〕,哀哉亦可伤! 人皆尽获宜,
拙生失其方〔六〕。理也可奈何,且为陶一觞〔七〕!

【说明】

　　这一首是原诗的第八首,写他努力耕作,但连最低的生活也无
法维持的愤慨和不平。那些善于投机取巧的人都得所宜,而自
己耕作不辍,反而受冻挨饿,从而对不合理的社会现实发出质问。

【注释】

　　〔一〕代耕:做官所得的俸禄。本非望:原不是我希望的。田桑:
指从事耕织。这两句是说做官食禄不是我的愿望,我所从事的是耕田
和织布。

　　〔二〕躬亲:亲自耕作。替:废。糟糠:酒糟和谷皮。这两句是说
耕作从来未曾停止过,还经常受冻挨饿。

　　〔三〕满腹:《庄子·逍遥游》云:"偃鼠饮河,不过满腹。"粳:粳
稻。这两句是说哪里期望吃什么好饭? 有粳米充饥就行了。

　　〔四〕大布:粗布。絺(chī):葛布。阳:温暖。应阳:适应温暖的
气候。这两句是说冬天有粗布足以御寒,夏天有葛布穿就行了。

　　〔五〕正尔:即此。这句和下句是说即便这些还不能得到,令人多
么悲伤。

　　〔六〕尽获宜:都得其所。拙:自称的谦词。方:途径。失其方:谋

生无方。这两句是说别人都各得其所,我却谋生无路。

〔七〕理:指人皆获宜、拙失其方的现象。可奈何:怎奈何。陶:乐。陶一觞:喝一杯。这两句是说对这种不合理的社会现实是无可奈何的,且痛快地喝一杯吧!

桃花源诗　并记

　　晋太元中〔一〕,武陵人捕鱼为业〔二〕。缘溪行〔三〕,忘路之远近。忽逢桃花林,夹岸数百步,中无杂树〔四〕,芳草鲜美〔五〕,落英缤纷〔六〕。渔人甚异之。复前行,欲穷其林〔七〕。林尽水源〔八〕,便得一山。山有小口,髣髴若有光〔九〕,便舍船从口入。初极狭,才通人〔一〇〕。复行数十步,豁然开朗。土地平旷,屋舍俨然〔一一〕,有良田美池桑竹之属。阡陌交通,鸡犬相闻〔一二〕。其中往来种作〔一三〕,男女衣著,悉如外人〔一四〕;黄发垂髫〔一五〕,并怡然自乐。见渔人,乃大惊,问所从来,具答之。便要还家〔一六〕,设酒杀鸡作食。村中闻有此人〔一七〕,咸来问讯〔一八〕。自云先世避秦时乱,率妻子邑人来此绝境〔一九〕,不复出焉,遂与外人间隔。问今是何世,乃不知有汉,无论魏、晋〔二〇〕。此人一一为具言所闻〔二一〕,皆叹惋〔二二〕。余人各复延至其家〔二三〕,皆出酒食。停数日,辞去。此中人语云〔二四〕:"不足为外人道也〔二五〕。"既出,得其船,便扶向路〔二六〕,处处志之〔二七〕。及郡下,诣太守说如此〔二八〕。太守即遣人随其往,寻向所志〔二九〕,遂迷,不复得路。南阳刘子骥〔三〇〕,高尚士也,闻之,欣然规往〔三一〕。未果,寻病终〔三二〕。后遂无问津者〔三三〕。

嬴氏乱天纪〔三四〕,贤者避其世〔三五〕。黄绮之商山,伊人亦云逝[三六]。往迹浸复湮,来迳遂芜废[三七]。相命肆农耕,日入从所憩[三八]。桑竹垂余荫,菽稷随时艺[三九]。春蚕收长丝,秋熟靡王税[四〇]。荒路暖交通[四一],鸡犬互鸣吠。俎豆犹古法[四二],衣裳无新制[四三]。童孺纵行歌[四四],斑白欢游诣[四五]。草荣识节和,木衰知风厉。虽无纪历志[四六],四时自成岁[四七]。怡然有余乐,于何劳智慧[四八]。奇踪隐五百[四九],一朝敞神界[五〇]。淳薄既异源[五一],旋复还幽蔽[五二]。借问游方士,焉测尘嚣外[五三]。愿言蹑轻风[五四],高举寻吾契[五五]。

【说明】

　　《桃花源诗并记》的写作,据陈寅恪《桃花源旁证》的考证,是有现实生活作根据的。其一,是根据羊长史(羊松龄)入秦(关中)贺刘裕收复长安,听说戴延之随刘裕入关时,著《西征记》,记载北方人民于西晋末为了逃避异族统治者的压迫,便寻找一些平旷而与外界隔绝的地方居住。陶渊明与羊长史友善,大概是他从羊长史那里得知戴延之从刘裕入关中途中之所见闻。其二,是根据刘骥之入衡山采药失路的事,这是晋时极流传的故事。刘骥之即《桃花源记》中的刘子骥。陶渊明大概就是综合这两类生活素材创作成《桃花源诗并记》的。刘裕收复长安在晋安帝义熙十三年(四一七),同年羊长史入关贺捷,诗人有《赠羊长史》诗。那末这篇诗和记可能就是这一年写的,当时陶渊明五十三岁。

　　《桃花源诗并记》都是描绘作者所幻想的乌托邦社会。《诗》的语言质朴,比较详细地记叙了桃花源社会制度的情况。《记》用散文的形式,曲折新奇的情节,描绘出一个古朴社会风俗的画面。

《诗》是从桃花源的历史来写,《记》是从渔人眼中所见来写,互相照应,才把这个完整的乌托邦社会展现出来。这个社会的主要特点就是没有剥削,所谓"秋熟靡王税",从而也就没有压迫。人人劳动,自耕自食。北宋的政治改革家王安石在其《桃源行》中指出这个社会"虽有父子无君臣",是很中肯的。这种理想虽然承袭了老子"小国寡民"的社会理想的影子,但更重要的是在现实斗争中产生的。"问今是何世,乃不知有汉,无论魏晋。"就说明陶渊明是经过几度政变之后,受到政治刺激,才逃避到这个乌托邦的境界里来了。这是陶渊明政治思想的结晶。它反映了封建社会小私有者农民反对剥削,反对兼并,反对专制的思想要求,是对当时战乱、污浊、残酷的社会现实的否定。但是这种政治理想有浓厚的复古色彩,不是从社会发展的趋势看问题,因此就削弱了它的进步意义。

【注释】

〔一〕太元:晋孝武帝的年号,共二十四年(三七三——三九六)。

〔二〕武陵:古郡名,晋时武陵郡治在今天湖南常德县西。后世附会说即桃源县境内之某山某溪,都不可信。

〔三〕缘:循从、沿着。

〔四〕这句是说其中没有别的树木,全是桃树。

〔五〕芳草:据《艺文类聚》《初学记》引文作芳华,即香花。

〔六〕英:犹花。缤纷:繁盛的样子。

〔七〕穷:尽。

〔八〕这句是说桃花林的尽处,即溪水的源头。

〔九〕髣髴:同仿佛。

〔一〇〕才:仅仅的。

〔一一〕俨然:端正的样子,这里引申为整齐的意思。

〔一二〕阡陌:田间小道,南北为阡,东西为陌。这句和下句是说田间有小道交通,村落间能互相听到鸡犬的叫声。

〔一三〕种作:耕种和操作。

〔一四〕衣著:衣服。

〔一五〕黄发:指老人,人年老,头发由黑变白再变黄。垂髫(tiáo条):指儿童,小儿垂短发。

〔一六〕要(yāo):邀、约请。

〔一七〕此人:指渔人。

〔一八〕咸:都。问讯:是同义并列复合词。《说文》:"问,讯也。""讯,问也。"两词可互训。"问讯"有两义,一指礼节性问候,如《搜神记·蒋山祠》"相问讯既毕,逻将适还去。"一指询问,《桃花源记》之例即是。又如《高僧传·康僧会》:"采女先有奉法者,因问讯云:'陛下就佛寺中求福不?'""问讯"又可倒作"讯问",义同。此是"讯"即问,而不能作消息之有力旁证。如《晋书·纪瞻传》:"瞻觉其诈,便破槛出之,讯问使者,果伏诈妄。"这句是说桃花源中的人都来打听外界的消息。

〔一九〕邑人:一个地区的人。绝境:与世隔绝之境。

〔二〇〕这三句是说,桃花源中人问渔人现在是什么朝代,他们连汉朝都不知道,更谈不上魏晋了。

〔二一〕具言所闻:一件一件地讲论所知道的世间情形。

〔二二〕叹惋:叹息惊讶。

〔二三〕延:引而进之,约请。

〔二四〕此中人:指桃花源中的人。

〔二五〕不足:不值得。

〔二六〕扶:循、沿着。曹植《仙人篇》:"玉树扶道生,白虎夹门枢。"向路:旧路,指来时走的路。

〔二七〕志:作标记。

〔二八〕郡:指武陵郡。诣:往、至。太守:旧题陶渊明撰的《搜神后记》,记载这个太守名刘歆。这两句是说渔人回到武陵郡治,去拜见太守,诉说经历。

〔二九〕这句是说寻找原来所作的标记。

〔三〇〕刘子骥:名骥之,南阳(今河南南阳)人,晋太元间隐士,好游山泽。见《晋书·隐逸传》。

〔三一〕规:谋划。规往:计划着去。

〔三二〕寻:不久。

〔三三〕津:水路渡口。问津:用《论语·微子》孔子使子路向长沮、桀溺问津的事。这里是访求的意思。这句是说以后就没有访求桃花源的人了。

〔三四〕嬴氏:秦始皇嬴姓。天纪:原指日月星辰运行的规律。这里指天下的秩序。乱天纪:即悖天时。这句是说秦始皇暴虐,扰乱了天下的秩序。

〔三五〕贤者避世:用《论语·宪问》的原话,这里指下文的黄、绮。

〔三六〕黄绮:夏黄公和绮里季。他们和东园公、甪里先生,为避秦乱,共隐于商山。汉惠帝为之立碑,称为"四皓"(见《高士传》)。商山:在今陕西商县东南。伊人:此人,指桃花源中人。云:虚词,无义。逝:逃隐。这两句是说黄、绮里等四个贤人避秦隐入商山之时,桃花源中的人也离开了这个社会。

〔三七〕往迹:初离乱世往桃花源的踪迹。浸:消蚀。湮:湮没。来迳:来桃花源的路。芜废:荒芜。这两句是说桃花源中人的踪迹模糊湮没了,来桃花源的路也荒芜了。

〔三八〕相命:相互呼唤。肆:致力。从所憩:任便休息。这两句是说相互勉励,尽力耕作,日落便各自休息。

〔三九〕菽:豆类。稷:高粱。这里用菽、稷代五谷。艺:种植。随时艺:按季节种植。

〔四○〕靡:没有。王税:官府所征的赋税。这两句是说春天经营蚕桑可以收得茧丝,秋天庄稼成熟后不要向官家缴税。

〔四一〕这句是说草木掩蔽了荒路,有碍交通。

〔四二〕俎豆:古代祭祀时盛食品的祭器。古法:古时的礼法。

〔四三〕新制:新的样式。

〔四四〕童孺:儿童。纵:任情。行歌:边走边唱。

〔四五〕斑白:头发花白的老人。欢游诣:高兴得到处游玩。

〔四六〕纪历:岁历。志:记。纪历志:岁时的记载。

〔四七〕四时:四季。自成岁:自成一年。

〔四八〕怡然:喜悦的样子。这句和下句是说这种生活很快乐,哪里用得到智巧呢?

〔四九〕奇踪:指桃花源中人的奇特踪迹。隐五百:隐藏了五百年。从秦始皇到晋太元中共五百八十余年,这里举成数。

〔五○〕敞:开放。神界:神仙世界。这句是说一旦显示了这神仙似的境界。

〔五一〕淳:淳厚,指桃花源中的风俗。薄:浇薄,指当时的世俗。异源:本源不同。

〔五二〕旋复:立刻又。幽蔽:深深地隐蔽起来。

〔五三〕游方士:游于方内之士,即世俗中人。尘嚣:尘世。这两句是说世俗中的人无法测知世外桃源中的事情。

〔五四〕顾言:愿意。言:虚词。蹑:踏、蹈。蹑轻风:乘轻风。

〔五五〕高举:向高处追攀。契:合。寻吾契:寻找和我志趣相投的人。即指桃花源中的人和“商山四皓”那样的隐士。

赠羊长史　并序

左军羊长史〔一〕，衔使秦川〔二〕，作此与之〔三〕。

愚生三季后，慨然念黄虞〔四〕。得知千载外，正赖古人书〔五〕。圣贤留余迹，事事在中都〔六〕，岂忘游心目，关河不可逾〔七〕。九域甫已一，逝将理舟舆〔八〕；闻君当先迈，负痾不获俱〔九〕。路若经商山，为我小踟蹰〔一〇〕；多谢绮与甪，精爽今何如〔一一〕？紫芝谁复采，深谷久应芜〔一二〕。驷马无贳患，贫贱有交娱〔一三〕。清谣结心曲，人乖运见疏〔一四〕。拥怀累代下，言尽意不舒〔一五〕。

【说明】

羊长史（长史，官名），宋刊巾箱本在其下注有"松龄"二字，是羊长史名松龄。晋安帝义熙十三年（四一七），刘裕率军北伐后秦姚泓，攻破长安，进驻关中。左将军朱龄石派长史羊松龄赴关中称贺。陶渊明写了这首诗送他。这一年陶渊明五十三岁。

这首诗主要表现了陶渊明对刘裕收复关中，天下即将统一的兴奋心情，同时也表现了他对刘裕这种行动抱有怀疑和旁观的态度。中原地区的恢复，使他产生了实现古代圣君贤相休明政治的幻想，同时汉魏、晋宋易代之间知识阶层所受的摧残与杀戮，使他也心有余悸。所谓"言尽意不舒"，正表现了这种痛苦难言的隐衷。

【注释】

〔一〕左军:指左将军朱龄石。

〔二〕衔使:奉命出使。秦川:陕西关中地区。

〔三〕作此:写这首诗。

〔四〕愚:作者自称,谦词。三季:三代,指夏、商、周。黄虞:黄帝、虞舜,指上古时代。这两句是说自己生在三代之后,却向往黄虞时代的休明之治。

〔五〕千载外:千年以前。指历史上所谓禅让时代,即唐虞之世。这两句是说依赖古书的记载才知道上古的政治情况。

〔六〕圣贤:指三代以前的圣君贤相。中都:古人以黄河流域为中原,在这里建都,都叫中都。如尧都平阳,舜都蒲坂,禹都安邑,汤都亳,西周都镐,东周都洛邑等,都在黄河流域。作者举此,在于说明东晋都建业,只是偏安割据的局面。这两句是说圣贤的遗迹遍及中原古都。

〔七〕游心目:心涉想目远望。关河:山河。这两句是说北望中原,不能忘怀,但却去不了。

〔八〕九域:九州,即天下。甫已一:开始统一。义熙十三年七月,刘裕灭后秦,送姚泓至京师,斩于市,天下渐趋统一。逝:语助词,无义。理:治。舆:车。理舟舆:治备船和车要到中原去。

〔九〕先迈:先行。痾(kē):病。负痾:抱病。不获俱:不能同行。这两句是说听说你要先去,我因患病不能同行。

〔一○〕商山:在今陕西省商县东南,是刘裕入秦必经之地。踌躇:徘徊、停留。

〔一一〕多谢:多问。绮与角:绮里季与角里先生。皇甫谧《高士传》记载,秦末有东园公、绮里季、夏黄公、角里先生四人,避秦之乱而隐于商洛深山之中,汉惠帝给他们立碑,称为"四皓"。这里以绮里季和角里先生代指"四皓"。精爽：神如有灵。这两句是说多问问商山四皓，他们的神如有灵今天应怎样？作者自己有归隐之意。

〔一二〕紫芝：即灵芝。芜：荒芜。这两句是说紫芝无人再采，深谷也应久已荒芜。

〔一三〕驷马：富贵人的车乘。贳(shì)：远。无贳患：不能避患。交娱：欢娱。《高士传》记载四皓作歌有云"驷马高盖，其忧甚大。富贵之畏人兮，不如贫贱之肆志。"这两句即化用这个意思，是说富贵必有忧患，不如贫贱快乐。

〔一四〕清谣：指"四皓歌"。心曲：心窝里、心坎上。人乖：人生背时。见疏：被时代遗弃。这两句是说四皓歌在自己心中产生共鸣，慨叹时运不济竟被遗弃了。

〔一五〕拥怀：有感。累代：应前三季、黄虞、千载而言。舒：展。这两句是说生于千载以后的自己无限感怀，言虽易尽而意却难于表达清楚。

怨诗楚调示庞主簿邓治中

天道幽且远，鬼神茫昧然〔一〕。结发念善事，僶俛六九年〔二〕。弱冠逢世阻，始室丧其偏〔三〕。炎火屡焚如，螟蜮恣中田〔四〕；风雨纵横至，收敛不盈廛〔五〕。夏日抱长饥，寒夜无被眠〔六〕；造夕思鸡鸣，及晨愿乌迁〔七〕。在己何怨天，离忧凄目前〔八〕。吁嗟身后名〔九〕，于我若浮烟。慷慨独悲歌，锺期信为贤〔一○〕。

【说明】

怨诗楚调，据《唐书·音乐志》记载："汉世三调，有楚调，房中乐也。"汉乐府《楚调曲》有《怨诗行》。这里是仿照那种体裁写的。庞主簿,宋刊巾箱本"簿"下注遵字,可见即庞遵,字通之,是陶渊明的亲密朋友。(见《宋书·裴松之传》和《晋书·隐逸传》)主簿是官名,主管文件、簿书。古代各级政府中都设此官,这里似指郡县中的主簿。邓治中,名字不详,也应是陶渊明的亲密朋友。治中是官名,郡州佐吏,主管众曹文书。诗中说"偈俛六九年",六九即五十四,盖慨叹一生的艰难境遇。五十四岁是晋安帝义熙十四年(四一八),作了这首诗。

　　这首诗是对他以前生活的总结。他历叙平生的困苦遭遇,从切身的体验中认识到天道、鬼神之不可信,而一切都在人事。最后是渴望庞、邓能成为自己贫苦中的知音。诗中的描写全是纪实,毫无夸饰。

【注释】

　　〔一〕天道:即所谓"天命"。幽:深。茫昧:渺茫不可知。这两句是说天道幽远不可探究,鬼神也不可信。

　　〔二〕结发:束发。古人二十岁行冠礼,开始束发,这里指二十岁。善:一本作兹,可从。兹事:指天道、鬼神之事。偈俛:同黾勉,即努力。这两句是说自己年青时未尝不信天道鬼神,并努力实践到五十四岁,但终于认识到它的幽远和茫昧。

　　〔三〕弱冠:古人二十岁加冠,体犹未壮,所以称"弱冠"。世阻:世道艰险。陶渊明二十岁是晋武帝太元九年(三八四),这前一年秦兵以九十七万之众侵晋,爆发了有名的淝水之战。同时这几年江西一带又有水灾旱灾发生(见《晋书·五行志》)。即所谓"逢世阻"。始室:始婚,元配。古人三十而娶。这里指三十岁。偏:犹配偶。丧其偏:寡、鳏都是偏丧,这里指丧妻。陶渊明曾两次娶妻。元配死后,又续娶翟氏。他在《与子俨等疏》中说:"汝等虽不同生",可证。这两句是说自己二十岁时遭遇战乱灾荒,三十岁那年又死了妻子。

〔四〕焚如:火灾,如是语尾。螟蜮(yù):两种吃庄稼的害虫。蜮为螣(tè)的代字。吃心的叫螟,吃叶的叫螣。郝懿行《尔雅义疏》认为即"今登、莱人呼为绵虫"。恣:放肆。中田:即田中。这两句是说火灾屡次发生,害虫任情地侵害田里的庄稼。

〔五〕收敛:指农业收获。廛:据说古人一户人家可分得一廛地,即二亩半,作为建造住宅所用。一廛即一家。这句是说收的粮食维持不了一家人的生活。

〔六〕这两句是说夏天经常地挨饿,冬天夜里没有被子盖。

〔七〕造:至。造夕:到晚上。乌:指日。古代神话传说,日中有三足乌。乌迁:指日落。这两句是说因为寒夜无被,所以盼望天亮,因为夏日长饥,所以盼望天黑。

〔八〕在己:指生活困难全在自己。离忧:遭遇忧愁。目前:指今生。这两句是说饥寒的原因尽在自己,何必怨天! 今生的遭际令人悲凄。

〔九〕吁嗟:感叹词。身后名:死后的名声。这句和下句是说身后的名声,在自己看来不过象浮云一样轻淡。

〔一〇〕锺期:即锺子期。俞伯牙弹琴,锺子期知音。子期死后,伯牙不再弹琴(见《韩诗外传》)。信:诚然。作者是以伯牙自比,以子期期望于庞、邓。这句和上句是说自己慷慨悲歌,知音者其在庞、邓乎! 是渴求知己之意。

咏贫士

万族各有托,孤云独无依〔一〕;暧暧空中灭〔二〕,何时见余晖。朝霞开宿雾,众鸟相与飞〔三〕,迟迟出林翮〔四〕,未夕复来归。量力守故辙〔五〕,岂不寒与饥?知音苟不存,已矣何所悲〔六〕。

【说明】

　　《咏贫士》共七首,都是以写古代贤人安于贫贱的事,抒发自己不慕荣利的心境。第一首云:"朝霞开宿雾,众鸟相与飞。"人们都认为是暗喻改换朝代后群臣趋附的景象。按宋武帝于晋恭帝元熙二年六月即位,改年号为永初。那么这七首诗当作于宋武帝永初元年(四二〇),陶渊明五十六岁。

　　这一首是原诗的第一首,咏贫士,也是诗人自咏。作者以孤云比喻贫士的高洁孤独,以飞鸟早归比喻贫士的落落不得意。最后以世无知音而表现出无限的悲伤和愤慨!

【注释】

　　〔一〕万族:犹万类。托:依附。孤云:以喻贫士。这两句是说自然万类各有所依附,只有孤云一片无依无凭。

　　〔二〕暧暧:昏昧的样子。这句和下句是说孤云在空中暗然消逝,什么时候能看见它的光辉?

　　〔三〕宿雾:夜雾。朝霞开宿雾:喻朝廷更迭。众鸟相与飞:喻众人趋附。这两句是说朝霞驱散夜雾,众鸟相与而飞。

　　〔四〕翮:鸟羽的茎,这里指鸟,以喻贫士。这句和下句是说唯有这只鸟迟迟地飞出树林,天还没有黑又飞回来了。

　　〔五〕故辙:旧道,指安于贫贱之道。这句和下句是说衡量一下自己的能力只能守贫贱故道,难道不知要忍饥受寒?

　　〔六〕苟:且。已矣:犹算了吧!这两句是说但世上没有知音,算了吧,还悲伤干什么?

咏荆轲

燕丹善养士,志在报强嬴[一]。招集百夫良,岁暮得荆卿[二]。君子死知己,提剑出燕京[三]。素骥鸣广陌,慷慨送我行[四]。雄发指危冠,猛气充长缨[五]。饮饯易水上,四座列群英[六]。渐离击悲筑,宋意唱高声[七]。萧萧哀风逝,淡淡寒波生[八]。商音更流涕,羽奏壮士惊[九]。心知去不归,且有后世名[一〇]。登车何时顾,飞盖入秦庭[一一]。凌厉越万里,逶迤过千城[一二]。图穷事自至,豪主正怔营[一三]。惜哉剑术疏,奇功遂不成[一四]。其人虽已没,千载有余情[一五]!

【说明】

这首诗和《咏二疏》《咏三良》都是咏史诗,内容相近,以咏史述怀,因此应是同时期的作品。《咏三良》是悼念张祎不忍心向零陵王(晋恭帝)进毒酒,而自己饮毒酒自杀的事。这件事发生在宋武帝永初二年(四二一),那末这首诗也可能是此时所写。这一年陶渊明五十七岁。荆轲是战国末年的刺客,为了报答燕太子丹的知己之情,到秦国去刺秦始皇,行刺不中,被杀。这首诗是歌颂荆轲那种英勇报仇精神的。陶渊明对秦始皇十分憎恶,他在《桃花源》诗中即指斥"嬴氏乱天纪",而他自己又经常以避秦的四皓自居。相反他对荆轲从少年时起就很喜爱,到晚年就更缅想和赞叹了。他为晋之灭亡而惋惜,因此希望有荆轲这样刺客出现。当然,他并非要刺杀刘裕,但是他对荆轲的咏叹在当时应该是有针对性的,所以诗中特别突出了荆轲那种慷慨激昂誓死报仇的精神。"其人虽已没,千载有余情!"是赞叹荆轲的精神不死,更重要的是抒发自己的思想意向。

【注释】

〔一〕燕丹:燕太子名丹。士:指春秋战国那些诸侯的门客。嬴:秦王姓嬴氏。强嬴:指秦国。这两句是说燕太子丹喜欢供养门客,用意在向秦王报仇。

〔二〕百夫良:能抵抗百人的良士,另一种说法认为是百人之中最雄俊者。岁暮:晚年,或年深日久。荆卿:即荆轲,卿是尊称。这两句是说燕太子丹招募勇士,年深日久得到了荆轲。

〔三〕君子:指荆轲。死知己:为知己者而死。燕京:燕国的都城。这两句是说荆轲抱着士为知己者死的精神,手持宝剑离开燕京去为燕太子丹报仇。

〔四〕素骥:白马。广陌:大道。我:荆轲自称。这两句是说白马在大道上长啸,燕太子丹等人慷慨送行。

〔五〕危冠:高冠。长缨:系冠的丝带。这两句是说荆轲怒发冲冠、猛气动缨。

〔六〕饮饯:饮酒送别。易水:源出河北易县西,东流至定兴县西南入拒马河。四座:周围座位。这两句是说在易水上饮酒送别,周围坐的都是英豪。

〔七〕渐离:高渐离。筑:古乐器名,象筝,十三弦,颈细而曲,用竹敲打。宋意:燕国勇士。这两句是说高渐离击筑,宋意高歌。

〔八〕萧萧:风声。淡淡:同澹澹,水动摇的样子。荆轲出发时歌曰:"风萧萧兮易水寒"。这两句是说悲风萧萧,寒波澹澹。

　　〔九〕商、羽：都是音调名。古代乐调分宫、商、角、徵、羽五音，商音凄凉，羽音慷慨。这两句是说筑奏商调人们都为之流涕，奏羽调人们则慷慨震惊。

　　〔一〇〕这两句是说心中知道此去必死，但可传名于后世。

　　〔一一〕盖：车盖。飞盖：车奔驰如飞。秦庭：秦的朝廷。这句和上句是说荆轲登车飞驰去秦，连头也没回。

　　〔一二〕凌厉：奋勇直前的样子。逶迤：迂曲长远的样子。这两句是说奋勇直前飞越万里路程，迂回曲折经过上千座城镇。

　　〔一三〕图：指荆轲所献燕国督亢地图。穷：尽。事：指行刺之事。豪主：指秦始皇。怔营：惶惧。这两句是说地图舒展到尽头，行刺的事自然发生了，秦始皇当时非常惊恐。

　　〔一四〕剑术疏：剑术不精。奇功：指刺杀秦始皇的事。这两句是转述鲁勾践的话，惋惜荆轲剑术不精，以致大功未成。

　　〔一五〕其人：指荆轲。余情：生气。这两句是说荆轲虽然死了，但他的精神却流传千古。

拟　古（选五首）

荣荣窗下兰，密密堂前柳〔一〕。初与君别时〔二〕，不谓行当久。出门万里客，中道逢嘉友〔三〕。未言心先醉〔四〕，不在接杯酒。兰枯柳亦衰，遂令此言负〔五〕。多谢诸少年〔六〕，相知不忠厚；意气倾人命，离隔复何有〔七〕？

【说明】

　　拟古，是摹拟古诗之意。陶渊明《拟古》诗共九首，内容大都是悼国伤时，追慕节义。第九首云："种桑长江边，三年望当采。枝条始欲茂,忽值山河改。"这是以桑喻晋朝之灭亡。按刘裕在义熙十四年(四一八)十二月,杀晋安帝于东堂,而立恭帝。到恭帝元熙二年(四二○)六月,刘裕又逼恭帝禅让而自己即位。恭帝前后共历三年,晋朝遂亡。这九首诗当作于晋亡的第二年,即宋武帝永初二年(四二一),陶渊明五十七岁。这里选五首,此是原诗的第一首。

　　这首诗表现了对旅游异乡而负约的人的怨恨。这个人在初别时,并未说要去很久,但出门之后便忘了旧交,另结好友。借此作者也曲折地反映了对当时那些轻举妄动、不守信义的人的不满。

【注释】

　　〔一〕荣荣:繁盛的样子。窗下兰、堂前柳:都是写分别时庭前的景物。

　　〔二〕君:指到远方去的人。这句和下句是说最初和你分别的时候,你并没有说此行时间会很久。

　　〔三〕中道:中途。嘉友:好友。这句和上句是说出门便远去万里,半路结识了好朋友。

　　〔四〕心醉:倾心。这句和下句是说不等待杯酒言欢,一见面就立即倾心。说明和新交结识之轻率。

　　〔五〕兰枯、柳衰:和上文兰荣、柳密相应,说明时间的流逝。此言:临别时的约言。这两句是说随着时间的流逝,你却结新交而负旧约。

　　〔六〕谢:告诉。这是作者自己的话。少年:指一般少年人。这句和下句是说诚恳地劝告少年们,他和你们相结识不是建立在老实厚道的思想基础上的。

　　〔七〕倾:覆亡。倾人命:亡命、送命。离隔:指分别。这两句是说相知忠厚的人,若意气相投,虽然丧了命也在所不惜,哪还有离别后负约的现象发生。

其二

仲春遘时雨,始雷发东隅〔一〕。众蛰各潜骇,草木纵横舒〔二〕。翩翩新来燕〔三〕,双双入我庐。先巢故尚在,相将还旧居〔四〕。自从分别来,门庭日荒芜〔五〕。我心固匪石〔六〕,君情定何如?

【说明】

这一首是原诗的第三首,描写春天的景色:春雨、春雷、昆虫惊蛰、草木滋生,一片生机。其中着重描写了燕子,表现了他对燕子的亲切感情。通过对燕子的问话表达他隐居不仕的坚决意志。

【注释】

〔一〕仲春:即阴历二月,为春季之中。遘:遇。时雨:应时的雨,使草木滋生。东隅:东方。这两句是说仲春时节春雨应时而降,春雷开始震响。

〔二〕蛰:虫类伏藏。众蛰:指冬眠的虫类。潜:藏。骇:惊。舒:展。这两句是说潜藏的虫类受到了惊动,草木也纵横滋生舒展了。

〔三〕翩翩:鸟飞轻快的样子。这句和下句是说新近飞回来的燕子,成双成对地到我屋里来。

〔四〕先巢:故巢。故:仍旧。相将:相与、相偕。旧居:指故巢。这两句是说先前的巢仍然存在,它们相与回到原处。

〔五〕这两句是说自从分别以来,门庭一天天地荒芜了。

〔六〕匪:即非。我心匪石:用《诗经·邶风·柏舟》中的话:"我心匪石,不可转也。"意思是我的心并非石头,是不可转动的。表示意志专一不可扭转。这句和下句是说我长期隐居的意志坚定不移,不知你的心情如何?

其三

日暮天无云,春风扇微和〔一〕。佳人美清夜,达曙酣且歌〔二〕。歌竟长叹息,持此感人多〔三〕:皎皎云间月,灼灼叶中华〔四〕。岂无一时好〔五〕,不久当如何?

【说明】

这一首是原诗的第七首,是感慨自己的年华易逝。有的注家认为是慨叹恭帝的好景不长,从他的一些作品之悼念晋亡的情况看,这种说法也是可取的。

【注释】

〔一〕扇:用作动词,吹动。扇微和:春风吹拂,天气微暖。

〔二〕佳人:美人。美清夜:爱清夜。达曙:到天明。酣:酒足气振的样子。这两句是说美人喜欢这清静的夜晚,通宵喝酒唱歌。

〔三〕歌竟:歌唱完了。此:指下文四句歌辞。持此:仗着这支歌曲。感人多:十分动人。这两句是说美人唱完歌便长声叹息,这首歌极其动人。

〔四〕皎皎:光明的样子。灼灼:花盛的样子。华:同花。

〔五〕一时好:一时之美好。指"云间月"圆而又缺,"叶中花"开而复凋。这句和下句是说月和花美在一时,不能长久。

其四

少时壮且厉,抚剑独行游^{〔一〕}。谁言行游近,张掖至幽州^{〔二〕}。饥食首阳薇,渴饮易水流^{〔三〕}。不见相知人,惟见古时丘^{〔四〕}。路边两高坟,伯牙与庄周^{〔五〕}。此士难再得,吾行欲何求^{〔六〕}。

【说明】

这一首是原诗的第八首,表现了作者的政治理想,即收复中原。作者并没有到过北方,但他神往于那些被北方民族的统治者占领的张掖和幽州,念念不忘光复旧物。可是他这种思想在当时却得不到共鸣,即使想听听别人在这方面的思想言论都听不到。其中包含着他对东晋统治集团苟且偷安、不谋恢复的强烈愤慨。

【注释】

〔一〕壮:强壮。厉:激烈。抚剑:摩挲着剑把。这两句是说少年时身体强壮而性情激烈,独自带着宝剑而神游远方。

〔二〕张掖:郡名,郡治在今甘肃省张掖县西北。幽州:州治蓟,在今天北京市大兴县西南。从江南到张掖又到幽州,不止数千里,所以不能说"行游近"。陶渊明神游于此,说明他向往中原,有光复旧物的雄心。

〔三〕首阳:山名,《清一统志》引旧府志说,在甘肃陇西县。食首阳薇:指伯夷、叔齐在商亡之后,义不食周粟,隐于首阳山,采薇而食(见《史记·伯夷列传》)。切上"张掖"。易水流:指荆轲为燕太子丹刺秦王,太子及宾客都素服送他于易水之上,荆轲悲歌曰:"风萧萧兮易水寒,壮士一去兮不复还。"(见《史记·刺客列传》)切上"幽州"。这两句是仰慕伯夷、叔齐那样不食周粟和荆轲那样替燕报仇,表示出对侵占中原的北方民族的统治者的态度。

〔四〕古时丘:古代的墓地。这句和上句是说远游途中,没有遇到知己的人,见到的只是古代的坟墓。

〔五〕伯牙:即俞伯牙,据《韩诗外传》记载,俞伯牙善弹琴,钟子期知音。子期死后,伯牙不再弹琴。庄周:即庄子,据《淮南子·脩务训》记载,庄周好发议论,施惠知音,施惠死后,庄周不再发议论了。这句和上句是说庄周、伯牙已死了很久。

〔六〕此士:指伯牙、庄周。欲何求:到哪里去欣赏好的琴声和好的言论呢?这两句是说伯牙之琴,庄周之言,有钟期、施惠可以心领神会,今天自己虽想有所领会,却找不到可听的琴和言了。

其五

种桑长江边,三年望当采〔一〕。枝条始欲茂,忽值山河改〔二〕。柯叶自摧折,根株浮沧海〔三〕。春蚕既无食,寒衣欲谁待〔四〕!本不值高原〔五〕,今日复何悔?

【说明】

这首诗以桑喻国。《易·否》:"其亡其亡,系于苞桑。"这里可能是暗喻晋王朝不图恢复中原,而只偏安江左,以致根基不固,篡弑迭起,终于灭亡。

【注释】

〔一〕这句是说盼望三年之内可以采桑养蚕。

〔二〕始:才。值:逢。

〔三〕柯:枝干。沧海:指东海。这两句是说桑树的枝干被摧折了,根叶漂浮到大海中去了。

〔四〕欲谁待:即欲何待,还依靠什么?

〔五〕本:桑树枝干。这句和下句是说桑树不种在高原上,而种在江边,根基不巩固,所以摧折,有什么可后悔的?

有会而作　并序

旧谷既没,新谷未登〔一〕。颇为老农〔二〕,而值年灾〔三〕,日月尚悠〔四〕,为患未已〔五〕。登岁之功〔六〕,既不可希;朝夕所资,烟火裁通〔七〕。旬日以来,始念饥乏。岁云暮矣〔八〕,慨然永怀〔九〕。今我不述,后生何闻哉〔一〇〕!

弱年逢家乏,老至更长饥〔一一〕。菽麦实所羡,孰敢慕甘肥〔一二〕!惄如亚九饭,当暑厌寒衣〔一三〕。岁月将欲暮,如何辛苦悲〔一四〕。常善粥者心,深念蒙袂非;嗟来何足吝,徒没空自遗〔一五〕。斯滥岂攸志,固穷夙所归〔一六〕。馁也已矣夫,在昔多余师〔一七〕。

【说明】

有会而作,即有感而作。会是领悟。诗的内容是写自己遭灾后饥饿的情况。据萧统《陶渊明传》记载:"江州刺史檀道济往候之,偃卧瘠馁有日矣。"檀道济是宋元嘉三年(四二六)五月做江州刺史。这首诗可能即作于这一年,当时陶渊明六十二岁。檀道济劝他出来做官,他不干,送给他肉和米,他也拒绝了。难道为一碗饭,能卑躬屈节? 难道为了苟延生命,能吃"嗟来之食"? 饥饿又算什么! 古时不是有很多固守穷困的人吗? 这正表现了他晚年穷且益坚的性格。

【注释】

〔一〕未登:没有收成。

〔二〕老农:作者自称。这里有两层意思:一是指务农已久,一是指年岁既老。

〔三〕值年灾:逢上一年之中的灾荒。

〔四〕日月尚悠:今年的时日尚长。

〔五〕未已:不停,没个完。

〔六〕登岁:丰收之年。功:指农业收成。

〔七〕朝夕所资:早晚的生活所需。裁:同才。裁通:仅通。这两句是说仅能维持生活,不至于断炊。

〔八〕岁云暮矣:一年将尽。云:语气词。

〔九〕永怀:长叹。

〔一〇〕述:陈述。指作这首诗。后生:指子孙。这两句是说我不作诗把它记录下来,后代怎么知道呢?

〔一一〕弱年:即弱冠之年,二十岁。古代男子二十岁行冠礼,以示成人,但体犹未壮,所以叫"弱冠"。这里指少年时期。家乏:家境贫困。长饥:长久挨饿。这两句是说少年时期家境穷困,到了老年更加挨饿。

〔一二〕菽:豆类。甘肥:甜的和香的。这两句是说能吃上菽麦一类的饭就很满足了,哪敢羡慕那些香甜美味呢?

〔一三〕惄(nì 泥):饥饿的样子。亚:次一等。九饭:用子思的典故。《说苑·立节》记载:子思居卫,极端贫困,三十天吃了九顿饭。

厌:足、满。这两句是说自己老至长饥,还不如子思三旬九食的境遇
呢,夏季仍然穿着冬天的衣服。

〔一四〕 这句是说对着辛苦和悲伤而无可如何。

〔一五〕 粥者:施粥以赈济饥民的人。这里指齐人黔敖。据《礼
记·檀弓》记载,齐国遭遇饥荒,黔敖在路上准备饭食以赈济饥民。
有一个饥民蒙袂而来。黔敖说:"嗟来食!"饥民扬目而视之说:"予唯
不食嗟来之食,以至于斯也。"终于不食而去,最后饿死。蒙袂:以袖
遮面,是羞于见人的表示。嗟来:吆喝声,是一种不敬的招呼。吝:恨。
徒没:白白死掉。自遗:自失。这四句是说自己时常称许施粥者的慈
善心肠。而深感蒙袂饥民行为之不当,吃嗟来之食何足为恨,结果自
己白白饿死。这是作者愤激之言,实质上他是不食"嗟来之食"的。

〔一六〕 斯滥:为非作歹,指小人的行为。固穷:固守贫困,指君子
的行为。《论语·卫灵公》云:"子曰:君子固穷,小人穷斯滥矣。"悠
志:所愿。夙:旧。这两句是说斯滥岂是我平生之志,固穷才是我的
本愿。

〔一七〕 馁:饥饿。多余师:很多人值得我学习。这两句是说挨饿
也算了吧,古代值得我效法的人很多。

挽歌诗

荒草何茫茫,白杨亦萧萧〔一〕。严霜九月中〔二〕,送我出远
郊〔三〕。四面无人居,高坟正嶕峣〔四〕。马为仰天鸣,风为
自萧条。幽室一已闭,千年不复朝〔五〕。千年不复朝,贤达
无奈何〔六〕。向来相送人〔七〕,各自还其家。亲戚或余悲,
他人亦已歌〔八〕。死去何所道,托体同山阿〔九〕。

【说明】

挽歌就是丧葬歌,传说最初是拖引柩车的人所唱,所以叫挽歌。陶渊明《挽歌诗》共三首,是他生前自挽之词。他卒于宋文帝元嘉四年(四二七)十一月,诗中说"严霜九月中",是他死前两个月写的。除了这三首诗外,还有一篇《自祭文》,都是他最后的作品。这里选的一首是原诗的第三首。

这首诗表现了他对"死"的达观看法。死有什么了不起,不过是把骸骨托之山陵罢了,这原是一种自然物质的变化。同样在《自祭文》中说:"人生实难,死如之何!"都表现了他倔强的视死如归的精神。

【注释】

〔一〕茫茫:广大的样子。萧萧:风声。这两句是说荒草一片,没有边际;风吹白杨,发出萧瑟的声音。

〔二〕严霜:寒霜。

〔三〕远郊:指荒郊墓地。

〔四〕嶕峣(jiāo yáo):很高的样子。这句和上句是说周围没有人居住,全是坟墓。

〔五〕幽室:指圹穴。这两句是说圹穴一旦被封闭,就如同黑夜永远会天亮了。

〔六〕这两句是说对于死,贤人达士也无可奈何。

〔七〕向来:是一个词,即刚才之义,乃魏晋六朝习语,如《颜氏家训·兄弟》:"沛国刘琎尝与兄瓛连栋隔壁,瓛呼之数声,不应,良久方答。瓛怪问之,乃曰:'向来未着衣帽故也。'"《世说新语·方正》:"须臾,和长舆来,问:'杨右卫何在?'客曰:'向来不坐而去。'"又《文学》:"丞相乃叹曰'向来语,乃竟未知理源所归。'"此句即刚才为我送葬之人。这句和下句是说刚才来送葬的人各自都回家了。这句和下句是说刚才来送葬的人各自都回家了。

〔八〕或余悲：有些人仍含悲痛。亦已歌：也就歌唱快乐了。这两句是说亲戚中有些会悲哀的时间长一点，其他人则早就忘了伤悲。

〔九〕何所道：有什么可说的？山阿：山陵。这两句是说对于死有什么可说的，不过是寄身于山陵而已。